Udo Di Fabio

VERFEINDLICHUNG

VER
FEIND
LICH
UNG

Demokratien am Ende des freundlichen Zeitalters

von

Udo Di Fabio

2026

C.H.BECK

beck.de

ISBN 978 3 406 84596 3

Wilhelmstraße 9, 80801 München
info@beck.de
Druck und Bindung: Friedrich Pustet GmbH & Co. KG
Gutenbergstraße 8, 93051 Regensburg

Satz: Medienservice Frauchiger e.K.
Zweikirchener Str. 7, 84036 Kumhausen
Umschlaggestaltung: Maria Seidel, atelier-seidel.de
Umschlagabbildung: shutterstock.com/145228408, © sirtravelalot
Foto Umschlagklappe: © privat

myclimate
shape our future

chbeck.de/nachhaltig
produktsicherheit.beck.de

Gedruckt auf säurefreiem, alterungsbeständigem Papier
(hergestellt aus chlorfrei gebleichtem Zellstoff)

Vorwort

Die Welt scheint aus den Fugen. Unsicherheit, Gewalt, Populismus und Extremismus breiten sich aus. Der Westen als global wirksame Kraft zerfällt. Eine Epoche dankt ab. Die USA: Der einstige Hegemon ist unberechenbar geworden – für Feind und Freund. Mit dem russischen Überfall auf die Ukraine, mit einem brutalen Vernichtungskrieg in Europa, ist die freundliche Welt der regelbasierten Ordnung fürs Erste vom Spielplan abgesetzt. Wirtschaft, Wissenschaft, Kultur und Recht finden in einer veränderten Umgebung statt. Handelsbeziehungen geraten unter militärstrategischen und protektionistischen Druck. Die Politisierung an Universitäten nimmt zu. Der Kultur werden Bekenntnisse abverlangt oder Schweigen geboten. Die etablierte Regelungstechnik der Gesetzgebung steht in der Kritik. Die Unabhängigkeit der Gerichte ist in Gefahr. Pragmatismus, abwägende Vernunft und eine solide politische Mitte haben wenig Konjunktur. Durch manche Ritzen politischer Meinungskundgaben lugt der Wahnsinn.

Es gibt eine Gemeinsamkeit in der Veränderung internationaler Beziehungen und im Innern der Demokratien: An die Stelle von fairem Wettbewerb, legitimer Interessenwahrnehmung, Meinungsstreit und Kompromissfähigkeit tritt mehr und mehr die Tendenz zur *Verfeindlichung*. Das Gegenüber, der andere, ist nicht länger Partner, Konkurrent oder auch Gegner: Er ist der Feind. Aus dem Spielfeld wird notfalls das Schlachtfeld. In der wilden „Logik" des Kulturkampfs kann in den Augen eines US-Vizepräsidenten das Europa der EU ihm ferner stehen als die russische Diktatur, der man aus der Sicht des Trumpismus jedenfalls keine „Wokeness" vorwerfen kann. Das politische Klima der Verfeindlichung zeigt hier und da Züge vergangener Religionskriege, wenn es gar nicht mehr so sehr um

„die Sache“ geht, sondern um Recht haben und Recht behalten, um Glaubenssätze, um Haltungen und Überzeugungen, um Weltbilder und Menschenbilder.

In einer Gesellschaft hängt alles mit allem zusammen: Unsere Umgangsformen, persönlicher Geschmack, Weltdeutungen oder die Mentalität haben zu tun mit Regeln, mit Fiskalpolitik, mit kalten Kennzahlen der Wirtschaft und der Mechanik des politischen Betriebes, mit der Rechtsanwendung von Gerichten. Wenn die Leidenschaft für Leistung und Erfolg verblasst, wenn die Bedingungen für die freie Entfaltung als Persönlichkeit schlechter werden, verliert eine Gesellschaft erst an Kraft, dann an Handlungsmöglichkeiten. Wenn die wirtschaftliche und technologische Stärke eines Landes schwindet, dann verringern sich auch seine Optionen zur Durchsetzung wichtiger kollektiver Ziele wie Friedenssicherung, Klimaschutz oder Menschenrechte. Die Fähigkeit zur Selbstbehauptung von Demokratien hat zu tun mit Selbstvertrauen und mit innovativen Potenzialen, sie hängt letzten Endes immer von der Urteilskraft der Bürger ab.

Demokratien bleiben ihren autoritären Gegnern überlegen, solange sie lernfähig und offen sind, solange sie ihre Grundlagen als eine Kultur der Freiheit kennen und schützen. Diesem Buch geht es um scheinbar disparate Zusammenhänge wie Krieg, Klimapolitik, digitale Plattformen und KI, Welterklärungen, Debattenkultur und Wettbewerbsfähigkeit. Viele lose Fäden gilt es aufzunehmen, um in einer dramatisch veränderten Situation unsere Wertegrundlagen und Verfassungsidentität zu bewahren. Dabei geht es um eine Abwandlung des Zitats aus dem Roman „Der Leopard“ von *Giuseppe Tomasi di Lampedusa*, der den Adligen *Tancredi* sagen lässt: „Wenn wir wollen, dass alles so bleibt, wie es ist, muss sich alles ändern“. Es muss gewiss nicht alles geändert werden und schon gar nicht, damit „alles“ bleibt, wie es ist. Doch vieles gilt es zu ändern, damit das Grundlegende der freien Gesellschaften erhalten bleibt.

Mein Dank gilt den Mitarbeiterinnen und Mitarbeitern des „Forschungskollegs Normative Gesellschaftsgrundlagen“ der Universität Bonn, insbesondere *Sinan Kurt* und *Tim Huyeng*, die mich im

Gespräch und redaktionell unterstützt haben. Wichtige Impulse im Hinblick auf den Umgang mit „Zukunft" verdanke ich dem Fellow des Forschungskollegs *Clemens Albrecht*. Freundschaftlicher und kompetenter Ratgeber für die Beurteilung außenpolitischer Entwicklungen war *Norbert Röttgen*.

Bonn, im November 2025 *Udo Di Fabio*

Inhalt

ZWEITER TEIL
ATTACKIERTE DEMOKRATIE

DRITTER TEIL
DIE KRISE(N) DER DEMOKRATIEN

VIERTER TEIL
KOMPLEMENTÄRE DER FREIHEIT: WIRTSCHAFT UND RECHT

Einführung

Wie stark sind die Demokratien?

Die Demokratie steht im Feuer. Diktatoren brechen Kriege vom Zaun, bedrohen ihre Nachbarn. Die westliche Führungsmacht zieht sich zurück oder sie scheint sogar unter *Trump* den Stil der Autokraten zu kopieren. Die Stimmungslagen werden volatil. Die Öffentlichkeit vieler Länder gleicht einem zerbrochenen Spiegel. Sie ist tief gespalten. Nicht nur in den USA raubt der beißende Rauch des Kulturkampfs den Atem. Die politische Linke fürchtet den Rechtsruck und die Machtergreifung einer radikalen, unberechenbaren Rechten. Die politische Rechte sieht ein tief gestaffeltes linkes Meinungsmonopol, das ihre Herrschaft notfalls auch gegen die wählende Mehrheit verteidigen will. Und alle Seiten, auch die Mitte, beschwören die Krise. Sie sehen – je nach Blickwinkel – den Verfall von Klima und Natur, von Wirtschaft, von Anstand oder Kultur.

Dieses Buch geht von zwei Thesen aus.

- Die erste, die beunruhigende These lautet: Die Demokratien werden angegriffen – und die Gegner meinen es ernst. Russland, assistiert vom wirtschaftsstarken China, führt einen brutalen Krieg, fährt die Rüstung hoch, höher als es ein Sieg gegen die Ukraine erforderlich macht. Die westliche Führungsmacht USA ist bis auf weiteres in der Hand radikaler Trumpisten, die mit Zöllen, Annexionsdrohungen und erratischen Aktionen die westliche Welt zu spalten scheinen und jedenfalls unberechenbar werden lassen. Israel hat nach dem Angriff vom 7. Oktober 2023 mit harten militärischen Schlägen auf eine substantielle Schwächung seiner Feinde gezielt, wobei offen bleibt, ob das die Region für längere Zeit befriedet oder noch weiter aufwühlt.

- Die zweite, die immer noch beruhigende These, sieht in der Standhaftigkeit der überfallenen und von Demokratien gestützten Ukraine einen Beleg für die Stärke des Westens. Seine Wirtschaft bleibt kräftig, seine Potentiale sind groß. Historisch gesehen scheiterten bislang alle großen Angriffe auf die Demokratien. Das Prinzip individueller Freiheit und ihre ansteckende Alltagskultur, die Lernfähigkeit offener Demokratien, die Berechenbarkeit eines Rechtsstaats, die Dynamik der Marktwirtschaft: All das hat sich bislang als überlegen erwiesen – im Kampf mit jedem Systemkonkurrenten.

Beide Annahmen sind triftig: Die gefährlichen Angriffe auf die Demokratien sind eine Tatsache und die Stärke der Verteidiger ist zumindest potenziell groß. Doch welche Gewissheit gibt das für die Zukunft? Wenn der Westen seine Stärke entfaltet, wird die beunruhigende Wirkkraft der ersten These verblassen. Wenn indes umgekehrt sich eine blockierende Spaltung der Gesellschaft vertieft, wenn Uneinigkeit und eine falsche Richtung die Kraft der Demokratien lähmen, dann ist alles möglich – auch die Dystopie vom Ende des demokratischen Zeitalters.[1]

Das Gift der Verfeindlichung

Der mit diesem Buch verfolgte Argumentationsgang versucht einer Falle zu entgehen. Es ist die Falle der sich untereinander immer stärker *„verfeindlichenden"* Lager. Es haben sich in den großen Demokratien längst Lager gebildet nach der moralischen Codierung von „Gut" und „Böse", von „Wahr" und „Unwahr". Es geht um demonstrierte „Haltungen", eine Inszenierung nach der manichäischen „Zweiwertigkeit" von Licht und Finsternis.

Es ist eine Semantik des wechselseitigen Unverständnisses entstanden. Die neue Lagerbildung blockiert das Zuhören untereinander, treibt einen Keil zwischen linke und rechte Mitte, zwischen Europa und die USA. Die mitunter demonstrierte moralische Überheblichkeit und das angemaßte Wissen auf der linken Seite des politischen Spektrums wird heute von einem brachialen Rechtspopulismus „gekontert" –

mit allen Zügen eines Kulturkampfs und mit der Imitation der von ihren Gegnern bewiesenen Taktik zur Erlangung einer Hegemonie im öffentlichen Meinungsraum. Die ideologische Verfeindlichung läuft auf eine Politisierung der Gesellschaft nach dem Muster von Glaubenskämpfen hinaus. Juristische Debatten politisieren sich, Argumente werden auf (richtige oder falsche) Haltungen abgeklopft und politisch „kontextualisiert" nach dem Motto, wem könnte ein Argument im politischen Meinungskampf nutzen oder schaden.

Im öffentlichen Meinungsraum als der eigentlichen Arena des politischen Systems tritt an die Stelle des harten sachlichen Meinungsstreits wieder häufiger eine rituelle Inszenierung. Sie erinnert an längst für überwunden gehaltene Glaubenskriege. Es geht dann nicht mehr um Fakten und Lösungen, sondern um „sicher gewusste" (häufig nur geglaubte) Wahrheiten, um Weltanschauung, Moral und Haltungskampf. Alle Seiten sind überzeugt davon, die „wahre" Mehrheit oder die „wirklichen" Interessen des Volkes zu repräsentieren oder den zwingenden Geboten von Menschlichkeit oder Vernunft zu folgen.

Markante Feindbilder stärken den Zusammenhalt einer Gruppe. Sie mobilisieren die Anhänger an Wahlurnen oder auf der Straße. Das entspricht der Logik politischen Operierens. Damit wird indes auch eine sozialpsychologische Lücke geschlossen. In einer individualisierten Gesellschaft schwinden traditionelle Zugehörigkeiten zu Gemeinschaften. Wenn politisch nützliche Identitäten zu einer Mangelware werden, sind (echte oder konstruierte) Feinde verlässliche Instrumente der Mobilisierung. Dasselbe gilt für Endzeitstimmungen mit der Beschwörung apokalyptischer Katastrophen. Der Preis für diese Gruppenerlebnisse wird allerdings fällig in einer stärkeren Abschottung der rivalisierenden Gruppen untereinander und einer Vertiefung der Gräben. Verhärtungen und Verbitterung entstehen. Aus Unverständnis wird am Ende Gewalt. Symptome der Hysterie und die Semantik drohender Katastrophen verdrängen die Kultur der Pragmatik. Die Möglichkeit zur Differenzierung nimmt ab.

Was ist, wenn man ein Ziel mit dem einen Lager teilt, bei der Umsetzung aber einen anderen Weg bevorzugt? Dann kann es in der Mechanik der neuen Verfeindlichung passieren, dass man umstandslos dem anderen Lager zugeordnet, moralisch in das Lager des Bösen aussortiert wird. Wenn diese Mechanik greift, bleibt zuerst die Fähigkeit zur Differenzierung auf der Strecke, dann die Möglichkeit zum Ausgleich, zum Kompromiss. Die Lernfähigkeit, die Reaktionsfähigkeit offener Gesellschaften nimmt dadurch ab – die angreifenden Autokratien profitieren.

Ringen um die Macht als existentieller Daseinskampf

Die neue Polarisierung erinnert an ein Diktum des – in die Nazidiktatur opportunistisch verstrickten – Staatsrechtlers *Carl Schmitt.* Er sah in einer Schrift des Jahres 1932 den Kern des politischen Funktionssystems in der Fähigkeit der *Freund-Feind-Lagerbildung.*[2] Wenn man das Freund-Feind-Schema als zivilisiertes Spiel um die Macht zwischen Regierung und Opposition oder im Wettstreit der Parteien begreift, ist an dieser Beobachtung gar nichts falsch. Wenn man es aber naturalistisch und wörtlich als *Daseinskampf* begreift, gar als Vernichtungskampf, dann macht man aus Politik den „Krieg". Dann ist mit dem preußischen Militärtheoretiker *Carl von Clausewitz* der Krieg nicht lediglich die „bloße Fortsetzung der Politik mit anderen Mitteln", sondern der Krieg wird zum „Eigentlichen", zum Herzstück des Politischen. Liberale Politik in einer meinungspluralen, offenen Gesellschaft wirkt in dieser Sicht wie eine „Weichheit", wie eine Regelabweichung von Naturgesetzen, als Verfallsform des politischen Systems.

Die neue Konstellation

Politik wird mit dem *Schmittschen* Begriff des Politischen sozialdarwinistisch zu einem Ort des unausweichlichen Daseinskampfs. Genau dieses existentialistische, dieses (bürger)kriegerische Verständnis von Politik ist Gift für die Demokratie mit ihren anderen Regeln der Vermeidung von Gewalt. Das Gift der Verfeindlichung und der Gewaltbereitschaft breitet sich aus. In der Innenpolitik ebenso wie in den internationalen Beziehungen ist eine *agonale Konstellation* entstanden: Der andere ist der „Feind“. Wenn nicht der Krieg, so sind Kampf, Drohung und Konflikt die bevorzugten Mittel. Am Ende könnte die regelbasierte Ordnung Geschichte sein und an ihrer Stelle das „Recht“ des Stärkeren stehen.

Diese neue agonale Konstellation gilt es ernst zu nehmen. Sie ist historisch nicht neu, wohl aber für die meisten Zeitgenossen der Demokratien, deren System über viele Jahrzehnte einigermaßen unangefochten herrschte. Für diejenigen, die an eine lange Phase von Freiheit, Frieden und Wohlstand gewöhnt waren, bleiben Kampf und Krieg überaus ungebetene Gäste mit ihrem hässlichen Antlitz von Rücksichtslosigkeit, Zerstörung und Gewalt. Doch die Vogel-Strauß-Politik des „Den-Kopf-in-den-Sand-steckens“ hilft nicht. Sie ist gefährlich. Wer die Welt nach den Maßstäben der Aufklärung und der Vernunft gestalten will, muss sie zuerst als das erkennen, was sie ist – und so handeln, dass er in der sich verfeindlichenden Welt dennoch erfolgreich bleibt.

Die paradoxe Botschaft der Demokratie: begrenzte, aber wirksame Herrschaft

Die Botschaft der Demokratie scheint paradox. Die liberale Gesellschaft bleibt nur stark, wenn sie ihre Liberalität nicht preisgibt. Demokratie verliert die Fähigkeit zur Offenheit und Toleranz, wenn sie die Ordnung des Rechtsstaats nicht zusichern und die Menschen nicht durch Handlungsfähigkeit zu überzeugen vermag. Die Idee der Liberalität sieht den Staat als politischen Herrschaftsverband um der persönlichen Freiheit willen, versteht ihn als Friedens- und Entfaltungsordnung. Die Grundrechte sollen die demokratische Mehrheitsentscheidung an dieses Ziel binden, sie an diesem Maßstab gemessen vernünftig und sittlich begrenzen.

Der Verfassungsstaat will weder autokratisches Durchregieren noch eine gelähmte Rechtsordnung. Wenn der Rechtsstaat nicht mehr handlungsfähig ist und der Mehrheitswille nicht mehr durchsetzbar erscheint, gefährdet das die Stabilität der freiheitlichen Ordnung. Wenn aus notwendigen Sicherungen gegen staatliche Übermacht ein undurchdringliches regulatives Dickicht werden sollte, schwächt das die Akzeptanz einer rechtlich verfassten Demokratie. Wenn innenpolitisch die Feinde der Demokratie oder Agenten einer feindlichen Macht auftreten, gilt es sich zu wehren. Die wehrhafte Demokratie muss wirksam sein, aber sie darf dabei nicht illiberal werden. Ein kopfloser, ein illiberaler Kampf gegen die Feinde der Freiheit, der eigene Rechtsgrundsätze preisgibt, wird das Gegenteil des Erstrebten bewirken.[3]

Unverstandene Zeitenwende

Was als „Zeitenwende" bezeichnet wurde, das was geopolitisch neu entstanden ist, zwingt zu einer Neubewertung der politischen Agenda, nach innen und nach außen. Ein Land wie Deutschland wurde aus seiner „gemütlich" eingerichteten Welt gerissen. Die Politik der aneinandergereihten Krisenbewältigung seit der Weltfinanzkrise 2008 hat sowohl eine Grundstimmung der Sorglosigkeit als auch einen aneinandergereihten Tunnelblick der jeweiligen Krisenthemen gefördert. Die erfolgreiche Positionierung einer starken Exportwirtschaft – unter sehr günstigen internationalen Rahmenbedingungen – hat das Land arglos und manchmal sogar überheblich gemacht. Fragen der strategischen Positionierung und die Pflege der Grundlagen einer freien Gesellschaft wurden an den Rand gedrängt.

Neuvermessung der politischen Agenda

Die ökologische Krise besteht, sie ist vielleicht sogar dramatischer als manch besorgter Bürger glaubt. Doch die Krise der Demokratie und die Angriffe auf die offene Gesellschaft haben sich auf der Agenda der Dringlichkeit nach vorne geschoben – in eklatanter Weise. Es geht heute darum, das politische Handlungsfeld neu zu vermessen –

im Blick auf die agonale Konstellation. Es gilt, sich von einigen lieb gewonnenen Gewohnheiten und von immer höher aufgeschichteten Regularien zu lösen, um die Kräfte der offenen Gesellschaft wieder stärker zu entfalten – sichtbar für die Anhänger wie die Gegner der Demokratie, von außen und von innen.

Das Wort „Zeitenwende“ machte im Jahr 2022 und macht auch heute nur Sinn, wenn es als eine strategische Anpassung aller politischen Handlungsfelder verstanden wird – nicht nur gedacht als schlagkräftige militärische Verteidigung. Eine kluge Ordnungspolitik für die Wirtschaft beispielsweise agiert in der agonalen Konstellation anders als das in einer Schönwetterphase der Fall war. Das Modell einer weltoffenen sozialen Marktwirtschaft sollte man nicht vorschnell verabschieden, es bleibt Kompass. Doch inzwischen ist die Wirtschaft überreguliert, die Gesellschaft in vielen Bereichen übermäßig verrechtlicht. Ineffizienz und Verluste von Innovations- und Leistungskraft oder auch von öffentlicher Handlungsfähigkeit werden verzeichnet, und das nicht nur von den üblichen Kassandra-Rufern.

Die Aufräumkommandos der populistischen Revolte

Die weltweite populistische Revolte verspricht gegen solche Fesseln rabiate Rezepte. Sie verlangt nach „Kettensägen“ und Aufräumkommandos.[4] Ein *Elon Musk* zog sein Ticket im „Trump-o-mat“ als Eintrittskarte in eine Oligarchie, in der er eigene Unternehmensinteressen mit der Gesundschrumpfung des Staatsapparats verbindet, auch wenn es sich als wertlos entpuppen sollte. Vieles wird sich als trumpistische Eintagsfliege erweisen, dennoch: Die Sehnsucht nach Vereinfachung ist inzwischen eine mächtige Triebfeder für die Radikalisierung eines anschwellenden politischen Kulturkampfs geworden. Dahinter könnte nicht nur das stete Aufbegehren gegen eine komplizierte Welt stehen, sondern auch ein ernstes Problem moderner Gesellschaften. Das Wachstum der Komplexität von Bürokratien, der Verwaltung, der Gerichte, der internationalen Organisationen, auch der Einfluss von Verbänden und NGOs hat inzwischen die

Kosten in die Höhe getrieben, hat Gesellschaften unbeweglich und schwerfällig werden lassen.

Kann man die Richtung auch ändern, ohne wertvolles Porzellan zu zerschlagen, ohne den inneren Kulturkampf anzuheizen? Oder gleicht Politik unter agonalen Bedingungen einer Quadratur des Kreises? Kann eine neue Richtung im herkömmlichen Kampf zwischen Regierung und Opposition noch durchgesetzt werden, wie einstmals die soziale Marktwirtschaft, der deutsche Beitritt zur NATO, die europäische Integration, die Entspannungspolitik oder die Wiedervereinigung Deutschlands? Wie könnte heute eine „konstruktive Disruption" aussehen, die Freiheit, Recht und Wohlstand bewahrt und zugleich der Selbstbehauptung der Demokratien dient?

Erster Teil

Die agonale Konstellation

A. Nach dem Ende der Geschichte

I. Geopolitisches Krisenszenario

„Krise“ ist ein Wort, das kaum jemand noch hören will. Die Welt im politischen Sprachraum ist krisengewöhnt und krisenmüde geworden. In der Ukraine hält noch die Front, die ausgezehrte, vom Westen halbwegs munitionierte ukrainische Armee kämpft tapfer, weicht nur schrittweise zurück vor den russischen Angreifern und ihren nordkoreanischen Hilfstruppen. Ein „Frieden“ zu *Putins* Konditionen würde eine Vertagung des Tötens bedeuten, womöglich als eine Atempause für einen neuen Angriff auf die Ukraine und andere Teile Europas.

Niemand weiß, ob bei einem russischen Angriff auf beispielsweise Litauen die USA unter *Trump* sich noch an ihre Beistandsgarantie des NATO-Vertrages gebunden sähen. Der Präsident und seine Getreuen scheinen sich in der neuen robusten Welt durchaus zu Hause zu fühlen, eine Welt von der sie profitieren wollen. Mal legen sie mit Zöllen die Axt an den globalen Handel, mal drohen *Trump* und *Vance* mit der gewaltsamen Annektierung Grönlands – ganz so, als wollten sie dem dumpfen Anti-Amerikanismus endlich Beweise liefern. Manche streichen die USA unter Trump gleich von der Liste der Demokratien.

Doch hier ist Vorsicht geboten. Der Blick darauf ist mitunter durch die wachsende Verfeindlichung der Gesellschaft getrübt. Der Trumpismus könnte die USA und den gesamten Westen schwächen, aber das ist nicht sein Ziel. Der Trumpismus will die Identität Amerikas vor „Identitätsidiologen von Links“ retten, während die radikale Linke in Trump einen Faschisten sieht. Wer sich nicht in diese Gräben des Kulturkampfs begeben will, sollte hier zurückhaltender urteilen.

Der Nahe Osten kommt nicht zur Ruhe. Dort flogen und fliegen die Raketen, dort stürzte *Assad* und die nächste Generation von Gewaltherrschern steht womöglich bereit. Das Schicksal des Gaza-Gebiets bleibt offen, solange die Hamas dort Macht behält. Bei dem israelischen Ministerpräsident *Benjamin Netanjahu* deutet manches darauf hin, dass er der neuen Mode des autoritären Regierens im Umgang zumindest mit Gerichten nicht abgeneigt scheint, aber er bleibt jemand, der auf Mehrheiten angewiesen ist. Die angeschlagene türkische Demokratie ist nach *Erdoğans* Angriffen auf die Opposition einen ganzen Schritt weiter in Richtung Alleinherrschaft unterwegs.

Libertäre Revolte: Freunde der Demokratie?

Wo die Mehrheitsmeinung mit guten Gründen einen Angriff auf Rechtsstaat und Demokratie sieht, sehen Trumpisten und die Liebhaber autoritären Regierens etwas ganz anderes. Sie glauben, dass eine linke Hegemonie im öffentlichen Meinungsraum die kleinen Leute verrate. *Putin* wirkt für manche „quer Denkende" dazu als quasi ideologisches Gegenstück; bei aller nationalistischen Aggressivität und Brutalität halten sie ihn auch für irgendwie konservativ. Die radikale Rechte hält eine avantgardistisch abgehobene Linke jedenfalls für gefährlicher. Sie argumentieren, dass eine linke Deutungshoheit über Begriffe und Einstellungen den Westen schwach mache oder in eine linke Diktatur führe mit politisch okkupierter Moral und von angemaßtem Wissen.

Die libertäre Revolte von rechts sieht das Ende des liberalen Zeitalters gekommen.[5] Sie beklagt das Netzwerk einer kosmopolitischen Elite, die mit einem tief sitzenden ideellen Einverständnis operiere, das die Grundlagen der nationalen Selbstbestimmung zerstöre, das die Volkssouveränität verachte und mit ihrer Migrationspolitik, mit „Kulturnihilismus" und „Klimadiktatur" sich gegen die alten Werte des Westens richte. Ein *Victor Orbán* sieht sich vor einem solchen Horizont nicht als Gegner von Demokratie und Freiheit, sondern als ihr eigentlicher Verteidiger.

Disparate Krisenwahrnehmung

Es herrscht ein innerwestlicher Kulturkampf. Beide verfeindete Seiten sind davon überzeugt, die Demokratie müsse gerettet werden. Doch der Systemkampf wird nicht so sehr als solcher, also direkt geführt, sondern mittelbar über Themen, die entweder tatsächlich Schicksalskrisen sind oder als solche interpretiert und überzeichnet werden. Die Krisenwahrnehmung der verfeindeten Lager könnte kaum weiter voneinander entfernt sein.

Was sind denn die großen Krisen, die nach entschiedenen Antworten verlangen? Extremwetter und Gletscherschmelzen künden weiter von der bedrohlichen Klimaerwärmung. Die Deutschland-AG stagniert und verliert Kraft. Die Demografie kündet von Überalterung; Renten und Pflege der nahen Zukunft sind kaum zu bezahlen. Einwanderung ist für die einen eine Lösung, für andere eine Belastung und nährt Sorgen vor Überfremdung oder einer Art feindlicher Übernahme. Der Niedergang der EU wird (immer wieder) diagnostiziert. Das transatlantische Verhältnis zerbricht.

Wer bietet mehr? Kaum ein Befund wirkt abgegriffener als der von der „Krise“. Alles und jedes scheint in der Krise: die friedliche Weltordnung, das ökologische Gleichgewicht, die Handelsbeziehungen, der Rechtsstaat, der Kapitalismus, die Bildung, die öffentliche Meinung, der Verkehr, die Demografie, die Gesundheitsversorgung, der Anstand und nicht zuletzt die Demokratie.

Nach dem Ende der Geschichte

Braucht es noch weitere Belege dafür, dass die Welt, wie wir sie kannten, wenn nicht untergeht, sie doch in ihren Grundfesten erschüttert ist? Alles deutet darauf hin, dass die Demokratien und die Weltordnung, in der sie agieren, soeben eine tiefe Zäsur erleben. Die westliche Welt, die nach dem Zweiten Weltkrieg entstanden war, vollendete sich um das Jahr 1990 herum mit dem Zusammenbruch der Sowjetunion. Diese Welt des Fortschritts und einer weltrepublikanischen Einheitstendenz besteht so nicht mehr. *Francis Fukuyama* hatte im Augenblick des untergehenden Ostblocks das Ende der Geschichte ausgerufen.[6] Nicht nur für ihn schien damals jedenfalls das klassische imperiale Spiel um die Macht zu Ende. Die westliche, die regelbasierte Ordnung, von den USA angeführt, von der EU und Japan assistiert, sie schien keinen ernsthaften Konkurrenten mehr zu haben. Das planetare Zeitalter der vom Spätaufklärer *Immanuel Kant* einst erwarteten „Weltrepublik" stand jetzt tatsächlich auf dem Spielplan. Die Wiederkehr einer neuen bürgerlichen Epoche wurde debattiert.[7]

Niemand konnte damals wissen, dass nur drei Jahrzehnte später nicht das Ende, sondern nur eine *Wende der Geschichte* eingetreten war. Sie wird seit einiger Zeit, seit der Weltfinanzkrise durch eine neue Verschiebung der Gewichte überspielt: keine Wende zum Besseren. Die Dominanz des Westens schwindet, ebenso wie seine Einheit.

Die jetzt bröckelnde Dominanz ist sehr alt. Vor allem Europas Selbstbewusstsein – ebenso wie sein Lamento der Selbstanklage – wurzelte in seiner einstmals dominanten Stellung als System der Kolonialherrschaft – selbst nach seinem Bedeutungsverlust, als Europa nach 1945 seinen Regiestuhl der Weltpolitik an die USA abgeben musste. Die ideelle, ökonomisch-technische und politische Weltherrschaft des europäisch geprägten Westens begann vor rund 500 Jahren mit dem Aufbruch in die Neuzeit und wird heute von einer neuen, noch unübersichtlichen Welt(un)ordnung[8] herausgefordert und abgelöst.

II. Selbstfesselung, innere Verfeindlichung und Angriffe von außen

Der gefesselte Gulliver

Die Etappe der totalitären Angriffe des 20. Jahrhunderts ist längst vorüber, die zerstörerischen Energien des deutschen Nationalsozialismus, des italienischen oder spanischen Faschismus, des japanischen

Militarismus und die des Kommunismus sind verebbt. Doch die Feinde der Demokratie tragen neue Gewänder und manche glauben wiederum, ihre Zeit sei gekommen. Sie glauben das, weil die Stärke freiheitlicher Gesellschaften aus ihrer Sicht abnimmt.

Den liberalen Demokratien droht in der Tat heute so etwas wie in *Jonathan Swifts „Gulliver"* dem Helden, der im Lande Lilliput von überaus kleinen Menschen gefesselt und so auch als Riese gefügig gemacht wird. Die marktwirtschaftlichen Demokratien sind Riesen. Doch während ihre Feinde zahlreicher und aggressiver werden, hat sich der Westen, hat sich gerade Europa über Jahrzehnte allzu bequem eingerichtet, hat gar nicht mehr mit echter Systemrivalität oder gar Feindschaft gerechnet. Die EU und ihre Mitgliedstaaten haben sich auf der Sonnenseite der Geschichte gesehen und sich dabei viele alte und neue Formen bürokratischer, rechtlicher und ideologischer Selbstfesselung geleistet. Eine solche Diskussion bekommt man nicht vom Tisch, wenn man die Klage über die Bürokratisierung der Gesellschaft als interessengleitete (und deshalb unzulässige?), das Vertrauen in die Demokratie beschädigende Kritik versucht leiser zu stellen.[9]

Jeder kennt die eklatanten Schwächen der autoritären Ordnungen und der kruden Diktaturen. Sie sind systembedingt weniger lernfähig und weniger mobil. Unterdrückung und Angst heben nicht die kreativen Potentiale, so wie es das Prinzip freier Gesellschaften vermag. Aber was geschieht, wenn die Demokratien ebenfalls oder gar mehr als ihre Gegenspieler an Anpassungsfähigkeit und Handlungsfähigkeit verlieren, was wenn Leistungsantriebe, Kreativität und der Eros selbstbestimmter Lebensentwürfe schwinden? Die Diktaturen werden bei aller Gefährlichkeit am Ende die Demokratien nicht aus ihrer Systemüberlegenheit heraus zerstören können – wohl aber können sie Überlegenheit gewinnen, wenn die Demokratien von innen ihre Kraft und Einigkeit verlieren oder sich selbst zu Fall bringen.

Verfeindlichung des politischen Klimas: zur Dialektik von Innen und Außen

Die offenen repräsentativen Demokratien sind inzwischen im Inneren ebenso unter Druck wie von außen. Beide Momente des Inneren und des Äußeren sind miteinander verbunden. In den USA, in Südkorea, in Frankreich oder Deutschland rumort etwas Ungutes. Der übliche politische Dissens wird durch einen Kulturkampf überlagert. Es entwickelt sich ein Klima der wechselseitigen Verdächtigung und der wachsenden „Verfeindlichung" politischer Lager. Die „Wirklichkeit" mag bei strenger soziologischer Betrachtung immer eine gesellschaftliche „Konstruktion" sein. Doch inzwischen wird eine planvolle Konstruktion von „Wirklichkeiten" offenbar, die mit Begriffen wie „Fake News" oder „alternative Tatsachen" nur unzureichend beschrieben wird.

Der vor allem im Netz herrschende Kulturkampf, der Kampf um Verständnisse und Deutungen der Welt untergräbt zivilisierte, bürgerliche Umgangsformen. Hass wird von verfeindeten Gruppen geschürt. Die einen hetzen von rechts gegen Einwanderer, gegen alles Fremde, gegen „Schwule" oder gegen Juden. Die anderen finden den Hass auf alles, was „rechts" ist oder ihnen als rechts erscheint, zumindest legitim. Manche hetzen von links gegen Reiche, gegen Amerika, gegen Israel, den kapitalistischen oder den rassistischen Westen. Dieses Klima der Verfeindlichung schwächt die Demokratien. Es belastet ihre Handlungsfähigkeit – auch nach außen.

Im internationalen Konzert hat ein innenpolitisch zunehmend blockierter Westen seinen Dirigentenstab verloren. Einige Mächte wollen an seiner Stelle die Führung übernehmen, andere wollen nicht mehr geführt werden. Die westliche Führungsmacht USA wandelt sich unter *Trump* zumindest im Stil und in der Tonlage den autokratischen Herausforderern an. Der bisherige Juniorpartner Europa steht plötzlich allein und hilflos auf einem neuen gefährlich agonalen Parkett. Die EU hat es leichtsinnig versäumt, ihre enorme Wirtschaftskraft in politische, militärische und auch wirtschaftliche

Macht zu verwandeln. Unter der Regierung *Donald Trump* droht den Europäern jetzt die Rolle des Statisten, am Ende könnte die EU zum bloßen Objekt einer imperialen Neuverteilung der Welt oder Opfer des russischen Imperialismus werden. Auch Regenten des sogenannten globalen Südens schauen in einer (freundlich gesagt) robuster werdenden Welt deutlicher als zuvor auf ihren eigenen Nutzen und spielen das Spiel der Macht – und weniger das des Rechts.

Die Herausforderer

Historisch erwies sich der Westen seit Jahrhunderten stärker als seine Gegner. Er war technologisch, wirtschaftlich und kulturell weitaus besser organisiert, handelte planvoll, nutzte Markt und Technologie, setzte auf universell anschlussfähige Werte und kulturelle Muster. Schon das alte Europa und dann der atlantisch geprägte Westen unter der Führung der USA waren als Gesellschaftssystem weitaus beweglicher, lern- und reaktionsfähiger als die Konkurrenten. Damit konnten Potentiale selbst kleinerer Mächte entfaltet werden. Eine große Macht wie die USA wuchs damit zum Hegemon.

Doch inzwischen hat sich China mit seinem hybriden System aus Markt- und Kommandowirtschaft, mit seinem wirtschaftslenkenden Staatsinterventionismus zu einem ernsthaften Rivalen Europas und selbst der USA entwickelt – technologisch und ökonomisch. Der chinesische Nationalismus wurde von Europäern kaum wahrgenommen. Sie waren allein von der Aussicht auf neue Geschäftsfelder getrieben. Europäische Unternehmen sahen in China lediglich den kräftig wachsenden Absatzmarkt und die Vorteile einer kostendrückenden Werkbank. Inzwischen will China allerdings einen deutlich besseren Platz an der Sonne, es will Weltmacht mit Führungsanspruch werden. Die innerlich zwar wenig konsistente, aber wachsende BRICS-Gemeinschaft repräsentiert schon heute eine Hälfte der Welt.

Bei den Herausforderern des Westens ist beileibe nicht alles Gold, was da glänzend im Schaufenster liegt. China altert genauso wie Deutschland oder Japan.[10] Das Land der Mitte operiert mit wachsender Staatsverschuldung, seine Wachstumsraten flachen allmählich ab.

Russland setzt seinen technologischen Ehrgeiz auf die Entwicklung und Produktion von Waffen, seine langfristige Wirtschaftskraft fällt als Kriegswirtschaft noch geringer aus als zuvor, seine Finanzquellen bleiben an den Verkauf fossiler Energien (und Waffen) gebunden. Indien, das einwohnerstärkste Land der Welt, wächst wirtschaftlich langsam. Der Subkontinent schwankt zwischen dem Westen, wo er als Demokratie hingehört, und dem antiwestlichen Lager, indem er mit seinem politischen Hindu-Kulturalismus eine nationale Identität in Stellung bringt – gegen andere Kulturen, auch auf dem eigenen Staatsgebiet.

Die aufstrebenden Mächte treten nicht selten mit emanzipatorischer Geste auf. Die neue Ordnung ist antikolonialistisch ausgeflaggt. Der sogenannte globale Süden will in seinem Selbstverständnis mehr Rücksicht auf die kulturellen und politischen Identitätsbedürfnisse genommen wissen. De facto scheint das „Neue" vor allem die traditionellen, nach 1945 entstandenen internationalen Regelbildungen und Organisationen wie UNO, NATO oder WTO zurückdrängen und den westlichen Einfluss auf Themen und Strukturen verringern zu wollen.

III. Zeichen der Schwäche: Wechselwirkung des Außen und des Innen

Symptome der Schwäche als Gefahr für die regelbasierte Ordnung

Viele Diskussionen kreisen um die Schwäche des Westens, seiner Demokratie und der von ihm geschaffenen regelbasierten internationalen Ordnung. Solche Diskussionen sind typisch innerhalb der offenen Gesellschaft, auch wenn nicht jedes Lamento sachliche Substanz besitzt. Es gibt einen Unterschied zwischen dem scharfen analytischen Blick des Kritikers und der demagogischen Brandrede der Feinde einer offenen Gesellschaft.[11]

Im Spiel der Mächte ist es nicht allein die wachsende Stärke oder die Zahl der Herausforderer, die den Ausschlag gibt. Wenn die bisher als stark geltenden Mächte Signale der Schwäche aussenden, trägt dies dazu bei, die „regelbasierte Weltordnung" zu erschüttern. Die Herausforderer meinen Anzeichen zu erkennen, dass der Westen seine Fähigkeit zur Selbstbehauptung einbüßt – Schritt für Schritt. Sie sehen Demokratien, die sich selbst blockieren und dadurch ihre politische und militärische Handlungsfähigkeit ebenso verlieren wie ihren bisherigen Sonnenplatz technologischer und wirtschaftlicher Leistungskraft. In der transatlantischen Welt habe sich – so der Eindruck in Peking, Teheran oder Moskau – aus einer stimmungsgetriebenen, einer volatilen öffentlichen Meinung ein starres, auf sich selbst bezogenes System entwickelt, das sich selbst blockiere. Die Realitätskonstruktionen vor allem der linken und liberalen öffentlichen Meinung – so die Annahme – haben sich über die harten Interessenlagen einer Wirklichkeit gelegt, von der die Autokraten meinen, sie besser zu kennen.

Dieser Eindruck mag übertrieben sein. Die Autokraten sehen nicht den Pfahl im eigenen Auge. Ihre Analysen sind gewürzt mit einer gehörigen Portion Wunschdenken. Seit langem hat der Iran mit Israel einen hybriden Krieg gesucht. Er ist nach den wuchtigen Gegenschlägen Israels auf seine Hilfstruppen (Hisbollah und Hamas) und dem Verlust Syriens unter seinem Verbündeten Assad im Jahr 2024 etwas kleinlauter geworden. Den Angriff auf seine Atomanlagen und seine militärische Führung im Juni 2025 musste das Land hilflos hinnehmen. *Putin* hat nicht damit gerechnet, dass nach *Trumps* Amtsantritt 2025 die von ihm wie voraussehbar gekappte amerikanische Militärhilfe für die Ukraine in nennenswerter Art durch Deutschland ersetzt werden könnte. Er wurde aber durch die Änderung der deutschen Schuldenbremse mit unbegrenzter Kreditermächtigung für die Verteidigung unter Einschluss von Ukrainehilfen noch vor Amtsantritt der Regierung *Merz* eines Besseren belehrt. Die Ukraine kann mit deutschem und europäischem Geld Waffen in den USA kaufen und damit weiter durchhalten.

Trotz solch wichtiger Zeichen zurückkehrender Stärke häufen sich an anderer Stelle die Hinweise für Selbstblockaden der Demokratien. Die USA wirken wie von politischen Dilettanten geführt und manche sehen sie bereits als Demokratie am Abgrund. Die EU stand vor drei Jahrzehnten als leuchtendes Vorbild für eine supranationale Zukunft der Welt, heute wirkt der Kontinent verkrustet und blockiert. Die Regelverliebtheit von Ländern wie Deutschland und die der Europäischen Union gerät im globalen Umfeld allmählich in eine Minderheitsposition. In der EU bleiben viele immer noch der Schönwetter-Prämisse verhaftet. Sie gehen in ihrem regulatorischen Ehrgeiz von einer nahezu beliebig belastbaren Wirtschaft aus. Brüssel und die Mitgliedstaaten zeigten bislang wenig Scheu, ganze Handlungsfelder der Gesellschaft zu „bürokratisieren" und damit die Innovationskraft und die Wettbewerbsfähigkeit zu belasten.

Komplexität als Problem: Die neue Sehnsucht nach der einfachen Welt

Dahinter steht ein wachsendes Problem grundlegender Gesellschaftsorganisation. Die Soziologie beschreibt die moderne Gesellschaft als ein Zusammenspiel von Funktionssystemen, die sich spezialisiert, selbstbezüglich „ausdifferenziert" haben.[12] Markt, Wissenschaft, Politik und Recht sind stark auf sich selbst bezogen und werden immer komplexer. Das hat der Gesellschaft viel Wissen, Reichtum und Steuerungsfähigkeit beschert. Doch inzwischen wird das unaufhörliche Weiterwachsen der auf sich selbst bezogenen Teilsysteme zum Problem. Wenn die digital getriebene Wirtschaft mit ihrer Wertschöpfungsstrategie die Lebensverhältnisse radikal umkrempelt oder mit mächtigen Oligopolen bis in die Sphäre politischer Macht hineinragt, so löst das Rufe nach mehr Kontrolle aus, womöglich auch nach „Entdifferenzierung".

Die radikale Linke zeichnet sich seit jeher dadurch aus, dass sie die Verselbständigung des Marktes mit der „Abschaffung des Kapitalismus" zurückdrehen will. Aber nicht nur der Markt kann als übermächtig und im Blick auf eine „unversehrte" Lebenswelt als kolonialistisch empfunden werden[13], sondern auch die Politik. Hier setzen die neuen Libertären an. Wenn die Gesetzgebung sich „in alles einmischt" und das Leben immer mehr verrechtlicht oder gar den neuen

Menschen herbeiregulieren will, können mächtige populistische Protestbewegungen entstehen, die den ganzen Regierungsapparat mit der Kettensäge zurechtstutzen wollen: politische Vereinfachung als Programm einer groß angelegten Entdifferenzierung.

Der zerbrochene Spiegel: Verwandlung der öffentlichen Meinung

Die Lernfähigkeit der offenen Gesellschaft hängt von der Freiheit des Meinungsstreits ab. Doch die Welt der Informationen und der Meinungen ist einem ständigen sozialen und technischen Wandel ausgesetzt: aus Vorzügen können Gefahren werden, aus der Bekämpfung der Gefahren können Freiheitsverluste resultieren. Seit einem Viertel Jahrhundert ist mit dem Aufkommen des Netzes ein bedeutsamer Strukturwandel der öffentlichen Meinung eingetreten. Die volatile Gesellschaft hat im Netz ihren aufgeregten Informations- und Gefühlsbasar gefunden. Der einstige Traum von der digitalen Agora ist längst ausgeträumt. Die Netzpioniere der neunziger Jahre waren überzeugt, dass man im Netz alle rückständigen Begrenztheiten der national segmentierten Ordnungen hinter sich lassen könne und ein weltbürgerlicher Diskurs entstehen werde.

Transnationale Netzwerke sind tatsächlich gewachsen, aber aufs Ganze gesehen ist eine neue Wirklichkeit entstanden, die ganz anders geworden ist als ursprünglich erwartet. Öffentliche und politische Kommunikation ist dezentral, von den Launen und Moden ebenso wie von den Algorithmen der Plattformen und den Manipulatoren der Netzwelt beherrscht. Politik ist (wieder) emotionalisierter geworden und in der Auswahl von Informationen in jeweils eigenen Welten wieder deutlicher nach einem Glaubenskanon fragmentiert, nach Gut und Böse moralisch geordnet. Das Netz hat uns den Ort der öffentlichen Meinung – einst beherrscht von den großen Flaggschiffen der politischen freien Presse – als zerbrochenen Spiegel hinterlassen.

Die einen nutzen das weltweite Netz wirtschaftlich und politisch für sich, berechnend und planvoll. Die anderen wollen am liebsten diesen neuen Raum, den sie als einen Wirkungsraum für Demagogen begreifen, so bekämpfen wie vor 200 Jahren der österreichische Staatskanzler *Metternich* die aufkommenden „Pressedemagogen" seiner Zeit.[14] Und wieder andere, wie die Libertären vom Schlage eines *Peter Thiels*[15] oder *Elon Musks*, sehen im Netz den Raum ungefilterter „natürlicher" Freiheit, dessen sittliche Disziplinierung dasselbe sei wie die Unterdrückung der Meinungsfreiheit in den Diktaturen.

Das Verfassungsrecht schwankt: Soll es die Meinungsfreiheit weiter so hoch halten wie bisher[16] oder sollen die Gerichte grünes Licht geben, um gegen „Fake News", Hassbotschaften oder „Delegitimierung" des Staates vorzugehen? Während das Bundesverfassungsgericht in Karlsruhe zögert, ist die EU schon längst auf dem Weg, in die den Staaten vorbehaltene Kompetenzen einzudringen, indem sie die Plattformen reguliert. Der Trumpismus in den USA versteht sich als Gegenbewegung dazu, *Elon Musk* und sein „X" sehen sich als kämpferische Protagonisten der freien Rede und gegen eine Verschwörung des „tiefen Staates" vernetzter Eliten.

Das Problem liegt darin, dass die seriösen Informationsangebote der privatwirtschaftlich operierenden Presse allmählich an den Rand geraten, weil vor allem eine wachsende Zahl junger Menschen nicht mehr einsehen, warum sie Geld für etwas bezahlen sollen, was sie „umsonst" schneller und scheinbar ungefiltert im Netz finden können. Die Hoffnung, dass sich dieser Prozess umkehrt, ist nicht verschwunden, aber die Dynamik scheint eher in die Richtung multipler Informationszugänge wirksam.

Kriegerische Zeiten?

Jetzt ist etwas anderes hinzugetreten, etwas Schwerwiegendes: Die Zeiten werden wieder kriegerischer. Die geopolitischen Bedingungen stehen deutlich mehr auf Konfrontation, denn auf Kooperation. Wer Frieden und Zusammenarbeit will, muss stark sein und stark bleiben, auch um als Vorbild zu taugen.

Der Westen war lange stark, sogar übermächtig. Das galt auch noch nach den selbstzerstörerischen Erfahrungen des 20. Jahrhunderts. Auch im Kampf gegen die aggressiven Mächte des Zweiten Weltkriegs oder im Kalten Krieg stand fest: Das Prinzip der Freiheit ist stärker als seine totalitären Gegner. Diese Annahme war nie falsch. Doch das überzeugt und funktioniert nur so lange, wie die Demokratien sich nicht selbst verraten, nicht an sich irre werden.

Erfolgsgeheimnis der Demokratien

Demokratien leben von der inklusiven und der selbstüberschreitenden (transitiven) Kraft des Prinzips des „Frei-seins". Aus dem Willen, sein eigenes Schicksal zu meistern, wächst die Fähigkeit erst zur persönlichen und dann gemeinsamen Überschreitung scheinbar unabänderlicher Grenzen. Diese Überzeugung, dass der Gebrauch von Freiheit gewaltige Energien freisetzt, münzt sich aus in einem institutionellen System, aus dem technologische und wirtschaftliche Stärke wächst. Hier liegt die sprudelnde Quelle für Selbst- und Zukunftsvertrauen.

Wenn indes eine Gesellschaft beginnt, den Einzelnen allzu sozial determiniert zu verstehen, als bloßes Resultat von gesellschaftlichen Verhältnissen, von objektiven Bedingungen oder sozialen Benachteiligungen, dann wird diese Kraftquelle nach und nach verschüttet. Eine freiheitliche Demokratie will gewiss keine Privilegien, keine Monopole, keine Oligarchen. Sie wird deshalb soziale Schranken und strukturelle Benachteiligungen abbauen. Das ist notwendig, damit die Chancen zur Selbstentfaltung und zum Aufstieg für sehr viele, möglichst für alle offen stehen.

Die deterministische Schlagseite im postmodernen Menschenbild

Die Debatten der letzten Jahrzehnte haben die Gewichte verschoben. Der Mensch wird nicht als Resultat von gesellschaftlichen Bedingungen einerseits und eigener Initiative andererseits gesehen, sondern viel zu sehr als bloßes Produkt seiner Umwelt, seiner Herkunft, seiner Sozial- und Lebensverhältnisse. Begriffe wie „Wettkampf", „Leistung" oder die Meisterung eines Lebensschicksals werden als zu agonal empfunden und nicht nur bei den Bundesjugendspielen zu einem schonenden „Wettbewerb" abgemildert, der niemanden ausgrenzen soll.[17] Die Aufforderung, hart zu arbeiten, zu lernen, sich zu bilden, über sich hinauszuwachsen: Sie ist nur noch leise zu vernehmen. Dass Wettkämpfe Sieger und auch Niederlagen bedeuten, wird als Härte und Ausgrenzung dargestellt.

Die deterministische Schlagseite im postmodernen Menschenbild führt zu einem immerwährenden Druck auf den Staat, die Gesellschaft zu „verbessern", eine gerechte Umgebung zu schaffen. Doch gerade, wenn ein Land im internationalen Vergleich hier weit gekommen ist, muss wieder stärker danach gefragt werden, was der Einzelne tun kann und was er tun muss, um aus seinen Gaben ein Leben zu machen, das ihn oder sie, seine oder ihre Nächsten glücklich macht – und den vielen anderen nutzt.

Die Kultur der Freiheit

Inklusiv ist diese Kraft aus dem Prinzip eigenverantwortlicher Freiheit, weil und wenn nicht zugelassen wird, dass ganze Gruppen unterdrückt oder demotiviert werden, sondern die Prämien für Leistung ohne Ansehen der Person allen offenstehen. *Transitiv* im Sinne von selbstüberschreitend ist die Kultur der Freiheit, wenn es gelingt, die alltägliche Botschaft zu vermitteln, dass jeder über sich hinauswachsen kann (und soll), wenn er oder sie sich als die Architekten ihres eigenen Schicksals begreifen. Anders könnte man – und das auch nur vorübergehend – nur optieren, wenn die Welt eine freundliche Ordnung von fairem Wettbewerb und konstruktiver Kooperation wäre. So ist die Welt nicht beschaffen. Wer die gewalttätiger werdende Welt verkennt, sie mit einem Garten Eden oder mit einer angenehmen Sphäre für gute Geschäfte verwechselt, riskiert Freiheit und Wohlstand. Der Reichtum, der aus Freiheit wächst, wird allerdings genauso verspielt, wenn wie gebannt und gelähmt auf scheinbar unausweichliche Katastrophen geschaut oder ein historisch unausweichlicher Abstieg des Westens an die Wand gemalt wird.

Krise als Chance der Demokratie

Weder der Traum vom Himmel auf Erden noch die unmündig machende Furcht vor dem drohenden Strafgericht führen in eine freundliche Zukunft, sondern das nüchterne Wissen und das beharrliche Wollen zur Selbstbehauptung. Dieses Buch will die Krise der Demokratie nach der Zäsur des 24. Februar 2022 sondieren. Am Anfang steht die Rückkehr der Geschichte und die Zeitenwende als Ausdruck einer höchst unwillkommenen neuen Welt, die wieder kriegerischer und gefährlicher wird. Was sich am Horizont schon lange abgezeichnet hat, ist mit dem brutalen Überfall auf die Ukraine und der damit eröffneten *Kanonade auf das Prinzip der Demokratie* als Zäsur für jedermann erkennbar. Die internationalen Beziehungen sind (hoffentlich nur bis auf weiteres) beherrscht von der agonalen Konstellation, die entsteht, wenn wichtige Mächte das nach 1945 etablierte Prinzip gegenseitiger kollektiver Sicherheit und das völkerrechtliche Friedensgebet offen missachten und damit der UN ihre eigentliche Legitimität rauben.

Was bedeutet die neue internationale Konstellation für das Selbstverständnis und die Handlungslogik der Demokratien? Wenn man die militärische Herausforderung als Krise versteht, welchen Rang in der Dringlichkeit der Krisenbewältigung beansprucht sie dann? Gibt es eine politische oder normative Hermeneutik der Krisen, aus der man eine Rangfolge oder Ordnung ableiten kann? Ist die Klimakrise die alle überragende Krise? Ist es die Krise der Demokratie oder ist es die Gefahr eines Krieges? Liegt die eigentliche Krise in einem technologischen Quantensprung, der die Modelle der Wertschöpfung gravierend verändert und mit der Entwicklung künstlicher Intelligenz beginnt, die von Menschen gemachte Ordnung grundlegend herauszufordern? Gibt es in den wohlhabenden entwickelten Ländern eine Tendenz zu wirtschaftlicher Stagnation, droht ein substantieller Abstieg Europas, der auf eine (weitere) weltweite Erschütterung der

Demokratien hinausläuft? Oder sind die Demokratien durch einen Kulturkampf gefährdet, der ihre an sich bestehenden mächtigen Kraftquellen lähmt?

Es geht bei solchen Fragen nicht nur um die Logik und das Verständnis von Krisen, sondern um die Krise unseres Verständnisses von Demokratie; es geht um die Bewahrung der grundlegenden Institutionen wie Demokratie, Recht, Leistungsgerechtigkeit oder Markt. Es geht darum, wie eine Kultur der persönlichen Freiheit wieder stärker gemacht werden kann und wie demokratische Staaten wieder handlungsfähig werden können, ohne dafür das Tafelsilber der freiheitlichen Werteordnung wegzugeben.

B. Die agonale Konstellation als epochale Zäsur

„The liberal, globalist consensus is
under fire from all sides“
(*Walter Russell Mead*)[18]

I. Rückkehr imperialistischer Angriffe

Die attackierte Friedensordnung

Der offene und massive russische Angriff auf die Ukraine am 24. Februar 2022 war der vorläufige Scheitelpunkt des Versuchs zu einer gewaltsamen Veränderung der bis dahin geltenden Weltordnung. Der Druck geht maßgeblich von China und Russland aus. Der Iran hat als Regionalmacht mit seinen Hilfstruppen den Nahen Osten seit langem erschüttert und einen nur notdürftig verdeckten Krieg mit Israel gesucht und ihn im Oktober 2023 gefunden. Die harte militärische Reaktion Israels auf den überraschenden Überfall vom 7. Oktober 2023 hat allerdings das Mullah-Regime in Teheran und die von ihm unterhaltenen Hilfstruppen fürs erste deutlich geschwächt, aber Israel in der Weltöffentlichkeit auf die Anklagebank gebracht.

Während aggressive, gewaltbereite Mittelmächte wie Nordkorea beim Angriffskrieg im Osten Europas assistieren, schaukeln andere wie die Türkei oder Indien zwischen den Demokratien auf der einen Seite und einem antiwestlichen Lager auf der anderen Seite. Doch schaukeln nicht auch die USA unter der zweiten Präsidentschaft *Trumps* inzwischen kräftig mit? Wenn die USA ihre globalen Sicherheitsgarantien zurücknähmen und unter *Donald Trump* faule „Deals“ mit Diktatoren machten, rutschte dann das ganze westliche System nicht noch rascher ab als bislang befürchtet?

Alte und neue „Großraumfantasien“

Seit 2025 scheint für manche sogar schon die amerikanische Auslieferung des reichen, aber militärisch schwachen Europas an die neuen Aggressoren möglich. Auch wenn das überzogen sein dürfte, so geht es im Fall der attackierten Ukraine nicht allein (und noch nicht einmal wesentlich) um Gebietsstreitigkeiten oder um gewaltsame Annexionen, so schlimm solche Absichten auch wären. Mit dem ukrainischen „Maidan“ von 2014, jener Revolte gegen den Vasallenstatus der Ukrainer und für die Eröffnung der Option für einen EU-Beitritt[19], ereignete sich etwas in den Augen *Putins* gänzlich Unannehmbares. Denn ohne die Erlaubnis des Kremls, ohne Kompatibilität mit seinen oligarchischen Herrschaftsinteressen darf in *Putins* herrisch beanspruchtem Großraum nichts stattfinden.[20] Von da ab – mit der Annexion der Krim und der Eröffnung militärischer Gewalt durch seine Marionetten in der Ostukraine – begann Russland den Krieg gegen den Westen, eines Westens, der vor *Putins* Haustür stand.

Spezialoperation gegen die Demokratie

Hinter der seit 2022 offen als Krieg geführten „spezialoperativen“ Bekämpfung des „ukrainischen Faschismus“ steht in Wahrheit die Angst vor der Demokratie und ein für Russland keineswegs fremder imperialistischer Ehrgeiz. *Putin* und seine Oligarchen treibt die Furcht vor einer Infektion des Reiches mit dem Freiheitsvirus und der Wunsch, als Eroberer in die Geschichte einzugehen. Russland gleicht seine erheblichen Verluste bislang aus und rüstet einigermaßen offen für einen Krieg in Europa. Seit 2023 soll Russland rund 300.000 neue Soldaten rekrutiert haben. „Auch die Rüstungsindustrie läuft auf

Hochtouren. Trotz westlicher Sanktionen hat Moskau seine Wirtschaft auf Kriegsproduktion umgestellt. Waffenfabriken arbeiten im Mehrschichtbetrieb, Löhne in der Verteidigungsindustrie steigen, und staatliche Anreize für den Militärdienst nehmen zu."[21]

Russland steht in seiner Bereitschaft, dem Westen auch mit Gewalt entgegenzutreten, nicht allein. Die Kritik der BRICS-Staaten[22] am offenen Bruch der Friedensordnung und der UN-Charta fällt – wenn überhaupt – milde aus. China unter *Xi Jinping* geht bislang taktisch weicher vor als Russland, aber ebenso entschlossen. Das Land rüstet ebenfalls massiv auf, bedroht Taiwan immer offener. Dabei erinnert man sich an ein Zitat aus der Zeit des Beginns des Zweiten Weltkrieges, als der deutsche Diktator davon sprach, dass das vom Dritten Reich beanspruchte Danzig nicht „das Objekt" sei, um das es gehe. Vielleicht ist auch Taiwan nicht das Objekt, um das es geht. Es könnte strategisch darum gehen, die USA aus dem Großraum Asiens zu verdrängen, um den dynamischsten Wirtschaftsraum der Erde unter chinesische Hegemonie zu bringen. Denn wenn das demokratische Taiwan militärisch fällt, wer will dann auf die Dauer Japan, Australien oder Indonesien wirksam verteidigen?

II. Neue Gewaltbereitschaft in den internationalen Beziehungen

Mit dem Überfall auf die souveräne Ukraine wurde zum ersten Mal seit 1945 in Europa die Friedensordnung der Vereinten Nationen in offener und in brutaler Weise durch einen imperialen Annexionskrieg gebrochen.

- Die Ukraine hatte im Vertrauen auf diese Ordnung ihre Atomwaffen Zug um Zug gegen Sicherheitsgarantien abgegeben. Die Garantien waren das Papier nicht wert, auf dem sie standen. Das russische Ziel ist die vollständige Vernichtung der unabhängigen Ukraine – und dieses Ziel wird von einem ständigen Mitglied des UN-Sicherheitsrates unerbittlich verfolgt. Mit hunderttausenden

Toten, immenser Zerstörung, Verschleppung und Vertreibung steht dieser Krieg in seinem vierten Jahr.

- Drohungen gegen Finnland, die baltischen Staaten, russische Einflussnahmen in Georgien, Moldau, Serbien und Rumänien machen deutlich, dass Russland nicht nur die unabhängige Ukraine zerstören will, sondern in Europa eine Großraumordnung nach seinen Vorstellungen erstrebt.
- Mit dem 7. Oktober 2023 erfolgte der Überfall der vom Iran hochgerüsteten Hamas-Herrschaft auf Israel. Der Gegenschlag Israels wollte sich nicht mehr von den Vereinten Nationen behindern lassen, das Land wischt Zweifel an der Einhaltung des Völkerrechts mit dem Hinweis auf die Souveränität einer um die Existenz kämpfenden Nation beiseite.
- In Asien, in der chinesisch beanspruchten Hemisphäre, nehmen Drohungen und Grenzverletzungen gegen Nachbarn Chinas zu – gegen Taiwan scheint bereits ein hybrider Krieg geführt zu werden.[23] Als Reaktion darauf wurden noch unter der *Biden*-Administration Bündnisverpflichtungen beschworen, wie die der USA gegenüber den Philippinen. Doch zu welchem „Deal“ könnte sich *Trump* in Zukunft entscheiden?

Das alles macht vor allem eines deutlich: Die Welt hat sich *kategorial* verändert und sie verändert sich weiter in eine beunruhigende Richtung.

Wiederkehr globaler Machtkämpfe

Internationale Organisationen und große Demokratien scheinen ihren bisherigen Kompass zu verlieren und Stabilität einzubüßen. Die Welt wird wieder kriegerisch(er), gerät deutlicher als bislang in das Räderwerk imperialer Machtspiele. Worin genau liegt die Zäsur? Um es deutlich zu sagen: Die westlichen Demokratien sind zur Zielscheibe koordinierter oder zumindest gebilligter aggressiver Attacken geworden. Einer wirtschaftlichen Großmacht wie China geht es unter seiner gegenwärtigen Führung um die Beseitigung der regelbasierten

Ordnung und seine Ersetzung durch ein System machtpolitischer Hegemonie.[24]

Gemeinsam, weil als System, stehen die Demokratien in der Defensive. Sie sind „under attack". Wenn der US-Vizepräsident *James David Vance* Anfang 2025 auf der Münchener Sicherheitskonferenz seine Kritik an der EU deutlicher ausfallen ließ als die an Russland und die Unterstützungszusagen für die Ukraine zurücknimmt, dann tritt die Gefahr hinzu, dass die bisherige Führungsmacht des Westens diese Einheit aufkündigt.

Putins imperial aufgelegtes Russland will die geopolitische Ordnung ebenso wie China aus den Angeln heben und als räumlich größte Landmacht des Nordens – ganz ohne ironisches Selbstverständnis – militärische Führungsmacht des globalen Südens werden. Doch vielleicht noch wichtiger: Auch ohne den furchtsamen Blick auf das gewaltbereite, doch wirtschaftlich und technologisch schwache Russland verschieben sich die geopolitischen Gewichte dramatisch, hinein in die neuen Machtzentren Asiens. Es gilt Abschied zu nehmen von der seit 1990 verbreiteten harmonischen Vorstellung einer stabilen und regelbasierten internationalen Ordnung, die schrittweise zusammenwächst und eine Epoche planetarischer Einheit eröffnet. Wäre dieser lineare Fortschritt so eingetreten, so hätte dies tatsächlich ein Ende klassischer Geschichte bedeutet, jedenfalls im Sinne einer Erzählung imperialer Machtkämpfe.[25]

Die Kraft der Märkte wird agonal gegen den Westen gewendet

Die EU und gerade auch Deutschland verließen sich in den vergangenen Jahrzehnten, vor allem seit 1990, auf die universalisierende Kraft des Marktes, auf die sanfte Logik der offenen Handelsbeziehungen. Sie kalkulierten selbstbewusst den politischen Spill-over-Effekt zusammenwachsender Märkte und Volkswirtschaften. Wer den Wohlstand bringenden Welthandel wollte, der musste auch politische Konzessionen machen. Das Blatt hat sich gewendet. Die EU hat den Wechsel der internationalen Konstellation lange Zeit nicht wahrhaben wollen. China beteiligt sich am Welthandelssystem, obwohl es um die sozialpsychologischen und politischen Folgewirkungen entwickelter Marktwirtschaften weiß. Was für die EU eine Hoffnung ist, ist für die Führung Chinas eine Gefahr. In Peking wird anders gerechnet. China will weiter Welthandel betreiben, doch verstärkt nach seinen Vorstellungen und die industriepolitisch gelenkte Wertschöpfung für seine nationalen und militärischen Interessen nutzen: „China First" gilt hier ohnehin. Wenn China auf Elektromobilität setzt, geht es gewiss auch um Wege zu einer besseren Klimabilanz. Doch vor allem geht es darum, Wettbewerbsvorteile gegenüber dem Westen zu erlangen und strategisch entwickelte Wertschöpfungsketten (Batterieproduktion, Seltene Erden, KI) staatsdirigistisch aufzubauen, um sie dann machtpolitisch auch als Druckmittel ummünzen zu können. Womöglich hat *Donald Trump* das besser verstanden als die EU.

Nach dem Ende der Geschichte

Es besteht kein vernünftiger Zweifel: Die alte Geschichte imperialer Auseinandersetzungen ist zurück auf dem Spielplan. Die dunklen Narrative der Vergangenheit sind längst wieder neu aufgelegt und werden von China, Russland, dem Iran offensiv vertreten. Es geht um die Vorstellung von kontinentalen Großräumen, in denen „natürliche" Hegemonialmächte mit schwächeren Staaten so umgehen dürfen, wie sie es wollen und raumfremde Mächte sich hier heraushalten sollten. Das am Vorabend des Zweiten Weltkriegs für Nazi-Deutschland entworfene Konzept *Carl Schmitts* steht wieder auf dem Spielplan. Es formuliert den Anspruch kontinentaler Hegemonialmächte auf ungestörte Unterdrückung „kleinerer" Völker: das ganze rhetorisch adrett eingekleidet als „Interventionsverbot für raumfremde Mächte"[26].

III. Kann die regelbasierte Ordnung sich behaupten?

Agieren aus der Defensive

Die regelbasierte Ordnung ist geschwächt, aber gewiss noch nicht zerstört. Die Herausforderer sind nach außen nicht so stark wie sie tun. Nach innen sind sie schwankender als die monolithische Inszenierung uns weismachen will. Der von Russland und dem Iran gestützte *Assad* musste in Syrien weichen, der Iran hatte den israelischen Schlägen gegen seine regionalen Hilfstruppen nichts Adäquates entgegenzusetzen. Doch das lässt die Gefahr nicht notwendig geringer ausfallen. Der Iran will Atomwaffen und es deutet wenig darauf hin, dass dies verhindert werden kann.

Es droht weiter eine neue Realität, die wieder autoritärer und gewalttätiger wird. Internationale Organisationen, die dem Frieden und Interessenausgleich dienen, müssen nicht für alle Zeit die Instrumente eines universellen westlichen Weltverständnisses bleiben. Sie könnten auch von den Gegnern liberaler Demokratien erst beeinflusst, unterwandert und schlimmstenfalls im Kampf gegen den Westen feindlich übernommen werden. Es wäre eine Welt, wo hinter der Fassade der internationalen Rechtsordnung längst das Recht des Stärkeren die einzig wirklich zählende „Rechts"-Position ist. Es gehört zu den Überzeugungen der *Trump*-Administration, dass diese Entwicklung längst im Gange ist, von der politischen Linken im eigenen Land in einem heimlichen Bündnis mit China zur Schwächung des Westens eingesetzt werde und die Stärke der USA untergrabe. Im agonalen Denken *Trumps* haben die Vereinten Nationen, das verwöhnte Kind der USA, sich gegen ihre Eltern gewandt.

Auf der Weltkarte erscheinen die Konturen einer neuen internationalen Ordnung, die vom ursprünglich erhofften Fortschrittspfad deutlich abweichen könnten. Die liberalen, marktwirtschaftlichen Demokratien des Westens: Sie waren lange Zeit die Taktgeber der Entwicklung. Doch heute verlieren sie einen Teil ihrer Gestaltungsmacht und ihrer Fähigkeit, Regeln durchzusetzen. Das westliche, das liberale Modell ist in der Defensive. Das zwingt die Demokratien, ihr gewohntes Paradigma der Weltwahrnehmung grundlegend auf den Prüfstand zu stellen und ihre politischen Prioritäten neu zu setzen.

Aufgezwungene Gewalt: Die agonale Konstellation

Die in Europa jetzt auch offen kriegerisch ausgetragenen Attacken auf das liberale System nötigen die Demokratien zu einer Änderung ihrer bisherigen Grundtendenz: *Sie sind in eine agonale Konstellation gezwungen.* „Agonal" ist der bildungssprachliche Ausdruck für „kämpferisch" oder auch „kriegerisch". Das löst gerade in Deutschland Abwehrreaktionen aus, die mehr als verständlich sind. Schließlich haben sich die Deutschen im Namen nationaler Selbstbehauptung und mit dem Heroismus vom Daseinskampf in zwei Weltkriege treiben lassen – mit der Parole, man müsse die eigene Existenz gegen eine Welt von Feinden oder für einen gerechten Anteil am „Lebensraum" verteidigen. Die europäische Mittelmacht schaffte es auf eine geradezu irrwitzige Weise, gegen Ende des Zweiten Weltkrieges mit etwa der Hälfte der Staaten des Erdenrunds im Kriegszustand zu sein. Nach der verheerenden Bilanz des Zweiten Weltkriegs hatten die Deutschen nach 1945 nicht nur von jeder Verherrlichung des Militärischen, von allem Heroismus der „Stahlgewitter"[27], sondern auch von jeder Rechtfertigung des Krieges genug. Die neue Bundeswehr musste seit 1955 gegen innere Widerstände durchgesetzt und mit der Losung vom „Staatsbürger in Uniform"[28] eine geradezu zivile Tarnfarbe annehmen, um hinreichende gesellschaftliche Akzeptanz zu finden.

Doch die Abwehrhaltung gegen alle Zumutungen, einen Kampf militärisch oder wirtschaftlich und technologisch führen zu sollen, ist nicht auf Deutschland oder Japan beschränkt. Heute ist die kritische Distanz zu Streitkräften und Rüstung in allen westlichen Demokratien verbreitet, in Ländern wie Deutschland, Italien oder Japan, den Verlierern des Zweiten Weltkrieges, allerdings deutlich stärker als in den USA, England oder Israel. Wollen wir wirklich – so fragen manche – die gerade noch verklärte, schöne „Eine Welt" als bloße Projektionsfläche unserer Wünsche verabschieden als eine geplatzte Blase, historisch überholt? Sollen wir das soeben erst ausgerufene „planetarische Zeitalter" tatsächlich durch die neue scharfkantige und brandgefährliche Landschaft von „Freund-oder-Feind" eintauschen? Wurde *Putin* nicht auch („irgendwie") vom Westen provoziert? Und wenn wir künftig „freundlicher" zu ihm wären, könnten wir dann nicht wieder den Weg zurück in eine friedliche Welt finden?

In Deutschland beruhigen sich manche damit, dass Russland für die NATO kein ernsthafter Gegner sei, weil das Land ja noch nicht einmal seine Kriegsziele in der Ukraine annähernd erreicht hätte und deshalb die russische Bedrohung womöglich nur ein Popanz sei.[29] Solche Einschätzungen werden ungefähr so lange halten wie die ukrainische Front und nur solange wie die USA noch ihre verlässliche Bereitschaft zeigen, das Bündnisgebiet zu verteidigen. Russland rüstet massiv konventionell auf und wer glaubt, *Putin* würde sich mit einigen Annexionen in der Ost- und Süd-Ukraine zufriedengeben, hat seinen Restaurationsplan und seinen Ehrgeiz, als Eroberer in die Geschichte einzugehen, womöglich immer noch nicht verstanden.

Das Festhalten an einer Art „Entspannungspolitik 2.0" zeigt vor allem eines: Liberale Demokratien sind – jedenfalls ab einem bestimmten Reifegrad – nicht *agonal* aufgelegt. Kriegerische Stimmung ist ihnen fremd. Die Demokratien wollen friedliche Zivilgesellschaften sein, in denen sich jeder nach seinen individuellen Plänen verwirklichen kann. Es sind Gesellschaften, in denen man nicht gezwungen sein will, in Reih und Glied zu marschieren, mit geschulterter Waffe.

Wandel durch Handel – oder?

Die Realisten entgegnen dieser verständlichen pazifistischen Grundstimmung: „Frieden wünschen und Frieden militärisch sichern, das gehört zusammen". Beides wird nicht immer zusammen gesehen. Die Feinde der Demokratien rechnen seit jeher auf bürgerliche Friedenssehnsucht, auf die zivile Abneigung gegen alles Kriegerische. Gewaltherrscher sehen darin vor allem eines: dekadente Schwäche. Sie kalkulieren mit der Unfähigkeit „saturierter Wohlstandsgesellschaften“, den Machtkampf strategisch zu verstehen und ihn mit langem Atem erfolgreich zu bestehen.

Die Gegner der Freiheit wissen um die Stärke der USA. Sie registrieren und berechnen – darin ganz rational – die ökonomisch nach wie vor kräftige Statur von Demokratien, vor allen anderen der USA, mit einigem Abstand auch die der EU oder Japans. Ein Regime, das sein Land nicht zur Armut verurteilen will, tat bislang gut daran, sich in ein internationales System der Arbeitsteilung und des Handels zu integrieren, also nach Marktbedingungen zu spielen. Wer unter Nutzung dieses Systems die eigene wirtschaftliche und technologische Potenz entfaltet, der kann dann stärker mitbestimmen oder auch die Regeln zu seinen Gunsten verändern. China weiß, was es der globalen Arbeitsteilung und dem Prinzip der Marktwirtschaft verdankt. Als „Werkbank der Welt“ wurde das Land der Mitte wieder wohlhabend und mächtig. Die starke politische Lenkung der Wirtschaft wird erst allmählich zum Wachstums- und Stabilitätsproblem. Jahrzehntelang hat die Entfaltung von Marktkräften die herrschende kommunistische Partei getragen und gestärkt, obwohl ihr immer klar war, *dass sie einen Tiger reitet.*

Bei der wirtschaftlichen Kraftentfaltung Chinas standen sich zwei unterschiedliche Erwartungen gegenüber: Die westliche Seite vertraute auf „Wandel durch Handel“. Der Westen war und ist (mit guten Gründen) überzeugt von der universellen Kraft seiner Ideen von Freiheit und seiner Institutionen wie Demokratie, Rechtsstaat und Marktwirtschaft. Die andere Seite wollte allerdings etwas anderes, sie wollte „Macht durch Handel“. China sah den offenen Markt als Instrument zur Steigerung wirtschaftlicher Kraft, um am Ende des Tages die politischen Machtgewichte zu verschieben und einen Westen zu schwächen, der im selben Vorgang neue Stärke für sich erhoffte.

Die globale Gewährsmacht – und ihre Kostgänger

Der Westen verliert allmählich seine Illusionen. Das ist kein Wunder, legen doch seine Herausforderer immer deutlicher die diplomatische Zurückhaltung ab. Der neue Realitätssinn stärkt die Demokratien. In Peking, aber auch in Moskau wird das militärische und technologische Potential der USA gesehen und vorerst noch respektiert. Teheran hat die Macht Israels zu spüren bekommen, als seine Hilfstruppen Hamas, Hisbollah und Huthi das Land angriffen.

Vor allem die Vereinigten Staaten bildeten bislang für jeden Versuch einer internationalen Gewaltherrschaft immer noch eine ernste Grenze eigenen Tuns – wenn auch bei abnehmender Übermacht. Die USA, der vormalige wenngleich nie uneigennützige Weltpolizist, haben bislang mit ihren weltweit einsatzbereiten Streitkräften, ihrem Nuklearsenal und ihren technischen, nachrichtendienstlichen wie digitalen Fähigkeiten die Sicherheit der regelbasierten Ordnung garantiert. Sie taten das in ungleich größerem Umfang als die Summe ihrer Verbündeten.

Alle Präsidenten – gleich ob Demokraten oder Republikaner – hatten dabei nicht zu Unrecht das Gefühl, dass sie die Sicherheit von Europäern und Japanern überproportional finanzieren. In den Jahren vor dem russischen Überfall auf die Ukraine gaben die USA zwischen knapp 3,5 bis 4,9 Prozent des Bruttoinlandsprodukts (BIP) für die Verteidigung aus[30], während das Verteidigungsbudget in Frankreich um die 2 Prozent des BIP lag und Deutschland den Anteil der Militärausgaben seit 2010 auf zwischen 1,14 und 1,39 Prozent vom BIP heruntergefahren hatte.

Erschöpfter Weltpolizist in einem aggressiver werdenden internationalen Umfeld

Bis 2022 nahmen Fähigkeit und politischer Wille der USA deutlich ab, weiter und in überproportionaler Weise die globale Verteidigung zu finanzieren. Die jahrzehntelange Praxis, mit einer weltweiten Operationsperspektive militärisch handlungsfähig zu sein, verlor in den USA an Rückhalt. Das betraf sowohl die Bereitschaft, das Leben amerikanischer Soldaten zu opfern als auch die hohen Verteidigungslasten zu tragen. Die Verschuldung des Landes ist hoch und der innenpolitische Druck steigt, mehr in Wirtschaftsförderung, Klimaschutz oder Sozialprogramme zu investieren – so die Demokraten – oder Steuern zu senken – so die Republikaner.

Die Diktatoren und Autokraten der Welt registrierten sehr aufmerksam den US-amerikanischen Rückzug in Syrien, Libyen oder Afghanistan und interpretierten ihn als Schwäche. Das Zurückweichen der Europäer in West- und Zentralafrika sowie der schmähliche Rückzug Frankreichs und Deutschlands aus Mali ist dabei nur eine Arabeske, aber eine, die zum Bild passt. Die Autokraten waren und sind überzeugt, dass sich das westliche Gesellschaftsmodell in einem politischen und kulturellen Niedergang befindet. In ihren Augen wird ein wirtschaftlicher, technologischer und kultureller Abstieg folgen, oder sie meinen sogar, er sei bereits in vollem Gange. Die Gegner des Westens halten dessen System für geschwächt und verwundbar. Seine innere Dynamik sei ungeordnet, dysfunktional. Mit Blick auf die Entwicklung und die Entfaltung von Stärke werden Disput, Protest und freie Wahlen als schädlich wahrgenommen. Der aktuelle Trumpismus teilt auf verquere Weise diese Einschätzung. Seine Rezeptur lautet, man könne die Stärke der USA wiedergewinnen, wenn man selbst zumindest ein ganzes Stück weit so wie seine Herausforderer wird.

Als Russland 2022 die Ukraine überfiel, wollte es so scheinen, als würden westliche Hilfslieferungen aus den USA, aus Deutschland oder dem Vereinigten Königreich die tapfer kämpfenden Ukrainer bald mit modernen Waffen in ausreichender Zahl versorgen – und damit das wirtschaftlich letztlich doch schwache Russland in nicht allzu ferner Zukunft an den Verhandlungstisch zwingen. Nach dem Angriff wurde indes auch etwas anderes sichtbar. Die US-Regierung unter *Joe Biden* kämpfte politisch um die Fortsetzung ihrer zunächst massiven militärischen Hilfen, die immer wieder durch die Republikaner blockiert zu werden drohten. England ist wirtschaftlich zu schwach und Deutschland war innenpolitisch unfähig, um seine wirtschaftlichen Ressourcen in Richtung rüstungswirtschaftlicher Potenziale rasch genug zu verschieben. Der geballten Wirtschaftsmacht der USA und der EU gelingt es zur Zeit – Mitte 2025 – immer noch nicht, die Ukraine ausreichend mit Waffen zu versorgen.[31] Und mit der zweiten Präsidentschaft *Trumps* bricht womöglich auch der amerikanische Wille zur Unterstützung weg und droht die Europäer vollends als hilflos erscheinen zu lassen.

Dabei hat die EU mehr Kraft als geglaubt. Wenn die EU und vor allem Deutschland finanziell „in die Vollen" gehen, dann kann die Verteidigung der Ukraine oder anderer Staaten des Kontinents wirksam unterstützt werden. Der ehemalige Oberbefehlshaber der US-Streitkräfte in Europa, General *Hodges,* fragte kurz nach Kriegsausbruch konsterniert: „Deutschland kann Hunderttausende Autos pro Jahr produzieren, aber nicht genug Munition? Das ist lächerlich". Auch den Amerikanern, Frankreich und Großbritannien fehlt nach seiner Ansicht nur „der politische Wille" zur wirksamen Unterstützung.[32] Hier wird ein eklatanter Unterschied sichtbar zu jener Zeit des Zweiten Weltkrieges, als ab 1941 alliierte Bomberflotten Nazideutschland in Grund und Boden bombardierten und der Aggressor dem, auch im „totalen" Kriegseinsatz, letztlich nichts entgegenzusetzen hatte. Was würden heute neutrale Länder lernen, wenn der selbstgewisse, von manchen als überheblich wahrgenommene Westen als schwach und unfähig dasteht, wenn es hart auf hart kommt? Und was lernen wohl die Feinde der Demokratien, wenn die Ukraine fallen (gelassen werden) sollte?

Die weltpolitische Rolle Europas zwischen Anspruch und Wirklichkeit

Die selbstbewusst auftretende europäische „Weltpolitik" stand seit 1945 in einem markanten Widerspruch zu der schlichten Tatsache, dass Kontinentaleuropa sicherheitspolitisch ein allmählich schlecht zahlender Kostgänger der USA war – und das auch bis heute ist.

Dieser Widerspruch mag geringer ausfallen, wenn man die profitablen Wettbewerbsvorteile einer Supermacht mit ihrer digitalen Pole-Position und ihrer globalen Leitwährung versucht gegenzurechnen. Doch unter dem Strich bleiben die Lasten ungleich verteilt. Die innenpolitische Bereitschaft in den USA, diese Lasten zu schultern: Sie schwindet und ist inzwischen in eine autokratisch anmutende Überreaktion umgeschlagen. Die Fähigkeit Europas, sich selbst auch nuklear zu verteidigen oder gar eine global handlungsfähige Ordnungsmacht zu werden: Sie ist nicht in Sicht. Und es ist nicht nur der bloße zahlenmäßige Aufwand für die Verteidigung. Dem überregulierten und fragmentierten Europa der EU fehlt es bislang auch an der Fähigkeit, aus Geld militärische Schlagkraft und Abschreckung werden zu lassen.

Besteht hier inzwischen die Absicht, Weichen entschlossen umzustellen? Schaut man auf die Hilfeleistungen für die Ukraine, sieht eine Macht wie Frankreich bislang nicht besonders gut aus. Wegen innenpolitischer Widerstände kann das Land seine wachsenden Haushaltsprobleme nicht lösen und schon gar nicht durch größere Umschichtungen Finanzmittel für die Verteidigung freisetzen. Kleinere Länder wie die baltischen Staaten, aber auch Polen stehen gemessen an ihrer Wirtschaftskraft als deutlich entschiedener dar. Auch Deutschland zeigt den erkennbaren Willen, vor allem finanziell zu helfen. Die Herausnahme der Verteidigungslasten aus der Schuldenregel wird auch vom Kreml als Zeichen der Stärke gedeutet.

Doch was fehlt, ist die europäische Entschlossenheit, das in Friedenszeiten erreichte, weltweit nahezu beispiellos hohe Niveau der Sozial- oder Transformationsausgaben neu zu tarieren. Das heißt nicht, wie vom linken Populismus sofort laut beklagt, die Empfehlung zum „sozialen Kahlschlag". Es könnte aber heißen, die bislang herrschende politisch beinah unumstrittene dauerhafte Zuwachsdynamik zu beenden, überforderte soziale Sicherungssysteme nachhaltiger zu gestalten und die Staatsausgaben insgesamt investiv umzusteuern. Dazu müssten Gewichte verschoben werden hin zu einer deutlich wirksameren Verteidigung, hin zur Verwirklichung eines abschreckungsfähigen gemeinsamen Nuklearschirms der EU, und auch zur Schaffung einer belastbaren und resilienten Infrastruktur. Wenn sich in Zukunft wieder das „robuste" Kalkül der Gewalt in Europa ausbreiten sollte, welches Signal senden dann die reichen, aber schwach gerüsteten Gesellschaften an einen zu allem entschlossenen Aggressor?

Ein noch starker Westen, der allmählich schwächer wird

Gerade nach dem Sieg im Kalten Krieg schien es im Weltmaßstab evident zu sein, wie überlegen das marktwirtschaftliche System der liberalen Demokratien gegenüber jedem Systemkonkurrenten ist. Doch ist es kein Zufall, dass diese Selbstgewissheit inzwischen einer gehörigen Unsicherheit gewichen ist. Das hängt vor allem damit zusammen, dass der Westen zwar immer noch stark ist, aber im geopolitischen Kraftfeld sein Gewicht mehr und mehr zu verlieren droht. Nicht nur in China und Russland, auch in Indien, Südamerika, Afrika und in der arabischen Welt beginnt eine Umorientierung, die die Regeln der Weltordnung gravierend verändern kann. Das betrifft zuerst die demografischen, ökonomischen und dann auch die politischen und militärischen Gewichte.

> „Während der Anteil am Weltbruttosozialprodukt der G7-Länder – der ‚liberalen Welt' (Deutschland, Frankreich, Großbritannien, Italien, Japan, Kanada und USA) – von runde 50 Prozent Anfang der 1980er Jahre auf heute 30 Prozent gesunken ist, erlebten die BRICS-Länder eine umgekehrte Entwicklung: Ihr Anteil am globalen Bruttosozialprodukt stieg in der gleichen Periode von gut zehn Prozent auf 31,5 Prozent im Jahr 2022. Damit haben die BRICS-Länder, gemessen an ihrer Kaufkraft, die G7 bereits überholt."[33]

Als Russland im Februar 2022 die Ukraine überfiel und damit brutal den Frieden in Europa brach, war man im Westen zuerst erschüttert, dann aber überzeugt, Russland mit Sanktionen und Waffenlieferungen an die Ukraine letztlich in die Knie zwingen zu können. Das sollte so funktionieren, solange die Ukraine ihre Widerstandskraft behält und die westlichen Demokratien den nötigen langen Atem behalten und die Weichen in Richtung der neuen agonalen Konstellation tatsächlich umstellen. Hier waren Zweifel erlaubt. Es könnte sein, dass durch heimliche oder offene Unterstützung Russlands aus China, Nordkorea, dem Iran oder Südafrika und einem fossilen Deal solcher und anderer Länder mit dem Rohstofflieferanten Russland hier etwas ganz anderes im Nukleus entsteht. Es könnte sein, dass bereits um die Vorherrschaft in einer neuen Weltordnung gerungen wird.

Ein weiterer Gesichtspunkt könnte entscheidend sein. Die Demokratien werden von innen und außen zugleich angegriffen. Mit der *Trump/Vance*-Regierung schlägt das Innen sichtbar nach außen. Wer hier eine rechtspopulistische „Machtergreifung" sehen will, hat die Dialektik des politischen Prozesses nicht verstanden. Auch die gemäßigte Linke, vor allem in Europa, hat jahrzehntelang die Prioritäten falsch gesetzt. Ihr radikaler Flügel hat sich in politischen Kulturideologien verzettelt und antiwestliche Ressentiments gepflegt. Vor allem die Linke, aber auch Liberale und Konservative, hatte den Sinn von Verteidigung wie von Rüstung vor 2022 moralisch immer stärker angezweifelt und die resiliente Infrastruktur politisch vernachlässigt. Der Westen wurde für die Fehlentwicklungen der Welt überproportional verantwortlich gemacht.

Jetzt aber, nachdem sie die Handlungsschwäche des Westens maßgeblich mit herbeigeführt hat, stellen sich die gemäßigte Linke, die US-amerikanischen Demokraten oder deutsche Grüne auf die richtige Seite. Konservative und gemäßigte „Rechte" wie die US-amerikanischen Republikaner standen dagegen bislang für wirksame Verteidigung. Jetzt aber radikalisiert sich deren rechter Flügel und droht auf die falsche Seite der Geschichte zu wechseln, womöglich in das Lager der Oligarchien. Wer die öffentliche Desavouierung des demokratisch gewählten Präsidenten der Ukraine und seines Freiheitskampfes im Oval Office unter dem Porträt eines *Ronald Reagan* gesehen hat, den musste tiefe Scham erfassen – und Furcht. Wer zumindest die äußeren Ränder der politischen Flügel beide nicht schätzt und die Überspitzung liebt, könnte sagen „die Linke machte uns wehrlos, jetzt macht uns die Rechte ehrlos".

C. Deutschland nach dem Ende des freundlichen Zeitalters

I. Die aufgeweckte Republik

Wendezeit – wie die Episode der Naivität am 24. Februar 2022 endete (oder hätte enden müssen)

Keine große Demokratie wurde durch die Zäsur des Krieges so jäh aus ihren Träumen gerissen wie die deutsche. In dieser so erfolgreichen Republik zeigen sich inzwischen erhebliche Schwächen und auch Blockaden für künftige Strategien erfolgreicher Selbstbehauptung.

Als der Kalte Krieg endete, gehörte die wirtschaftlich starke Bundesrepublik Deutschland zu den großen Siegern. Sie hatte unter dem wohlwollenden Patronat der USA die Teilung des Landes überwunden. Es begann eine neue Phase der Prosperität, nur durch wenige Rückschläge erschüttert und Motor eines wachsenden Selbstbewusstseins. Endlich stand der Exportnation die ganze Welt offen. Im Europa des großen Binnenmarktes mit einem Welthandel, der jetzt erst in vollem Umfang den Globus umspannte, wurden Wachstumskräfte freigesetzt. Mit einem Riesenland wie China entstand ein neuer Absatzmarkt und Möglichkeiten, hier eine ebenso kostengünstige wie verlässliche Werkbank zu finden.

Es waren Kräfte eines qualitativen Wachstums, die das allmählich alternde und durch eine lange Phase des Wohlstandes saturierte Land aus eigener Kraft nicht mehr hätte entfalten können. Dass daneben mit Russland ein wichtiger Rohstoff- und Energiepartner bereitstand, ließ auch ein Land mit hohen Löhnen und Abgaben gut im internationalen Wettbewerb dastehen. Die europäische Integration und ein wachsendes diplomatisches Selbstbewusstsein im Konzert mit internationalen Organisationen und überstaatlich operierenden NGOs machten Deutschland aus einer politischen Mittelmacht nach den USA, China und vielleicht Russland zu einem der einflussreichsten Länder der Welt.

Das jähe Erwachen – ein Land hätte gerne pazifistisch weitergeträumt

Der Überfall auf die Ukraine war wie das abrupte Erwachen aus einem schönen Traum. Am 24. Februar 2022 endete ein Zeitalter der Naivität. Das galt nicht nur für die Deutschen, sondern für die meisten Länder Europas. Der deutsche Bundeskanzler *Olaf Scholz* sprach im Parlament nur drei Tage später von einer „Zeitenwende", die der russische Überfall auf die Ukraine ausgelöst hätte.[34] Einen kurzen Augenblick schien es so, als hätte derjenige, der die Richtlinien der Politik in der Kanzlerdemokratie bestimmt, die Lage schlagartig verstanden und auf den Punkt gebracht. Das 100-Milliarden-Euro-Sondervermögen (sprich: Sonderverschuldung) für die Bundeswehr wurde als eine mit der notwendigen Verfassungsänderung verbundene Sofortmaßnahme ergriffen, mit Hilfe der oppositionellen CDU/CSU[35]. Die bis dahin pazifistischen Grünen, in der Regierung befindlich, riefen laut nach militärischer Hilfe für die überfallene Ukraine. Das konnte indes doch nur der erste Schritt sein – oder?

Die bis dahin im Auftragsbestand stagnierende, in ihren Skalierungsmöglichkeiten eng begrenzte und moralisch eher im Schatten stehende deutsche Rüstungswirtschaft wurde plötzlich ungeduldig aufgefordert, Munition und Panzerfahrzeuge in großer Stückzahl zu liefern. Das kleine Einmaleins der Marktwirtschaft, dass man dafür Bestellungen braucht und bei hohem anhaltendem Bedarf erhebliche Investitionsmittel und dafür Geld, Personal und Auftragssicherheit benötigt, wurde nicht von jedem beherrscht. Noch ganz im Hochgefühl eines „Wir schaffen das! Wir schaffen alles!". Die stimmungsgetriebene Republik, die gerade noch der Ukraine allenfalls Helme gegen massiv aufmarschierendes russisches Militär liefern wollte und sich Drohnen nur unbewaffnet vorstellen wollte, entschied sich zur ganz großen Hilfe für den überfallenen Staat an der Ostgrenze Polens. Die grüne Außenministerin wurde nur milde gescholten, als sie im Januar 2023 davon sprach, dass die westlichen Demokratien „einen Krieg gegen Russland" kämpfen würden.[36]

II. Achse der Naivität zwischen Berlin und Paris

Die skurrile „Debatte" über Defensivwaffen im Jahr 2021

Die gewaltsame russische Annexion der Krim im Jahr 2014 war bereits ein Weckruf, der in Deutschland von vielen überhört oder leise gestellt wurde. Es bedurfte erst des offensichtlichen kriegerischen Überfalls auf die Ukraine am 24. Februar 2022, um auch die deutsche Politik aufzurütteln. Kein Jahr zuvor, im Mai 2021, hatte der spätere deutsche Wirtschafts- und Klimaminister *Robert Habeck* mit seiner Forderung nach Lieferung von „Defensivwaffen" an die Ukraine (gepanzerte Fahrzeuge zum Transport von Verwundeten oder Technik zur Kampfmittelbeseitigung) noch für parteiübergreifende „Empörung" gesorgt. Man reibt sich heute verwundert die Augen, wenn man eine Meldung aus den letzten Tagen der Regierung *Merkel/Scholz* liest:

> „Habecks Forderung, die Ukraine mit deutscher Waffentechnik zu unterstützen, hat empörte Reaktionen durch alle politischen Parteien hindurch ausgelöst. Sowohl die Linke als auch Union und FDP zeigten kein Verständnis für Habecks Forderung. Der Konflikt sei nicht mit Waffen zu lösen, sagte etwa die verteidigungspolitische Sprecherin der FDP, Marie-Agnes Strack-Zimmermann."[37]

Tatsächlich wurde *Habeck* damals von einer breiten politischen Öffentlichkeit massiv „zurückgepfiffen", angefangen vom Regierungssprecher der Kanzlerin *Angela Merkel* bis hin zur eigenen Co-Parteivorsitzenden *Annalena Baerbock*, dort unter Hinweis auf das pazifistische Parteiprogramm der Grünen. Dabei kam *Habecks* Analyse im internationalen Vergleich recht spät, wonach Russland zur Vorbereitung eines Krieges Truppen zusammenziehe. Die seit 2014 unter aggressivem Druck stehende Ukraine wurde in Deutschland bis dahin nur zögerlich als ein Bollwerk für das freie Europa gesehen, während Verbündete wie die USA, England, Polen und die baltischen Staaten den Tatsachen schon geraume Zeit zuvor realistischer in die Augen geschaut hatten.

Die inzwischen diskret vergessenen empörten Reaktionen der deutschen Öffentlichkeit im Jahr 2021 auf die Forderung, Sanitätsfahrzeuge in die Ukraine zu liefern, passten perfekt in das Bild einer westeuropäischen Episode der machtpolitischen Naivität. „Passend" war auch die Art und Weise des eingeübten Konformitätsdrucks, der eine dringliche Debatte abwürgt mit moralischer Verurteilung desjenigen, der seinen Kopf aus dem Tross der Jasager herauszustrecken wagt.

Blockierte Lernfähigkeit durch Konformitätsdruck

Diese Methode des Konformitätsdrucks ist in Deutschland lange erprobt. Es hatte mal einen Bundespräsidenten namens *Horst Köhler* gegeben, der über den militärischen Schutz der Seeschifffahrt im globalisierten Zeitalter nachdachte, lange bevor die Bundeswehr Teil entsprechender Mandate etwa im Roten Meer wurde. Vielleicht war er damals, im Jahr 2010, zu empfindlich. Indes hatte die öffentliche Meinung hinreichend deutlich gemacht, dass auch ein Bundespräsident sich gefälligst an die herrschenden kommunikativen Spielregeln zu halten hat.[38] Die von *Köhler* angesprochene deutsche Beteiligung bei der Absicherung internationaler Handelswege war von SPD, Grünen und Linken mit Empörung als Plädoyer für den Einsatz der Bundeswehr *für wirtschaftliche Zwecke* angegriffen worden.[39] Solche „Skandalisierung" und Moralisierung pragmatischer Positionen bringt für den Moment Aufmerksamkeit und Vorteile im politischen

Meinungskampf an den Stellschrauben des „Mainstreamings". Der Preis, den alle zu zahlen haben, liegt in einem kleinen Stückchen Verlust von Diskurs- und Lernfähigkeit der offenen Gesellschaft.

Die Träumer saßen in Paris und Berlin

Die strategischen Spielzüge, die Russland und China auf dem weltpolitischen Schachbrett bis 2022 vornahmen, waren von den tonangebenden Eliten vor allem im Westen und in der Mitte Europas, in Paris und Berlin, seit längerem nicht richtig verstanden worden. Frankreich und Deutschland wollten gegen jeden guten Rat nicht wahrhaben, dass nicht nur sie selbst oder die EU sich erklärten Feinden gegenübersahen, sondern das ganze System der liberalen Demokratie. Und es handelte sich um Gegner, die auch vor der Anwendung von militärischer Gewalt nicht zurückschrecken.

Mentalität der materiellen und ideellen Überlegenheit

Die bedenkenlose Bereitschaft zum militärischen Gewalteinsatz hatte viele überrascht, gerade in Europa. Man wollte gerne weiter an die Stabilität einer von Europa als universell verstandenen regelbasierten Ordnung glauben: an die Ordnung eines westlich dominierten Multilateralismus. Es herrschte zudem immer noch eine Mentalität der materiellen und ideellen Überlegenheit, ein Gefühl der Selbstsicherheit. Der Westen, die USA, Europa, Japan oder Australien verließen sich auf das eigene wirtschaftliche Gewicht, auf ein attraktives Normensystem – universell wirksam, rechtlich und alltagskulturell maßgebend – sowie auf die alte Kunst der Diplomatie, auf ihre multilaterale Verhandlungserfahrung. Man verließ sich militärisch auf den „lender of last resort", die Gewährsmacht USA. Zu dieser Mentalität gehörte, jedem noch so aggressivem Gegner ein rationales Kalkül westlicher Prägung zu unterstellen. Mit einem Satz: Man hatte die neu heraufziehende agonale Konstellation nicht verstanden.

Deutschland – gescheiterter Musterschüler des globalisierten Zeitalters?

Deutschland gilt als großer Gewinner der Globalisierung. Das ist nicht überraschend für ein Land, das sich als industriell fundierte Exportnation versteht. Eine offene Welt heißt offene Märkte, weniger Handelshemmnisse. Sie bedeutet mehr Chancen auf Skalierung und das Ausspielen hoher Produktivität. Wer unter Globalisierung indes nur offene Absatzmärkte versteht, verfehlt einen wichtigen Teil der Wirklichkeit. Es ist auch und gerade auch die internationale Arbeitsteilung, die Ausdifferenzierung in komplexen Lieferketten, die standardisierte Fertigung und passgenaue Lieferung von Waren, Vorprodukten, von Energie und Rohstoffen. Zu den Vorteilen der offenen Welt gehört auch eine Vernetzung von intelligiblen Dienstleistungen, Produktentwicklungen mit technisch anspruchsvoller Planung und betriebswirtschaftlich feinziselierter Kalkulation. Wer bei Globalisierung nur an den Verkauf deutscher Autos in China oder in den USA denkt, greift deshalb zu kurz.

Auch wer nur an multinationale Großunternehmen als Gewinner der Globalisierung denkt, verengt sich den Blick. Wertschöpfung und Wettbewerbsfähigkeit kommen gerade in Deutschland, aber auch in Norditalien, Belgien, den Niederlanden oder Spanien ganz entscheidend aus mittelständisch verankerten Unternehmen[40], die in der Fläche des Landes manchmal nur regional oder lokal bekannt, aber Weltmarktführer in Nischen für spezielle Nachfragen und Anwendungen sind – und die weltweit vernetzt sind. Die *Hidden Champions*[41] werden öffentlich kaum wahrgenommen, sind aber Rückgrat einer stabilen Wirtschaft. Sie ließen sich bislang durch geänderte Rahmenbedingungen oder politisch auferlegte Lasten nicht so leicht aus dem Tritt bringen, weil sie in einer offenen Welt wachsen konnten.

Die strategische Sorglosigkeit der Deutschen

Man sagt es nicht gerne, man hört es nicht gerne: Kaum ein Land ist durch den russischen Überfall auf die Ukraine mehr düpiert worden als Deutschland. Es war der „Einbruch des Realen in die Traumwelt der Illusionen“[42]. Das ist nicht nur vorherrschender Tenor englischer Zeitungen, die den Dämpfer für deutsche Überheblichkeit selbst dann noch feiern, wenn sie selbst Opfer der Energiekrise werden. Die deutsche Energiepolitik gilt als Exempel für politische Sorglosigkeit. Sie steht als ein Musterbeispiel für den jahrzehntelang herrschenden Verlust geopolitischen und strategischen Denkens. Stimmen aus der Rechtswissenschaft haben bereits 2007 die strategische Sorglosigkeit der Deutschen resümiert:

> „Obwohl das Leitziel der Versorgungssicherheit in den Energiewirtschaftsgesetzen von 1935, 1998 sowie 2005 verankert war bzw. ist, haben die Verheißungen liberalisierter Märkte sowie die Attraktion des Umweltgedankens, aber auch die jahrelangen, isoliert geführten Auseinandersetzungen um einzelne Energieträger, im Gegensatz zu den strategisch orientierten energiepolitischen Diskussionen z. B. in den USA, den Blick auf energiewirtschaftliche Risiken in geradezu sorgloser Weise verstellt.“[43]

Im Juli 2025, nach dem Zoll-Deal der EU mit *Donald Trump*, wurde deutlich, dass Deutschland einwilligt, Fracking-Gas aus den USA teuer zu kaufen und dabei dort eine hohe Klimabelastung durch Methanemission in Kauf zu nehmen. Doch es ist nicht nur die Energiepolitik und es ist nicht nur der Transformationsehrgeiz gewesen, die eine langfristige strategische Planung vermissen ließen. In der Schönwetterphase seit 1990 wurde die „Friedensdividende“, also die Möglichkeit, weniger in die Rüstung zu investieren, nicht etwa für die bröckelnde Infrastruktur verwendet, sondern der Sozialstaat mit zusätzlichen Leistungsansprüchen erheblich ausgeweitet. Es handelt sich um Leistungsansprüche, die, wenn sie einmal in der Welt sind, sehr schwer zurückzunehmen oder zurückzuschneiden sind.

Die deutsch-russische „Sonderbeziehung"

Vor allem Deutschland hat über 20 Jahre lang den Eindruck erzeugt, mit Russland besondere Beziehungen entwickeln zu können. Hier wurde sogar eine besondere deutsche Mission beschworen, eine visionäre Politik der Entspannung, der Herstellung konstruktiver Beziehungen und damit der Friedenssicherung. Dahinter steht eine lange Geschichte. Es gibt eine Tradition bereits preußisch-zaristischer Sonderbeziehungen. Diese besondere Beziehung zwischen Russland und seinem „Juniorpartner" Preußen fand in den Befreiungskriegen gegen *Napoleon* und im System des Wiener Kongresses nach 1815 ihren Höhepunkt.[44] Man konnte Geschichte so lesen, dass die Deutschen mit einer Sonderbeziehung zu Russland im Großen und Ganzen gut gefahren waren. Erst als diese Sonderbeziehung allmählich endete, spätestens in den Jahrzehnten vor 1914, bahnte sich die Urkatastrophe des 20. Jahrhunderts an, in deren Verlauf Deutschland seinen Rang als Großmacht einbüßte und der Zarismus unterging.

Mit einem gewissen Mut zur geschichtsfiktiven Pointierung könnte man sagen: Bei einem konstruktiven Ausgleich zwischen Deutschland und Russland vor 1914 hätte es keinen Ersten Weltkrieg gegeben. Die Ostpolitik der Regierung *Brandt/Scheel* seit 1969 war deshalb nicht nur ein weltpolitisch eher untergeordneter deutscher Beitrag innerhalb der US-amerikanischen Tendenz zur globalen Entspannungspolitik seit dem Bau der Berliner Mauer und seit der Kuba-Krise im Jahr 1962. Die Ostpolitik war etwas, das (auch) einem tieferen Bedürfnis des deutschen Nationalbewusstseins entsprach. Durch wechselseitige Annäherung, Konvergenz und Entspannung sollte letztlich die Überwindung der Systemgegensätze und die Einbindung Russlands in eine internationale Vertragsordnung erreicht werden. Historisch allerdings war die deutsch-russische Sonderbeziehung regelmäßig auf Kosten anderer Nationen gegangen, Polen oder die Länder des Baltikums haben hier eine leidvolle Geschichte zu beklagen.

Das lange Verharren in der schönen Welt der 90er Jahre

Die Deutschen hatten vor 2022 keinen vernünftigen Sensus für die sich neu formierende internationale Machtlage. Sie blieben mental in den 90er Jahren des letzten Jahrhunderts stecken. Wo auch immer man Energie einkaufte, galt der rechtfertigende Wahlspruch: „Wandel durch Handel". Im ersten Jahr nach dem Einmarsch Russlands in die Ukraine am 24. Februar 2022 „zahlte die Europäische Union knapp 140 Milliarden Euro für fossile Brennstoffe an Russland, davon 83 Milliarden Euro für Öl und 53 Milliarden Euro für Erdgas."[45]

Während vor 2022 die Abhängigkeit von preisgünstigen russischen Energielieferungen wuchs, wurde die Bundeswehr in ihren Fähigkeiten zur wirksamen Territorialverteidigung seit 1990 de facto massiv abgerüstet. Die gewaltigen Milliardensummen für Energielieferungen haben es *Putin* ermöglicht, trotz seiner schwächlichen Volkswirtschaft ganz erhebliche Summen in die Aufrüstung zu investieren und dabei noch buchhalterisch den Eindruck zu erwecken, im internationalen Vergleich sei das nur ein relativ geringer Anteil. Erst die Sanktionen nach 2022 veränderten im Verhältnis EU und Russland das Bild: „Infolge der Sanktionen fiel der Leistungsbilanzüberschuss Russlands von 124 Milliarden US-Dollar im gleichen Zeitraum des Vorjahres auf 23 Milliarden US-Dollar im Zeitraum von Januar bis Mai 2023."[46] Doch in die Knie zwingen konnten die USA und die EU mit dieser Entflechtung Russland nicht, lediglich schwächen konnten sie *Putin*. Russlands Kriegspolitik seit 2014 hatte das Land schon in Richtung Autarkie umgestellt und die Chancen für Erlöse aus seinen Rohstoffexporten sowie für die Devisen- und Güterbeschaffung mit China und anderen BRICS-Staaten teilweise kompensiert.

Europäische Illusionen als Kriegsursache?

Vor diesem Hintergrund darf gefragt werden: Haben die Träumer in Berlin und Paris womöglich den Krieg in Europa wahrscheinlicher gemacht? Hat womöglich das übermäßige Einstreichen der Friedensdividende nach 1990 auf aggressive Gegner wie die Botschaft einer Selbstentwaffnung des reichen Westens gewirkt und sie geradezu ermuntert, nun wieder neu oder verstärkt mit dem Mittel der Gewalt Politik zu betreiben? Zahlen wir nicht als Folge politischer Naivität die russische Munition, mit der zehntausende Menschen mutwillig getötet werden, die nichts weiter wollen, als so zu leben wie wir?

Dahinter steht nicht nur eine historische oder politische Frage. Es geht darum, dass sich gerade die Deutschen seit 1990, dabei für andere ein Beispiel gebend, in einer Wohlfühlwelt eingerichtet haben. Ihre intellektuelle Selbstwahrnehmung entfernte sich mehr und mehr von den unübersehbaren Bedrohungslagen der neuen multipolaren Konstellation. Für die Geschichtswissenschaft als Teil der Geisteswissenschaften konstatiert *Martin Schulze Wessel*:

> „Vor dem 24. Februar hatten sich auch die Geisteswissenschaften in einer Welt eingerichtet, in der die Fähigkeit, das Gelingen oder Misslingen von Politik einzuschätzen, von der Illusion von alternativloser, sich bruchlos in die Zukunft fortschreibender Gegenwart überlagert war. (...) Im Hinblick auf die Geschichte Osteuropas sollte die Rekolonisierung dieser Region, die von Putin angestrebt wird, durch die Dekolonisierung unserer Sichtweisen auf das östliche Europa begegnet werden.“[47]

Die Krise hinter den Krisen

Subkutan unter der gut sichtbaren Kartographie einer jeden einzelnen Krise lässt sich die Kontur einer großen Krise ausmachen, die inzwischen mit dem in Osteuropa weiter tobenden Krieg Russlands gegen die Ukraine und dem hoffentlich nur vorübergehenden Ausfall der USA als Führungsmacht einen ersten wirklichen Ausdruck gefunden hat. Sucht man einen gemeinsamen Nenner dessen, was manche als „Zeitenwende“ wahrnehmen, dann ist es der immer offener vorgetragene Angriff auf den Westen, auf seine schwankende Vormacht USA und auf die europäischen und asiatischen Verbündeten.

Dahinter steht die Annahme, dass die Demokratien nach westlichem Muster, die USA, die EU oder Japan im Abstieg begriffen seien. Ihre Gegner vermuten, dass sie ihre Vitalität, ihre Überlegenheit mehr und mehr einbüßen und ihre innere Spannkraft verlieren – ebenso wie ihren Willen zur Selbstbehauptung. In Peking, Moskau, Teheran oder Caracas glaubt man daran, dass die Macht der Demokratien schwindet. Ihre noch immer gewaltige wirtschaftliche Stärke wird als Koloss auf tönernen Füßen wahrgenommen, weil im Innern die Stabilität wanke und die Bereitschaft schwinde, militärisch als globaler Ordnungsfaktor zu handeln.

Kopflose Riesen?

Die politisch tief gespaltenen USA werden als Riese ohne Kopf wahrgenommen, als eine Supermacht, die ohne langfristig handlungsfähiges politisches Zentrum agiert. Die früher außenpolitisch stark aufgestellten Republikaner sind populistisch geworden, durch den Trumpismus womöglich korrumpiert, jedenfalls unter Druck gesetzt. Die Aufmerksamkeit der oppositionellen Demokraten scheint durch neue identitätspolitische, durch kulturkämpferische Themen abgelenkt oder sie wirken mit alten neomarxistischen Versatzstücken für die Mitte wenig attraktiv. Für eine konzeptionell starke Außen- und eine global verlässliche Sicherheitspolitik fehlt es gegenwärtig offenbar an hinreichend starker Zustimmung.

Die EU darf militärisch allenfalls als eingeschränkt handlungsfähig gelten. Sie wird technologisch und ökonomisch als absteigend angesehen – und zwar gerade auch, was Zukunftsmaterien wie KI angeht. Nach den erratischen Botschaften *Trumps* seit seiner 2025 begonnenen Amtszeit wollen die Europäer mit einer geradezu kriegswirtschaftlich anmutenden Neuverschuldung den großen Sprung nach vorn in das agonale Zeitalter ermöglichen. Ob Schulden in dieser Billionen-Größenordnung tatsächlich auch wirksam für Verteidigung, Resilienz und Wettbewerbskraft verwendet werden (können), bleibt eine noch offene Frage, ebenso wie das Kalkül im Hinblick auf fiskalische und finanzwirtschaftliche „Nebenwirkungen" einer deutlich höheren Staatsverschuldung. Immerhin: Wenn Europa, die EU, Frankreich, Deutschland, Italien und das Vereinigte Königreich zusammen entscheiden, die Ukraine massiv zu unterstützen, wird für *Putin* und seine Förderer in Peking die Zeit dann doch knapp. Es könnte sogar für Europa ein neues Momentum der Einheit entstehen – im wirksam werdenden Willen zur Selbstbehauptung. Allerdings müsste dazu mehr geschehen, als neue Kreditermächtigungen zu geben.

Deutschland: ein Sanierungsfall?

Mit dem Eintritt in die offen agonale Periode 2022 wurden Schwächen der deutschen Politik schlagartig sichtbar. Sie waren bis dahin durch die immensen Exporterfolge und durch den Nutzen der internationalen Arbeitsteilung verdeckt. Deutschland, eine der größten Wirtschaftsmächte des Planeten, war bislang in manchen Belangen der kleine Hegemon Europas. Das Land prosperierte, von Jahr zu Jahr wuchsen die Steuereinnahmen. Die Deutschen glaubten an ihre weltrepublikanische und ökologische Mission.

Heute wirkt die Bundesrepublik demografisch spürbar gealtert. Die Wirtschaft stagniert, das Gewerbe verliert Kraft. Das Land hat sich in seiner Transformations-, Sozial- und Einwanderungspolitik irgendwie verheddert und wirkte bislang politisch beinahe orientierungslos. Die Gewissheiten von gestern sind längst erschüttert. Die Infrastruktur bröckelt. Die grün konzipierte, von den anderen Parteien im Wesentlichen nur nachvollzogene Energiepolitik ist immer noch mehr ideell getrieben als rational gut durchdacht – sie mag auf längere Sicht Erfolge zeigen, aber sie treibt heute die Kosten. Auch die Arbeits- und Sozialstruktur ändert sich für die Wettbewerbsfähigkeit in nachteiliger Weise.

Im Land der fleißigen und tatkräftigen Arbeitnehmer und der starken mittelständischen Unternehmen ist ein allmählicher Mentalitätswandel spürbar – und die enorme Bremswirkung der Demografie. Politisch fragwürdige, strategisch nicht durchdachte Lenkungsimpulse etwa für die Automobilindustrie treten hinzu. Die einst breite

Leistungsfähigkeit der arbeitenden Mitte schwindet. Die Zahl der Arbeitsplätze im produktiven Bereich von Industrie und Gewerbe schrumpft,[48] während sie im öffentlichen Dienst, bei Gesundheit und Pflege wächst. Das Land bekommt die hohe Einwanderungsdynamik nicht gut in den Griff.

Ein Symptom für den Verlust an konzeptioneller Handlungsfähigkeit ist die sogenannte Mobilitätswende. Der Umstieg auf die Elektromobilität ist vor allem teuer und führte bislang zu erheblichen Wettbewerbsnachteilen für die deutsche und europäische Automobilindustrie. Der klima- und umweltpolitische Nutzen eines Verbrennerverbots wird in der globalen Gesamtrechnung womöglich überschätzt. Noch wichtiger vielleicht: Werden hier eigene Lebensadern der Wertschöpfung durchtrennt? Die politische Vergrämungstaktik des Individualverkehrs aus den Ballungszentren, auch der Elektromobilität, hat das Zeug für eine Erhöhung des Pegels der Unzufriedenheit. Die öffentlichen Verkehrssysteme sind für wachsenden Bedarf weder im Gütertransport noch bei der Personenbeförderung vorbereitet. In die Infrastruktur von Schiene und Straße ist jahrzehntelang zu wenig investiert worden. Das gilt bereits für die Erhaltung des Bestandes und erst recht für den Ausbau auf einen wachsenden Bedarf hin.

Die Wähler prämiierten bislang offenbar keine Partei, die in langfristige Infrastrukturprojekte investiert; die meisten wünschen sich ein subventioniertes Deutschland-Ticket. Das ist eine Maßnahme, die Bund und Länder jedes Jahr Milliarden aus dem Staatshaushalt kostet – Geld, das für den notwendigen Ausbau der Verkehrsinfrastruktur nicht zur Verfügung steht. Die Bereitschaft, öffentliche Verkehrssysteme zu nutzen, ist jedenfalls bislang deutlich höher als die Verlässlichkeit und Attraktivität des Angebots. Auch hier folgt vieles politisch volatilen Stimmungslagen, die langfristiges Umsteuern erschweren.

III. Auffächerung der Parteienlandschaft

Mehr Parteien, erstarkende Ränder

Verglichen mit den ersten Jahrzehnten der 1949 gegründeten Bundesrepublik ist die politische Landschaft deutlich differenzierter, man könnte auch sagen „zersplittert“. Sie verliert ein Stück ihrer vormaligen Stabilität. Selbst als Kanzlerpartei war die SPD in der vorgezogenen Bundestagswahl 2025 so schwach wie nie zuvor. Sie ist mit einem Stimmenanteil von nur noch gut 16% schwächer als am Ende der Weimarer Republik, so schwach wie seit 1887 nicht mehr. Die *Putin*-freundliche AfD spricht für ein gutes Fünftel der Wähler mit der Tendenz, dass daraus ein Viertel wird. Gemeinsam mit der SED-Nachfolgepartei besitzen Rechtsaußen und Linksaußen die Ein-Drittel-Sperrminorität im 2025 gewählten 21. Deutschen Bundestag.

Vermutlich ist es nur eine kommunalpolitische Arabeske, aber womöglich doch auch ein besorgniserregendes Symptom: Zusammen mit dem BSW, einem Vertreter der rechtsextremen „Freien Sachsen“ und zwei CDU-Stadträten sprach sich im Februar 2025 die AfD im sächsischen Zwickau gegen „Werbung“ für die Bundeswehr aus und lässt auch ansonsten wenig Zweifel, dass sie die Verteidigungsfähigkeit des Landes gegen Russland untergraben will.[49] Was eigentlich genau ist ihre „Alternative“ zu einem in Freiheit lebenden Deutschland, wenn AfD-Vertreter bei einem Diktator wie *Lukaschenko* zu Besuch sind, der seine Opposition brutal hinter Gitter gebracht hat?

*Putin*freundliche Kräfte rechts und links: Keine drohende Machtergreifung, aber Deformationsgefahr

Manche glauben, sie könnten den Aufstieg der rechtsradikalen AfD nur mit einem Verbot durch das Bundesverfassungsgericht aufhalten. Andere wollten schon den Teufel mit Beelzebub austreiben und hofften auf eine neue populistische Querfrontpartei (BSW), die *Putin* genauso zugeneigt ist wie der rechtsvölkische Rand. Die radikalen Ränder erweisen sich in ihrer Bereitschaft, *Putins* Propagandaerzählungen zu übernehmen (nicht zum ersten Mal in der Geschichte) als höchst unpatriotisch. Und doch sind die allzu platten Analogien mit dem gewalttätigen Nationalsozialismus im Kern verfehlt. Einzelne Politiker behaupten in schiefen historischen Vergleichen – hier wieder ganz einer deutschen Neigung zur Untergangssemantik folgend –, die Machtergreifung nach dem Muster von 1933 stehe bevor oder sei doch eine reale Option.

Doch auch bei kühlerer Betrachtung sind andere Sorgen um die Demokratie nicht unberechtigt. Die gut sichtbaren politischen Bühnen sind das eine: große, linke Demonstrationen „gegen rechts" oder auch die tagespolitische Dramaturgie, mit der ausgelotet wird, wie in einer fragmentierten Parteienlandschaft noch seriöse Koalitionsregierungen gebildet werden können. Hinter der Bühne geht aber noch etwas anderes vor. In einer stagnierenden Wirtschaft macht sich Unmut breit. Teile der jungen Elite wenden sich ab. Wohlhabende bereiten sich vor, das Land zu verlassen, suchen Reservate im Ausland. Das Vertrauen in die Zukunft schrumpft. Hier und dort machen sich gefährliche Stimmungen breit. Manche Politiker verschließen die Augen und verkünden unverdrossen große Pläne, die schon auf den ersten Blick unrealistisch sind. Einiges geht auf das Konto einer deutschen Nationalkultur, die gerne pendelartigen Ausschlägen folgt – und zwar zwischen Überheblichkeit hier und Verzagtheit dort.

IV. Sanierungskurs mit nationalkulturellen Hindernissen

Pendelbewegung deutscher Nationalkultur

Im kalten Spiel der Macht pflegt die deutsche „Seele" nicht selten romantische Neigungen.[50] Sie liebt zudem das Ritual mal verhaltener oder auch enthusiastischer Glaubensbekenntnisse. Die Stimmung dabei ist volatil. Wenn es gut läuft, herrschen breitbeiniges Selbstvertrauen und die alte Gewissheit, dass am deutschen Wesen die Welt genesen werde. Wenn „wir" Atomkraftwerke abschalten, wird „uns" gewiss die ganze Welt folgen. Ein ebenso wiederkehrendes Phänomen dieser „Nationalkultur" ist allerdings auch eine übertriebene Katerstimmung bei Rückschlägen oder Gefahrenlagen. Dann wird rasch das nahende Ende beschworen, die dunkel drohende Katastrophe lustvoll zugespitzt, der unvermeidliche Untergang als Leitmelodie. Tief im Innern wirkt das Nibelungenepos.[51]

Schwindender Pragmatismus und Sehnsucht nach dem „guten" Staat

Die Pragmatiker werden weniger, das gilt überall im Westen. Dabei hätten gerade sie eine Menge zu tun. Vor allem Europa verfügt immer noch über gewaltige technologische, wirtschaftliche und kulturelle Potenzen. Es sind Ressourcen und Möglichkeiten, die heute allerdings gebremst sind, und zwar durch manchmal geradezu planwirtschaftlich anmutende, jedenfalls aber zunehmende bürokratische Hemmnisse. Tendenzen zur Stagnation werden begünstigt durch Alterung, alltagskulturellen Wandel und verkrustete Strukturen. Die Kraftquellen sind gewiss noch nicht verschüttet, nur werden sie ebenso gewiss nicht von radikalen Parteien am linken oder rechten Rand neu erschlossen.

Es ist ein immer wiederkehrender Irrglaube, dass die Kraft des alten Kontinents mit der Hilfe von Bürokratie und staatlicher Lenkung mobilisiert werden könne. Im Vergleich zu den Zeiten eines *Robert Schuman*[52], *Alcide de Gasperi*[53], *Paul-Henri Spaak*[54] oder *Konrad Adenauer* mit dem Entwurf der Europäischen Gemeinschaften oder eines *Ludwig Erhard* mit seinem Kompass der sozialen Marktwirtschaft, fehlt es auch insofern an einer kräftigen ordnungspolitischen Konzeption aus der demokratischen Mitte der Gesellschaft.

Ängste an den Rändern und republikanische Verunsicherung in der Mitte

Eliten aus Wirtschaft oder Wissenschaft stehen regelmäßig auf dem Standpunkt, dass die Politik vernünftige Entscheidungen treffen könnte, wenn sie nur ihren Ratschlägen folgte. So zu denken, ist das gute Recht aller Kommentatoren und aller Vertreter von spezialisiertem Wissen oder praktischer Erfahrung. Doch das politische System, zumal das demokratische, spielt nach eigenen Regeln. Der Politik muss es bei aller tatsächlichen oder nur unterstellten sachlichen Notwendigkeit immer auch auf Akzeptanz ankommen: ohne Zustimmung keine Wiederwahl und damit keine Machtposition.[55] Doch gilt auch das Gegenläufige: Eine Politik, die um heute Beifall zu erlangen die Zukunft des eigenen Landes schwächt oder gar aufs Spiel setzt, darf auf keinen positiven Eintrag ins Geschichtsbuch rechnen.

Jede „gute" Politik hat eine Gratwanderung zu bestehen zwischen dem als „richtig" Erkannten und dem, was durchsetzbar ist ohne die Basis der Macht zu verlieren. Der französische Staatspräsident *Emmanuel Macron* könnte über die Schwierigkeiten dieses Grenzgangs berichten. Als er versuchte, die Staatsverschuldung und die Lasten der Rentenversicherung zu begrenzen, stieß er auf seine rebellischen Bürger. Was von Ökonomen empfohlen war zur Schaffung größerer Nachhaltigkeit im Rentensystem, zur Begrenzung der Staatsverschuldung, zur Steigerung der Wettbewerbsfähigkeit oder in Richtung Transformation: All das zerschellte am Protest der Gelbwesten.[56]

Was blockiert die politische Handlungsfähigkeit?

Wieso ist Deutschland in schweres Fahrwasser geraten? Ist das Land nur Opfer geworden der neuen agonalen Konstellation, einer außenpolitischen Veränderung der Welt? Oder hat sich das Land auch aus inneren Gründen in eine falsche Richtung bewegt und Strukturen entwickelt, die zu erheblichen politischen Blockaden führen?

Wenn man Wirtschaftsvertreter danach fragt, was die politische Handlungsfähigkeit blockiert, so meinen einige, die Qualität des Regierungspersonals sei schlecht. Mit besserer Bezahlung und gutem Management ließen sich die Probleme lösen. Solche Auffassungen verfehlen das Problem. Sie gehen an der Wirklichkeit der Demokratie vorbei. Wer wegen der guten Bezahlung in die Politik geht, ist womöglich schon deshalb fehl am Platz. Wenn in der Pyramide der öffentlichen Ämter der Kanzler wie ein CEO mit einem zweistelligen Millionengehalt bezahlt würde, was könnte dann eine Ministerin verlangen, ein Staatssekretär oder eine Regierungsrätin?

Zu den notwendigen Bedingungen der Freiheit gehört, dass die Spitzenämter nach den Ergebnissen von Wahlen vergeben werden, vom Publikum, dem Volk, bestimmt. Hier agiert kein Aufsichtsrat, der überzeugt ist, fachlich versierte Manager zu bestellen. In der politischen Welt herrscht der öffentliche Meinungsraum mit Kriterien wie dem Charisma von Erfolg, Vertrauen oder auch der Gewöhnung an sympathische Gesichter. Über Chancen, gewählt zu werden und im Amt zu bleiben, entscheidet – nicht allein, aber maßgeblich – dieser öffentliche Meinungsraum, mit all seinen Facetten der Kritik und des Protestes.[57] Selbst gegen das scheinbar evident sachlich Notwendige können hier ständig neue Blockaden entstehen – etwa durch eine massenmedial gut inszenierte Interessenvertretung.

Blockaden entstehen allerdings auch im Organisationsgefüge des europäischen Mehrebenensystems, im deutschen Föderalismus und in der horizontalen Gewaltenteilung einer jeden Demokratie. Solche Begrenzungen sind in ihrem Kern aus gutem Grund „erfunden" worden. Das komplizierte supranationale Regierungssystem der EU ist geschaffen worden, um die machtstaatlichen (nationalen) Gegensätze in Europa, die sich immer wieder in Kriegen entladen hatten, endlich in ein System des moderierten Interessenausgleichs zu überführen und damit zu zivilisieren. Die vertikale Gewaltenteilung des Föderalismus und die horizontale zwischen Gesetzgebung, Exekutive und unabhängiger Rechtsprechung: Beide sind entwickelt worden, um politische Macht nicht vollständig in einer Hand zu konzentrieren. Die Ausübung öffentlicher Herrschaftsmacht soll für die Rechte des Einzelnen weniger gefährlich werden, wenn sie nur als geteilte, als begrenzte Gewalt möglich ist.

Die Routine der Gewaltenteilung: Nutzen und Kosten

Doch solche elementaren organisatorischen Grundentscheidungen (Staatsstrukturprinzipien) neigen auf Dauer in ihrer praktischen Entfaltung dazu, ein Eigenleben zu führen – mit einer eigenen Logik und eigenen „Rationalitäten". Die Praxis der vielfältig geteilten Herrschaft schöpft zudem ihr Selbstverständnis aus den Erfahrungen und Routinen einer langen politischen Schönwetterphase. Es handelt sich um ein Selbstverständnis, das nur wenig Rücksicht auf die Handlungsfähigkeit der gewählten Repräsentanten zu nehmen bereit ist.

In Brüssel sitzt nicht – wie Verschwörungstheoretiker meinen – das „Böse" in Gestalt regulierungswütiger Bürokraten. Unabhängige Gerichte sind weder auf dem rechten Auge blind noch bestehen sie aus lauter linken Aktivisten. Doch gerade diejenigen, die diese Institutionen angesichts des Aufkommens von Populismus und Verschwörungstheorien wirksam verteidigen wollen, werden nicht umhinkommen, auch ihre „Kosten" für die Handlungsfähigkeit der Gesellschaft ab und zu kritisch zu bilanzieren.

Verschränkte Perspektiven und die Wirkung bürokratischer Routinen

Die administrativen und legislativen Routinen von Regierungen und Parlamenten produzieren jeden Tag eine erhebliche Komplexität für ihre gesellschaftliche Umwelt. Dasselbe gilt für Gerichte. In europäischen Mehrebenen-Systemen besteht ein subkutaner Wettbewerb um „innovative" Entscheidungen oder einen optimalen Grundrechtsschutz, jedenfalls auf bestimmten, von Meinungsführern für wichtig gehaltenen Sachgebieten.

Entscheidungen zur Begrenzung der Arbeit von Polizei oder Nachrichtendiensten, zum Klimaschutz oder zum Asyl- und Migrationsrecht unterscheiden die rechtsstaatliche Demokratie von Autokratien und Diktaturen. Regierungen, Parlamente und Gerichte operieren mit dem Gesetz, entfalten unterschiedliche Sichtweisen auf die Wirklichkeit. Sie muten anderen ihre Sichtweise zu – und das ist im klugen System der Gewaltenteilung zum Schutz der Citoyens so gewollt.

Die Kunst der Gesetzgebung: neu vermessen, neu tariert

Die verschiedenen Teile des Staates stehen in einem wechselseitigen, im Idealfall befruchtenden Lernprozess: Die Regierung will ein bestimmtes politisches Ziel erreichen, das Parlament formuliert das in der allgemeineren Sprache des Gesetzes, die Gerichte urteilen auf dieser Grundlage im konkreten Einzelfall. Doch wenn die politische Richtung nicht stimmt, die Kunst der Gesetzgebung in der Flut regulativer Direktiven und bloßer Krisenreaktion auf der Strecke bleibt, wenn Gerichte durch Gesetze nicht mehr gut gesteuert werden oder wenn sie ihrerseits politischen Ehrgeiz entwickeln, dann wird aus der klugen Verschränkung von Rationalitäten etwas anderes.

Was sich in der Vergangenheit zu einer Ko-Evolution von Wissen und Lernen zwischen verschiedenen Teilen der Staatsgewalt oder zwischen Funktionssystemen entwickelte, führt heute vermehrt zu harten Brüchen: Regierungen wollen die Gesellschaft auf exakt festgelegte Zielzustände hin regulieren und widersprüchliche Ziele zugleich verwirklichen. Manche wollen mit Hilfe von Gerichten Politik gegen Parlamentsmehrheiten machen. Wieder andere wollen zumindest einzelne Gerichtsurteile nicht mehr beachten oder zeigen gleich zur Gänze ihre Verachtung für die unabhängige Justiz. Wer die politische Zäsur ernst nimmt, wird das System der Gewaltenteilung neu tarieren, um es stabil und geschmeidig zu halten. Wer das machen soll? Gewiss nicht die Liebhaber autokratischen Durchregierens, sondern die Akteure aller beteiligten Organe selbst, in Parlamenten, Ministerialverwaltungen, in Behörden und Gerichten.

Zweiter Teil

Attackierte Demokratie

D. Demokratien unter Druck

I. Die Kultur der Freiheit und ihre Feinde

„Die Welt – ein Tor
Zu tausend Wüsten stumm und kalt!
Wer das verlor,
Was du verlorst, macht nirgends halt.“[58]

Kulturkampf um die Demokratie

Im Zentrum des Angriffs auf die Demokratien steht ihre *Identität*. Unter Identität versteht man die charakteristischen Merkmale, die eine Entität unverwechselbar machen, ihr das Gesicht geben – im Spiegel für sich selbst und im Blick der Anderen. Was als Regelwerk, als sozialer Verhaltenskodex oder als Institution ins Leben gerufen wird, folgt oder dient dem Selbstbild. Es geht bei allem täglichen Geschäft und jedem Personal- oder Sachproblem immer auch zumindest unterschwellig um Identitätsfragen. Seit der nihilistischen Tendenz westlicher Zivilisationen zu Beginn des 20. Jahrhunderts hat sich der Kampf um die kulturelle Rechtfertigung der Demokratie insgesamt verschärft. Denn eine Gesellschaft, die sich selbst als entfremdet, als heimatlos und buchstäblich als „sinnlos“ bezeichnet, kann daraus nur auf kurze Dauer einen paradox anmutenden Sinn beziehen. Im optimistischen Ambiente einer „Pax Americana“, zwischen 1945 und etwa dem Jahr 2000, schien diese europäische Tendenz zu einem dekonstruktiven Nihilismus an den Rand gedrängt. Doch heute sind die USA selbst mitten im Kulturkampf um ihre Identität als Demokratie.

Der gegenwärtige Angriff auf die Demokratie hat viele Gesichter, er wird auf vielen Ebenen geführt. Es geht um ökonomische Wertschöpfung, um Handelsbedingungen, um Technologieführung, um diplomatischen Einfluss, um militärische Fähigkeiten. Das alles ist wichtig und es hängt miteinander zusammen. Doch unter der offen zutage liegenden Schicht eines wieder kämpferischer werdenden Wettbewerbs der Staaten und Mächte liegen kulturelle Sedimente, die in der Tiefe weniger sichtbar, aber auf lange Sicht um so wirksamer sind. Der Angriff auf die Demokratie geschieht als Kulturkampf. Politiker wie *Trump*, *Orbán* oder *Erdoğan* werden heute nicht wegen ihrer ausgeklügelten Wirtschaftspolitik gewählt, sondern maßgeblich aus soziokulturellen Gründen: als Protest gegen einen ungeliebten „Mainstream der Eliten", für einen diffusen Patriotismus, für die Rekonstruktion von politischer Selbstbestimmung und nationalen Mustern mit Wiedererkennungswert, einer Projektion, mit der sich auch „kleine Leute" identifizieren können.

Pathetisch formuliert: Die Demokratie lebt von Voraussetzungen, die am Ende des Tages in den Köpfen und den Herzen der Menschen liegen. Das berühmte *Böckenförde*-Diktum ist zu Recht ein Klassiker im Fundus der Zitate geworden:

> „Der freiheitliche, säkularisierte Staat lebt von Voraussetzungen, die er selbst nicht garantieren kann. Das ist das große Wagnis, das er, um der Freiheit willen, eingegangen ist. Als freiheitlicher Staat kann er einerseits nur bestehen, wenn sich die Freiheit, die er seinen Bürgern gewährt, von innen her, aus der moralischen Substanz des einzelnen und der Homogenität der Gesellschaft, reguliert. Anderseits kann er diese inneren Regulierungskräfte nicht von sich aus, das heißt mit den Mitteln des Rechtszwanges und autoritativen Gebots zu garantieren suchen, ohne seine Freiheitlichkeit aufzugeben und – auf säkularisierter Ebene – in jenen Totalitätsanspruch zurückzufallen, aus dem er in den konfessionellen Bürgerkriegen herausgeführt hat."[59]

Wenn die so beschriebenen kulturellen Grundlagen (die „inneren Regulierungskräfte") erodieren, geraten die Institutionen des Rechtsstaats, der Marktwirtschaft, der Währungsstabilität, der parlamentarischen Demokratie auf eine abschüssige Bahn. Eine Institution muss in ihrem Sinn durch eine soziale Praxis bestätigt werden – und nicht etwa dementiert. Wenn Korruption zur gängigen Alltagspraxis wird, kann der Rechtsstaat nur Fassade sein. Wer hier bei der Pflege der sittlichen Grundlagen der Gesellschaft dem Staat und nur dem Staat eine Lösung zutraut, wer also nach immer mehr Gesetzen, mehr Geld, mehr Macht ruft, wird am Ende verspielen, was er zu verteidigen gedenkt. Die Krise der Demokratie sollte gewiss nicht allein, aber doch wesentlich als Kampf um die Kultur der Freiheit verstanden werden:

> „Jede Idee gefährdet sich in der Stunde ihres größten Erfolges. Die Ideen der persönlichen Freiheit, des Eigentums, der rechtlichen und staatsbürgerlichen Gleichheit, werden heute als Menschenrechte universell behauptet und scheinen der Welt insgesamt die Richtung zu weisen. (...) Und doch stellt sich kein Ende der Geschichte ein, keine endlose Harmonie des Immer-weiter. Es mehren sich viel mehr Symptome eines größeren Wandels oder gar einer tieferen Krise.“[60]

Symptome der Bedrohung

Für viele Beobachter liegt die Krise der Demokratien heute offen zu Tage. Wer wollte nach der erneuten Wahl *Donald Trumps* zum Präsidenten der USA daran zweifeln? Auch die Europäer und die Deutschen spüren, wie der Boden der Verlässlichkeit unter ihnen zu schwanken beginnt. Die Parteienlandschaft verliert ihre innere Stabilität, sie zerfranst. Halbseidene Gestalten bekommen Zulauf. In Meinungsumfragen wird schon mal die *Putin*-nahe AfD stärkste Partei.

Von außen stärker bedroht, beanspruchen im Innern Populisten oder Extremisten die Bühne. Die Welt hat sich seit etwa 2015 gravierend verändert. Die Menschen treibt das widersprüchliche Gefühl um, dass es den meisten zwar „noch irgendwie gut“ gehe, vielen sogar gut wie nie, doch schon in der näheren Zukunft scheinen für viele die Grundlagen eines Lebens in Freiheit und Wohlstand nicht mehr sicher. Der verlässliche Rahmen wirkt zumindest verzogen, die Zukunft nicht mehr so gewiss wie noch vor kurzem geglaubt. Wenn der brutale kriegerische Überfall auf ein Land in Europa durch ein ständiges Mitglied des UN-Sicherheitsrats möglich ist, wenn ein

Vernichtungskrieg gegen ein souveränes Land „erlaubt“ sein sollte, dann ist Vieles möglich.

Was hat sich verändert, wenn gegen den demokratisch gewählten Premierminister Israels vom Internationalen Strafgerichtshof ein Haftbefehl erlassen wird, von dem nicht nur der deutsche Regierungssprecher erklärt, ihn in Deutschland vollstrecken zu wollen (zu müssen)? Was hat sich geändert, wenn im Oval Office der Premier eines ebenso vergewaltigten wie mutig kämpfenden Landes herabgesetzt und in seiner Abhängigkeit vorgeführt wird?

Fehlprogrammierung der Demokratien?

Die wirtschaftlichen, die infrastrukturellen und kulturellen Grundlagen des Westens werden als angeschlagen wahrgenommen. Wenn eine Gesellschaft altert, durch Migration nicht nur vielfältiger, sondern auch unberechenbarer wird, beschleicht die politische Mitte des Landes ein Unwohlsein. Wenn in einem Land wie Deutschland der industrielle und gewerbliche Kern seiner Wirtschaft klar erkennbar schrumpft, wenn Stagnation oder gar Rezession drohen, während der Bedarf der Staatsausgaben nur die eine Richtung „nach oben“ kennt, dann erhält der Pessimismus täglich neue Nahrung. Keine Frage: Es ist an vielen Stellen etwas geschehen, das ein „Weiter-So“ gefährlich machen kann.

Rechtspopulistische „Revolution“?

Manche Kommentatoren sehen im Trumpismus und den weltweiten Spielarten vor allem des scharf rechten oder libertären Populismus eine Kulturrevolution. Doch eine Revolte des Aufbegehrens ist noch keine Revolution, die wirklich alles umstürzt. Die gemäßigte politische Linke und die liberale wie die konservative Mitte des politischen Spektrums werden indes nicht umhinkommen, in der Unvernunft des Trumpismus und im Radikalismus jedenfalls einen heftigen Pendelschlag zu sehen, der auch eine Reaktion auf ihre eigene jahrzehntelang ausgeübte Meinungsführerschaft ist. Seit 1990 stand das liberale Globalisierungsprojekt auf dem politischen Spielplan, nun steckt es in der Krise. Wer heute hektisch in Demokratieförderung investiert und mit einem ganzen Heer an NGOs die richtige „Haltung" dem störrischen Publikum nahebringen will, weil das Volk einfach nicht verstehe, was kluge Regenten als Weg der Vernunft weisen, der hat immer noch nicht erkannt, was sich soeben abspielt.

In den Augen der *Trump*-Anhänger oder auf den Zinnen der ostdeutschen AfD-Hochburgen mit ihren randvoll gefüllten Magazinen der Wut ist längst ein grell verzerrtes Bild entstanden, ein Bild des „Verrats des Volkes durch korrupte Eliten". Wenn man in jedem, auch im abstoßenden oder gar irrsinnigen Protest einen berechtigten Kern suchte, was könnte man dann finden?

Der noch immer unbegriffene Trumpismus

Als *Donald Trump* sich ab Sommer 2015 anschickte, amerikanischer Präsident zu werden, hatten *Obamas* und *Clintons* demokratische Partei und die bis dahin tonangebenden Meinungseliten bei CNN oder der Washington Post nur herablassende Verachtung dafür über. Die konservative republikanische Partei, die sich in die Hände eines solchen Mannes begebe, so die herrschende Auffassung, müsse schon sehr verzweifelt sein, vielleicht weil sie erkannt habe, dass die Vernunft der globalen Weltordnung und die Zeit gegen sie arbeite, zumal die soziale Schicht der weißen Mittelklasse unerbittlich schrumpfe.

Die links-liberalen Medien wollten *Trump* unter Steigerung ihrer sinkenden Auflage vermeintlich leicht erledigen: „In ihrer Selbstgefälligkeit und ihrer Fixierung auf der Jagd nach belastendem Material über Trump ignorierten die anderen Mitglieder des Pressekorps das, was den Reiz des Kandidaten ausmachte."[61] Er machte denjenigen Wählern Hoffnung, die meinten, nur mit Stimmen für ihn könnten sie „den Todesgriff sprengen, mit dem das Establishment die Organe der Macht umklammerte".[62]

Gebildete Mitteleuropäer rieben sich die Augen: Die geschmeidig-intelligente *Obama*-Administration, von einem Friedensnobelpreisträger angeführt, eine Regierung, die mit der deutschen Bundeskanzlerin *Angela Merkel* Hand in Hand die Weltfinanzkrise in den Griff bekommen hatte: Sie sollte eine todbringende Herrschaftselite sein? Solche Narrative kann man leicht als Wahnvorstellung oder infame Delegitimierung der Demokratie abtun und sich allerdings dann doch wundern, dass einer wie *Trump* 2024 ein weiteres Mal mit noch mehr Zustimmung gewählt wurde.

Die Wut rechter Kulturkrieger auf eine „linke Eliten-Hegemonie"

Heute werden wir Zeugen, wie der amerikanische Präsident versucht, die USA zu einer oligarchisch anmutenden Präsidialdemokratie umzubauen, blinde Gefolgschaft im Bundesapparat und in seiner Partei zu erzeugen. Seine Bewunderung für autokratische Vorbilder ist nicht nur ein Propagandakniff, sondern deutet womöglich auf eine substantielle Zuneigung hin. *Trump* setzt die Bundesmittel willkürlich ein, folgt seinen Gelüsten nach Rache und Einschüchterung und versucht, Eliteuniversitäten, Gerichte oder Städte in seinem Kulturkampf gegen linksaktivistische Wokeness anzugreifen und auf (seinen) Kurs zu bringen.[63]

Ein solcher Angriff stützt sich auf eine lange aufgestaute Wut gegen all das, was als Bevormundung, Permissivität oder Nihilismus wahrgenommen wird. Diese Wut hat auch etwas mit der Überheblichkeit angemaßten Wissens und mit einer politischen Moral zu tun, die belehrend auftritt und rigoros ihre Gegner aus dem Feld „heraus argumentiert". Aus dem meist recht diffusen Unmut machen inzwischen rechtspopulistische Vordenker ein „gegenrevolutionäres" Programm, wobei ihr offen bekundeter Hass auf die in ihren Augen alles zersetzende Wokeness-Kultur sie manchmal wie geistige Verbündete der offen autokratischen Regenten erscheinen lässt. Der amerikanische Vizepräsident *J.D. Vance*, selbst ein erfolgreich aufgestiegener akademischer Elite-Absolvent, hat im Februar 2025 bei seiner international viel beachteten Rede auf der Münchener Sicherheitskonferenz seine ganze Abneigung gegen die Weltdeutung der Ostküsten-Elite-Universitäten und des kalifornisch linken Kulturmilieus gezeigt, die vielen Republikanern als europäisch und nihilistisch imprägniert gelten. *Trump* und *Vance* führen einen Kulturkampf für ihr libertäres Verständnis von Freiheit und sie sind überzeugt, nur einen von links in die Arena geworfenen Fehdehandschuh aufgenommen zu haben.

Radikalisierungsdialektik: Die Erzählung vom Verrat an den „kleinen Leuten"

In die Interpretationsfalle agonaler Rhetorik sollte man nicht tappen. Eine solche existentialistische Rhetorik nach dem Freund-Feind-Schema folgt dem Politikbegriff des antiliberalen *Carl Schmitt*[64]. Dennoch ist nicht zu übersehen, wie viel Nahrung auch die „vor-agonale" Politik der linken Mitte dem Protest gegeben hat. Es geht um das verbreitete Gefühl (und um die von rechts inzwischen kräftig befeuerte Erzählung), die an Universitäten und in Medieneinrichtungen herrschende „woke" Meinungselite habe das Bündnis der amerikanischen Demokratie zu Lasten „kleiner Leute" aufgekündigt.

Die Lage in Europa ist nicht grundsätzlich anders. Auf der Bühne der europäischen Integration war das Murren zunächst nur verhalten. Die Vorteile der EU wurden gesehen und genutzt. Eine koexistierende Balance der EU mit dem nationalen Modell wurde lange für möglich gehalten. Seit der Eurowährungskrise 2010 begann allerdings ein Teil der Gesellschaft die Gefolgschaft immer entschiedener zu verweigern – das gilt für die 2013 aus diesem Anlass gegründete AfD, das gilt für die polnische PiS oder für Teile der italienischen Rechten ebenso wie für *Le Pens* „Rassemblement National". Der noch im Jahr 2004 mit dem europäischen Verfassungsvertrag eröffnete Weg zum europäischen Bundesstaat traf auf immer härteren Widerstand, der heute eine einstimmige Änderung der Verträge in wesentlichen Belangen als nahezu unmöglich erscheinen lässt.

Streitthema Migration: Die Furcht vor der Selbstaufgabe des Verfassungsstaates

Der Verdacht lautete, die Eliten würden einen Gesellschaftsvertrag aufkündigen, der die Grundlage der nationalstaatlich verfassten Demokratie bildet. Nichts stärkte diesen Verdacht mehr als der Umgang mit Einwanderung. Beim Thema Migration einte die Links-Mitte-Parteien lange Zeit ihre Überzeugung, dass man im Zeitalter der Globalisierung Grenzen nicht wirksam kontrollieren, Einwanderung nicht lenken oder gar begrenzen könne – und das aus moralischen Gründen auch eigentlich gar nicht dürfe. Die Aussage der Bundeskanzlerin *Angela Merkel*, man könne im Zeitalter der Globalisierung Grenzen nicht mehr kontrollieren, gipfelte am 7. Oktober 2015 in dem Satz:

> „Es liegt nicht in meiner Macht – und nicht in der Macht irgendeines Menschen in Deutschland – zu bestimmen, wie viele Menschen hierherkommen.“[65]

Dieses ohnmächtig wirkende *Laissez-faire* des deutschen und des Brüsseler Umgangs mit Migrationswellen hat 2016 auf das Brexit-Votum im Vereinigten Königreich einen vermutlich ausschlaggebenden Einfluss gehabt. Dadurch wurden EU und UK strategisch erheblich geschwächt. Ein immer tiefer grundiertes Misstrauen machte sich breit. Hinter der Brüsseler Migrationspolitik und nationaler Mitte-Links-Regierungen wurde ein Netzwerk der staatlichen (Selbst-)Entmachtung gewittert. Es ist auch kein Zufall, dass US-Präsident *Barack Obama* die deutsche Politik guthieß und an der Südgrenze der USA ähnliches zu dulden schien: Das wurde eines der großen Themen für *Donald Trump*, der sich im Sommer 2015 für die Präsidentschaftskandidatur der Republikaner bewarb.

Die überreizte Öffnung des Staates

Mit der Behauptung des unabänderlichen Faktums einer unkontrollierbaren Migration schien das moderne Konzept des offenen Staates[66] deutlich überspannt, ja gescheitert. Diese Art von unbeherrschbarer Offenheit wurde von den einen als unvermeidlicher Schritt in einen „Weltgesellschaftsvertrag“ verstanden[67], aber von anderen als die Zerstörung der republikanischen Existenzgrundlagen.

Der neuzeitliche Staat ist gekennzeichnet durch die berühmte Drei-Elemente-Lehre, wonach der Staat auf seinem räumlich bestimmten Gebiet mit Regierungsgewalt über die ihm zugeordnete Bevölkerung herrsche.[68] Daran änderte die konzeptionelle Öffnung des Staates für internationale Zusammenarbeit oder europäische Integration zunächst nichts. Prinzipiell offene Grenzen und der offene Welthandel bildeten ein weltrepublikanisch inspiriertes gemeinsames Verständnis. Es war von der Überzeugung getragen, dass dies eine Garantie für Wirtschaftswachstum und Wohlstand sei, aber auch für eine koordinierte und kooperative Friedensordnung, die am Ende des Tages universelle Menschenrechte und ein international definiertes Gemeinwohl immer stärker durchsetzen werde. Die so entstehenden neuen Regierungsformen einer „Global Governance“ würden dann – so die von vielen geteilte progressive Erwartung – zur überstaatlichen Grundlage einer neuen Ordnung werden. In dieser internationalen Ordnung der Global Governance würde dann dem scharfkantigen Souveränitätsdogma der Nationalstaaten und der Institution der Staatsbürgerschaft endgültig die Schärfe genommen. Das Geheimnis dieses jahrzehntelang erfolgreichen Weges lag allerdings in der konstruktiven Unentschiedenheit dieses Konzepts[69], das auf die Bindungsfähigkeit selbstbestimmter Staaten in einer gemeinsamen Kooperationskultur setzt. Dieses offene Staatsverständnis war eine der Grundlagen des westlichen Erfolges. Das deutsche Grundgesetz verfasste von vorneherein den Staat als offen und integrationsbereit.[70]

Doch jede Idee, die sich durchsetzt, läuft Gefahr, Opfer ihres Erfolges zu werden, gerade wenn die Gegengewichte schwinden. Dann droht eine selbstbezügliche, eine realitätsferne Politik auch derjenigen, die das Wort „Vernunft“ stets im Munde führen. Im Ambiente eines übermächtigen kulturellen Konsenses hat man gerade in der EU mit einem „Schengen“ der offenen Grenzen und mit einem „Dublin“

der gemeinsamen Asylpolitik rechtliche Bande geschmiedet, die den Staaten die migrationspolitische Handlungsfähigkeit an der Grenze und im Lande empfindlich beschnitten.

In den Augen der Kritiker schien eine herrschende Elite linker, grüner und auch christdemokratischer Parteien im Verein mit NGOs, Gewerkschaften, Kirchen und Vertretern der Wirtschaft mit der Zulassung ungesteuerter Migration oder der freigiebigen Verleihung der Staatsbürgerschaft oder der Zulassung mehrfacher (doppelter) Staatsbürgerschaften den offenen Staat aus seinen Verankerungen zu reißen. Hinter solcher Furcht steht die allgemeine Erfahrung, dass eine offene Gesellschaft nur stabil bleibt, wenn die Fähigkeit zur Selbstbehauptung eigener Identität und die Kontrolle über grundlegende Existenzbedingungen nicht verloren gehen.

Ideenlose Mitte und blasser Konservatismus als Problem

Das noble weltrepublikanische Projekt wurde durch die Immunisierung gegen Kritik zu einer Waffe gegen politische Opponenten gemacht. Wer gegen weitere Integrationsschritte in Europa oder gegen neue völkerrechtliche Verträge Stellung bezog, wurde etikettiert und aussortiert als gestriger Vertreter des nationalstaatlichen Zögerns, der provinziellen Enge, eines ungebildeten, als eng und egoistisch hingestellten Konservatismus. Der traditionelle Konservatismus der US-Republikaner, der französischen Gaullisten oder der deutschen Christdemokraten galt als nicht mehr zeitgemäß. Er wurde in diesen Parteien ersetzt durch eine reaktive Haltung des „Wir-kämpfen-nicht“[71]. Die Mitte schmiegte sich lange dem vermeintlich übermächtigen Trend an.

Taktisches Nachgeben hat einen Preis. Die Ränder erstarken, wenn die Mitte der Gesellschaft keine eigene, keine überzeugende Konzeption mehr entwickelt. Die bürgerliche Mitte in Deutschland hat sich seit dem Abgang von *Helmut Kohl* nicht mehr aus der ideellen Defensive herausbewegt. Auch heute noch wacht die politische Linke über ihre angeschlagene, aber noch bestehende Interpretationsmacht und bezichtigt jeden Versuch der Reformen von verkrusteten Strukturen als „konservatives Elitenprojekt“, unmoralischen Sozialstaatsabbau oder gar als Abrissarbeit an der Brandmauer zum Rechtsextremismus.[72] Wenn indes aus der arbeitenden Mitte der Gesellschaft heraus, dort wo Wertschöpfung entsteht, der Ort, an dem in die neue Generation investiert wird, keine alltagstaugliche und funktionierende Weltdeutung mehr gelingt, wenn die Ränder oder gar aggressiven Minderheiten den Ton bestimmen, dann verliert die Demokratie ihren Halt.

Die Gemäßigten und die Pragmatiker werden allmählich zur Zielscheibe oder zum Spielball von Verrücktheiten und Fantasien der Ränder. Das Schicksal der von *Trump* zu einem Großteil gekaperten republikanischen Partei der USA steht für eine solche Entwicklung ebenso wie die Zusammensetzung einer französischen Nationalversammlung, mit der Präsident *Macron* bis zum Ablauf seiner Amtszeit regieren muss.

Die Repräsentationslücke und ihre Lückenfüller

Weltbürgerliche Einheit und menschenrechtlicher Universalismus sahen sich an der Spitze eines geschichtlich linearen Fortschritts. In ihrer überbordenden Selbstgewissheit würdigten sie das immer mitexistierende „*Andere* des Unterschieds und des Partikularen“ herab, anstatt um Balance zu kämpfen. Die progressiven intellektuellen Meinungsführer wollten nicht notwendig etwas „Falsches“. Doch aus den Ritzen einer Fassade der Selbstgewissheit sahen die weniger Erleuchteten eine überhebliche Borniertheit hervortreten. Die vom Mainstream nicht erreichten Bewohner im ländlichen Raum, in den Schichten der sozial schlechter Gestellten, der weniger Bildungsaffinen: Sie fühlten sich auf der politischen Bühne nicht mehr repräsentiert.

Im Fall der Migration, bei der kosmopolitischen Überwindung des Nationalstaats, aber auch bei der Propagierung von Gendersprache oder von identitätspolitisch motiviertem Diversitätsdenken, bei der Bewegung hin zur Klimaneutralität teilten sie die Ziele nicht oder jedenfalls nicht mit demselben Elan. Doch es gab anscheinend keine seriöse Partei, die solche „retardierenden“ Gefühle aufgriff, so dass von einer „Repräsentationslücke“ die Rede war.[73]

Das verlassene konservative Feldlager ... und seine neuen Herren

Die im politischen Meinungsraum nach ihrem eigenen Eindruck nicht Repräsentierten fühlten sich womöglich provoziert, wenn von einer Verpflichtung der Demokratien zu einem „kosmopolitischen Progress“ die Rede war.[74] Der immer blasser werdende bürgerliche Konservatismus, die ideelle Entleerung der politischen Mitte machte das Feld frei für den Trumpismus, den Rechtspopulismus, für „neue“ radikale Ideen. Es ist nicht untypisch, dass Sympathisanten des Trumpismus behaupten, es handele sich lediglich um die Wiederbesetzung eines verlassenen konservativen Feldlagers: „Der neue Konservatismus ist der alte Konservatismus“.[75] *Trump* inszeniert sich unter dem Bild von *Ronald Reagan*. Die AfD nimmt für sich in Anspruch, das CDU-Programm von 1990 zu bewahren.

Abgesehen davon, dass alles Konservative immer relativ zur Dynamik und zum Zustand einer Gesellschaft ist und deshalb einem steten Wandel unterworfen sein muss,[76] übersehen solche Gleichsetzungen die massive Veränderung der allgemeinen Bedingungen. Die Gesellschaft ist deutlich volatiler geworden, wichtige (intermediäre) Stützpfeiler im Raum zwischen Staat und den Einzelnen wie Familien, Kirchen, Gewerkschaften oder Vereinen existieren zwar fort, haben aber einen großen Teil ihrer einstigen Orientierungs- und Prägekraft eingebüßt.

Bildungsniveau und „TikTokisierung"

Die deutlich individualisierte, volatile Gesellschaft verliert wichtige Kräfte zur Erziehung und Persönlichkeitsbildung. Die Schulen, auch Ganztagsschulen, können nicht vollständig ersetzen, was in Familien, lokalen Umfeldern oder Kirchengemeinden an Erziehungsleistungen lange Zeit erbracht wurde, gleich ob man die Inhalte und Methoden für anfechtbar hält oder sie begrüßt. Heute hat das Netz mit all seinen Unwägbarkeiten einen guten Teil der Prägewirkung übernommen und damit indes die Fragmentierung, Emotionalisierung und womöglich auch der argumentativen Verflachung im Zuge einer „TikTokisierung"[77] der Weltwahrnehmung befördert.

Es wird immer deutlicher, dass dieser Prozess auch mit Verwahrlosung, Orientierungsverlusten, Manipulation verbunden ist, mit der Schwächung des lebensweltlich vermittelten Sinns für Regeln des wechselseitigen Respekts. Doch zugleich kann man nach wie vor in der Dezentralität und Offenheit des Netzes mit einigem Recht die Möglichkeiten der Befreiung von traditioneller Bevormundung sehen. Die Ambivalenz des Netzes und seiner neuen Helden (und seiner „Heiligen"[78]) darf nicht zu einer blinden Kontroll- und Beschränkungswut führen. Wachsamkeit und die Beschränkung von Deep-Fakes sind gleichwohl unumgänglich. Der Verlust an Verlässlichkeit, Stabilität und Seriosität im politischen Raum könnte aufs Ganze gesehen bereits auch ein Resultat dieses kulturellen Wandels von Informationszugängen und Meinungsbekundungen sein – nach dem Motto „Die volatile Gesellschaft sucht sich die Repräsentanten, die ihrem Niveau entsprechen".

Der Trumpismus als Revolte gegen den „elitären Kosmopolitismus"

Die Welt wirkt rosiger und verlässlicher, wenn man an einen linear verlaufenden geschichtlichen Fortschritt glaubt. In der Vergangenheit war das einer der typischen akademischen und progressistischen Selbstgefährdungen, etwa im Marxismus. Wer den Verlauf der Gesichte sicher zu kennen meint, wird unduldsam und herrisch gegenüber den weniger Erleuchteten. Im Grunde handelte es sich beim Fortschrittsglauben seit dem Zeitalter der Aufklärung um einen modischen Trend, der in seiner weltrepublikanischen und kosmopolitischen Fantasie deutlich hinter dem Reflexionsniveau eines *Immanuel Kant* zurückblieb, der hier mit seiner Schrift zum Ewigen Frieden wesentlich vorsichtiger argumentierte. Solche Vorsicht ist geboten, weil der Zustand des Friedens die Stabilität politischer Einheiten voraussetzt, die mächtig genug und willens bleiben zur fairen Regelbildung sowie zur deren Durchsetzung mit Rechtsgeltung.[79]

Die Verbindung von Demokratie und Staat (im parlamentarischen oder präsidialdemokratischen Nationalstaat, im offenen Verfassungsstaat) galt im herrschenden „politisch-progressiven" Fortschrittsglauben als bloßer Zwischenschritt, der nunmehr durch eine kosmopolitisch gedachte, für den Einfluss von NGOs weit geöffnete neue Demokratie überwunden werden sollte. Manche in diesem Lager wollten zurück in die voraufklärerische Zeit des *Erasmus von Rotterdam*, der von jungen Juristen mit dem Satz zitiert wird: „Ich wünsche Weltbürger zu sein, allen zu gehören, oder besser noch Nichtbürger bei allen zu sein."[80]

Der Verfassungsrechtler und Rechtsphilosoph *Ernst-Wolfgang Böckenförde* hat dagegen den erprobten Zusammenhang von Demokratie und Verfassungsstaat im Nationalstaat hervorgehoben und den ehemaligen UN-Generalsekretär *Boutros Ghali* zitiert: „Die Nation ist durch die Geschichte legitimiert und im Prinzip durch die Absicht, ein gemeinsames Leben zu führen. Die Nation ist ein günstiger Rahmen für die demokratische Partizipation, viel besser als eine Weltregierung es sein könnte."[81] Solch kluge Töne waren seit längerem verstummt. Doch jetzt kehrt der Nationalstaat in einer nicht mehr offenen, sondern in verzerrter Form unter dem Getöse der MAGA-Bewegung *Trumps* zurück.

Wie eng darf das überstaatliche Korsett für demokratische Politik werden?

Differenziert denkende linke Vertreter im juristischen Bereich, wie der renommierte Verfassungsrechtler *Dieter Grimm*, der ähnlich wie *Ernst-Wolfgang Böckenförde* auf die Verbindung zwischen sprachkultureller Verwurzelung und politischer Willensbildung hinwies[82], wurden praktisch zum alten Eisen gelegt[83], während als konservativ geltende Kritiker an den rechten Rand eines „Staatsnationalismus" verlagert wurden.[84]

Aus der zwischen 1990 und 2010 unzweifelhaft gegebenen Tendenz zur stärkeren zwischenstaatlichen Zusammenarbeit und zur wirtschaftlichen Globalisierung wurde ein als geschichtsnotwendig dargestelltes Korsett geflochten, das sich für die staatlichen Demokratien immer enger zuzieht. Es ist dieses Korsett, gegen das heute weltweit rebelliert wird. Wenig Anzeichen deuten darauf hin, dass die kosmopolitischen Exponenten von gestern ihre Mitverantwortung für den gegenwärtigen dumpfen Gegenschlag von rechts (oder in Ländern wie Venezuela oder abgeschwächt Brasilien auch von links) in Erwägung ziehen würden. Denn der selbstgewisse Geist von unaufhörlichen internationalen Gipfeln und Regierungskonferenzen und ihren großen Projekten fand im Trumpismus einen harten provinziellen Widerhall bei Menschen, die das alles vielleicht nicht richtig verstanden, aber die doch immer stärker das Gefühl beschlich, hier werde der alte Gesellschaftsvertrag der Demokratie – im heimlichen Einverständnis übernationaler Eliten – in einem anmaßenden Habitus aufgekündigt.

Die gefährliche Wahrnehmung eines aufgekündigten Gesellschaftsvertrages

Es ist dieses Empfinden einer von Eliten getragenen Aufkündigung des demokratischen Gesellschaftsvertrages, das den Rechtspopulismus speist. Es ist nicht die Wiederkehr des hundert Jahre alten militaristisch-gewalttätigen Faschismus, auch wenn ab und zu Bilder sich ähneln mögen. In der Logik des Trumpismus soll die Hydra der Bevormundung und sozialtechnischen Überregulierung mit disruptiven oder auch mit autoritären Mitteln bekämpft werden. Man muss das gewiss nicht ebenso sehen und schon gar nicht die Angriffe der Trump-Administration auf Universitäten, Medien oder unabhängige Gerichte „verstehen" oder gar billigen. Doch man sollte die Unruhe und die wachsende Verfeindlichung der Lager nicht einfach als faschistoide Machtergreifung von rechts zum Stoff einer neuen Empörungsdramaturgie machen – dafür ist die Gefahr, die aus dem Votum der Wähler stammt, viel zu groß.

Richtungsänderung in der Zeitenwende

Was heißt Zeitenwende[85] für die Demokratie? Wer eine Zeitenwende ausruft, muss die neue Richtung weisen. Es gilt immer noch die stimmige Interpretation, wonach das Begreifen einer geschichtlichen Zäsur den Weg in eine neue Zeit ebnen könne. Doch die Chancen für gute Analysen sinken in dem Maße, wie Gesellschaften mit ihren wechselhaften Stimmungslagen *volatiler* werden. Selbst aus drastischen Erlebnissen können falsche oder keine Konsequenzen gezogen werden, wenn kulturelle Grundlagen der Lernfähigkeit brüchiger werden. Damit ist nicht nur der steigende Anteil von neuen Analphabeten gemeint. Gemeint ist auch der allmähliche Verlust von Kulturtechniken (wie etwa das Lesen längerer Texte). Es existiert ein digital befördertser Trend, der auch differenziertes Sprechen oder ernsthaftes Zuhören seltener macht. In der aufkommenden KI schlummert das Potential einer „kognitiven Entwöhnung", wenn sie alles besser zu wissen scheint.

Die großen Demokratien in den USA, in England oder in Frankreich, in Italien oder Deutschland: Sie werden zerklüfteter, gleichzeitig hitziger wie beliebiger. Die intellektuellen Angebote werden leichtgewichtiger. Aus einer schon längst als überwunden geglaubten Vergangenheit ist ein buntes Gemisch an ideologischen Versatzstücken auf dem Markt. Sie bestehen aus Restbeständen von Marxismus,

Nationalismus oder von Volksgemeinschafts-Fantasien, manchmal auch Gegenschlägen des Marktradikalismus wie bei amerikanischen Libertären oder bei dem Argentinier *Javier Milei*. Beinah jedes „Konzept" ist gepaart mit Verschwörungstheorien und Halbwahrheiten. An den extremen Rändern kann das Ganze verbunden sein mit dem aufklärungsfeindlichen Antisemitismus, mit hasserfüllten Ressentiments und getriggerten Emotionen.

Die Ränder spielen „verrückt"

Das Arsenal an kruden Ideologien ist gut bestückt. Hier finden sich Hass, Vorurteile oder religiöse und politische Botschaften des Fanatismus. „Reichsbürger" halten die gesamte deutsche Staatsordnung für illegitim. Impfgegner glauben an heimlich injizierte Implantate, die sie alle zu gefügigen Instrumenten eines globalen Bill-Gates-Kapitalismus machen. Klimaaktivisten sind überzeugt vom drohenden Weltuntergang und berufen sich auf das Widerstandsrecht oder den Satz „Not kennt kein Gebot". Die radikale Linke sieht den „Globalen Süden" (unter Einschluss des sehr nördlichen Russlands und Chinas) im Befreiungskampf gegen einen kapitalistischen Norden, der rassistisch und ausbeuterisch sei. Hier werden Invektiven benutzt, die bei Russland, dem Iran, Venezuela oder China offenbar nicht so leicht in den Sinn kommen. Die radikale Rechte sieht die „Volkssubstanz" durch das kosmopolitische Projekt der großen „Umvolkung" gefährdet. Die radikale Linke kämpft gegen den westlichen Kapitalismus und eigentlich gegen den ganzen US-amerikanisch imprägnierten Westen.

Das ideelle Vakuum der Mitte

Falsche oder schräge Analysen im öffentlichen Meinungsraum, mediale Sensationskonstruktionen oder auch das Aufpeitschen von Gefühlen wie im Shitstorm hat es immer schon gegeben. Niemand soll glauben, dass die freie Presse Europas im Sommer 1914 nach dem

Attentat von Sarajevo besonders viel zur Versachlichung der explosiven Lage beigetragen hätte. Es ist ein Preis, den man (bis zu einer gewissen Höhe) für die Freiheit zahlen muss.

Das verbreitete Gefühl, eine Zäsur zu erleben, kann – gepaart mit einer falschen Analyse – auf gefährliche Umwege oder Abwege führen. Weit über objektiv bestehende Probleme hinaus, schaffen Ahnungslosigkeit und Hysterie unnötige Gefahrenlagen durch fehlenden Pragmatismus.

Mehr Diktatur wagen!

Die Gegenwart der Kunst kann Vorschein der Zukunft sein. Es war ein Künstler mit soziologischem Grundwissen, der schlaglichtartig deutlich gemacht hat, worum es bei jeder „Großen Krise" geht. Es war nicht die Klimakrise, sondern die Coronapandemie, die der Anlass war zu folgender Ausführung des Schriftstellers *Thomas Brussig*:

> „Mehr Diktatur wagen wäre das Gebot der Stunde. Dass ausgerechnet die Corona-Leugner eine ‚Corona-Diktatur' heraufziehen sehen, sollte erst recht Grund sein, sie zu wollen. (…) Vermutlich haben die viel gerühmten ‚Väter des Grundgesetzes' in ihrem nachvollziehbaren Eifer, ein Bollwerk gegen eine Wiederholung der Nazidiktatur zu schaffen, vergessen, dass während einer Seuche die Ausübung von Grundrechten, eine Gefahr für die Gesamtbevölkerung darstellen kann."[86]

Der Irrtum über die angeblich fehlende Weitsicht der Väter und Mütter des Grundgesetzes könnte größer nicht sein. Ein Gegner der liberalen Verfassungsidee wie der Staatsrechtler *Carl Schmitt* jedenfalls hätte seine helle Freude gehabt an dieser vereinfachten Version seiner Theorie des Ausnahmezustandes.[87] Die Empörung, dass ausgerechnet in einer als linksliberal geltenden Tageszeitung wieder nach Diktatur gerufen werden kann, ja, sie gab es. Doch auf die diskursive Abirrung kommt es nicht so sehr an, schon gar nicht soll es um die in solchen Fällen übliche moralische Verurteilung eines anerkannten Schriftstellers gehen. Viel interessanter ist es, mit dieser ungewöhnlich klaren Aussage einen Zipfel von dem in die Hand zu bekommen, was unterschwellig, was subkutan an Meinungen unterwegs ist und keineswegs auf den Umgang mit einer Pandemie beschränkt bleibt.

„Unfähige Demokratie": Das Lamento der Krise

Die Stimme „Mehr Diktatur wagen" ist nicht so vereinzelt wie es scheint. Während der Corona-Pandemie haben einige voller Bewunderung nach China geschielt. Gefragt wurde, ob diese autoritäre Diktatur mit ihrem gewaltigen Überwachungs- und Befehlsapparat das Problem des Lockdowns nicht schneidiger zu lösen verstand als die umständlichen Demokratien mit ihren endlosen Konferenzen und das Hin und Her zwischen Bund, Ländern und Brüssel, zwischen Parteien und Sachverständigen. Die feine Ironie, dass es womöglich genau die Bedingungen einer Diktatur waren, die dieses Virus überhaupt erst in die Welt gesetzt oder durch Untätigkeit geholfen hat, ihn zu verbreiten, soll hier nur am Rande vermerkt werden. Die epidemiologisch sinnlose Null-Covid-Forderung mit der Meinung, dass „die Ausübung von Grundrechten, eine Gefahr für die Gesamtbevölkerung" sei, das war in Deutschland jedenfalls für einen politischen Augenblick auf dem Weg, eine ansteckende Stimmungslage zu werden.

„System Change, not Climate Change"

Corona war gestern. Heute stellen manche Klimaaktivisten die Systemfrage. „System Change, not Climate Change" rief die Bewegung „Fridays for Future" und meint, dass die Wachstumsdynamik der Marktwirtschaft der eigentliche Verursacher der globalen Erwärmung sei und deshalb eine Null- oder Minus-„Wachstums"politik (Degrowth) die Systemfrage in Richtung Marktwirtschaft stelle. Aber auch die mit der Marktwirtschaft verwobene repräsentative Demokratie mit ihren periodischen Wahlen und dem Zwang zur Bildung von Parlamentsmehrheiten geraten in das Fadenkreuz der Kritik.

Es wäre unfair, bei manch weitgehender Forderung, vielleicht gespeist aus einer Verzweiflung über die verflochtenen Handlungszwänge des politischen Alltags, sofort eine Sehnsucht nach chinesischen Verhältnissen anzunehmen. Doch sitzt die parlamentarische Demokratie für nicht wenige einmal mehr auf der Anklagebank, diesmal mit dem Hinweis auf ihre Unfähigkeit, die große Krise der globalen Erwärmung zu lösen. Die mitunter als *elektoral* apostrophierte Demokratie[88], die an Wahlvorgänge gebunden bleibt, wird intelluktuell durch allerlei Ergänzungen relativiert. Doch welche andere Form der Demokratie jenseits von Wahlen und Abstimmungen gäbe es denn noch? Bis in die Mitte der Gesellschaft hinein wird die Parteiendemokratie als „unfähig" angesehen, große Probleme mit langem Atem zu lösen – schon wegen des häufigen Zwangs zur Wiederwahl. Solche Einschätzungen hört man nicht nur bei Klimaaktivisten, sondern bis hinein in die Spitzenpositionen der Wirtschaft oder bei Kritikern der Migrationspolitik.

Daneben „wissen" Verschwörungstheoretiker von links und rechts, dass die gewählten Repräsentanten ohnehin nur willfährige Instrumente in der Hand von Konzernen, des internationalen Finanzkapitals oder der großen fossilen Unternehmen seien. Der ebenso pointiert wie radikal auftretende Arm der Klimaschutz-Bewegung „Extinction Rebellion" erklärt das wie folgt:

> „Wir befinden uns in einer Notlage. Die Herausforderungen sind groß, weitreichend und komplex. Und wir brauchen dringend Lösungen. Extinction Rebellion glaubt, dass das Problem die Funktionsweise unserer parlamentarischen Demokratie ist: In Deutschland liegt die Verantwortung in den Händen einer relativ kleinen Anzahl von Abgeordneten, die von der Bevölkerung gewählt werden. In den letzten Jahrzehnten ist diese Regierungsform daran gescheitert, die Entscheidungen zu treffen, die nötig sind, um die Klimakrise und die ökologische Krise effektiv zu bekämpfen. Die vierjährigen Legislaturperioden halten Regierungen davon ab, Langzeitproblemen wie dem Klimawandel die nötige Priorität einzuräumen. Demokratisch gewählte Abgeordnete werden durch die Lobbyarbeit mächtiger Konzerne und Interessengruppen in ihrer Arbeit beeinflusst. Sie streben nach wohlwollender Berichterstattung in den Medien, weshalb es sein kann, dass sie sich vor unpopulären aber nötigen Maßnahmen

scheuen – aus Angst, nicht wiedergewählt zu werden sind häufig durch parteispezifische Abhängigkeiten in ihrer Entscheidungsfähigkeit limitiert. Infolgedessen sehen sich Politiker:innen oft nicht in der Lage, die weitreichenden Veränderungen umzusetzen, die nötig sind, um die Notlage in Angriff zu nehmen. (...)“[89]

Diese „Beschreibung“ der parlamentarischen Demokratie liest sich wie eine grundlegende Systemkritik. Wie kann man diesen „Missstand“ einer Abhängigkeit der Vertreter des Volkes von den Wählenden denn abstellen? Ganz offen in der Kritik steht die verfassungsrechtlich grundlegende Abhängigkeit der Regierung vom Votum des Volkes. Politikerinnen und Politiker hören nicht genug – so der Vorwurf – auf den Rat der Experten, sondern „schielen“ auf die Stimmungslage einer Mehrheit, auf deren Zustimmung sie bei Wahlen angewiesen sind. Vor Landtagswahlen in Sachsen und Thüringen 2024 fanden gegen das antizipierte Ergebnis an den Wahlurnen schon im Vorfeld Demonstrationen der politischen Linken statt mit dem Slogan „Antifaschistisch kämpfen: auf der Straße, nicht in Parlamenten.“ Andere empfehlen jedenfalls „weniger“ Demokratie, dafür aber mehr Vertrauen in die (klugen?) Eliten und weniger in die (dumpfe?) Masse – und sei es zur Rettung des Prinzips selbst.[90]

Die Abneigung gegen eine als „elektoral“ klassifizierte Demokratie stört sich an dem Umstand, dass die Wahlentscheidung den Ausschlag gibt und nicht die vorgebliche Vernunft des sachlichen Arguments. Deshalb wird, wenn man schon bei Wahlen bleibt, vor allem von der kapitalismuskritischen Seite wenigstens ihre Einhegung, ihre Einbettung („embedded democracy“), etwa durch Partizipationsrechte, durch den Einfluss von NGOs (Zivilgesellschaft) oder natürlich durch Gerichte verlangt.[91] Wenn damit die vom Grundgesetz vorgesehene Grundrechtsgewährleistung, Bürgerbeteiligung, freie öffentliche Meinungsbildung und Gewaltenteilung gemeint ist, also an notwendige Bedingungen freier Wahlen und Abstimmungen erinnert wird, ist das ein wichtiger Hinweis. Wenn aber damit eine (substanziell gemeinte) Relativierung der Macht parlamentarischer Willensbekundung durch Gesetzgebung und deren Vollzug gemeint ist, überschreitet das Grenzen der Wirksamkeit der Selbstregierung des Volkes. Es greift an das Herz der Demokratie.

Vieles im Argumentationsarsenal der Demokratiekritik ist Ausdruck der ewigen Wiederkehr der platonischen Vorstellung, dass am besten die Philosophen, die Weisen oder Wissenschaftler die Welt regieren sollten. Die Menschheit könne sich doch nicht den Zufälligkeiten und den wechselnden Stimmungslagen von Mehrheiten anvertrauen. Die damit beklagte *Responsivität*, mit der das politische System auf die Willensbildung des Volkes reagiert, macht indes die Substanz jeder wirklichen Volksherrschaft aus. Doch genau das wird mit neu instrumentalisierten Erzählungen, wie dem Bild einer antiken griechischen Demokratie, die eine Berufung in Ämter durch das Los kannte, attackiert.[92]

Rechte Notstandsrhetorik als Signal für den Weg in die illiberale, in die repressive Demokratie

Es gibt eine Argumentationstechnik der Katastrophensemantik, die eine echte oder womöglich auch eingebildete Gefahr als so groß erscheinen lässt, dass jedes Mittel recht sein soll, dieser Gefahr zu begegnen. Für die ökologische Linke mag das die Wachstumsdynamik des Kapitalismus sein, die zu einem Zusammenbruch des Weltklimas führt. In den USA verbreitet sich indes auf der rechten Seite des politischen Spektrums die Erzählung, dass die Linke mit ihrer kulturellen und medialen Hegemonie totalitäre Strukturen aufweise und Freiheit und Wohlstand der USA bedrohten. Wenn diese Gefahr genügend stark gezeichnet wird, dann liegt es nahe, die Demokratie und das Land auch mit autoritären Mitteln zu verteidigen.

> „Die Vorstellungen von der Bedrohung durch eine allmächtige totalitäre Linke und dem desolaten Zustand des Landes – selbst die abwegigsten – werden von konservativen Politikern und einflussreichen rechten Meinungsführern ernst genommen."[93]

Insbesondere eine Politik der offenen Grenzen (also der unbeschränkten Einwanderung), aber auch der Vorwurf einer Zerstörung der „gesunden" kulturellen Grundlagen einer Nation werden von rechts als Argument genutzt. Nur mit einem cäsaristischen System – in der Gegenwart mit einem Präsidenten *Donald Trump* – könne man noch gegensteuern.

Rückbau der Demokratie?

Kleine Schritte in Richtung „Veränderung" (oder doch Rückbau der Demokratie?) zirkulieren bereits in der politischen Arena. In diesem Zusammenhang kann die von Parteien in Deutschland angeregte Verlängerung der Wahlperiode des Deutschen Bundestages von 4 auf 5 Jahre (bei weiter aufrechterhaltener Ablehnung von Volksabstimmungen), ein bereits verabschiedetes Wahlgesetz, das die Direktkandidatur abwertet[94] oder die vom Bundestag selbst bereits auf dem Weg gebrachte Bewegung zu ausgelosten Bürgerräten (zuerst beratend, dann womöglich mit faktischer und schließlich mit rechtlicher Bindungswirkung?) die eine oder andere Irritation auslösen. Schließlich neigt nach aller Erfahrung eine ideenarme politische Kultur dazu, solch lautstark und entschieden artikulierte Änderungsvorschläge, die zudem als „progressiv" etikettiert sind, manchmal überraschend zügig aufzunehmen, um ja nicht in den Verdacht zu geraten, man klebe am Alten oder sei irgendwie konservativ.

Vom konservativen Lob des Sachverstandes zur „Expertokratie in Grün"

Die sich als „grundlegend" feiernde Kritik an Demokratie, Föderalismus oder Europa schafft es mit jeder größeren Krise auf den Spielplan des politischen Theaters. Beim Demokratiethema handelt es sich regelmäßig um eine alte und ständig wiederkehrende Kritik am parlamentarischen System – in jeweils neuen Gewändern. Nichts ist dabei vor ironischen Kapriolen des Geschichtsverlaufs gefeit. Die konservative Kritik der US-amerikanischen Trumpisten am Staat ist im Kern libertär und zeigt anarchistische Züge – nach der Devise: „*Elon Musk* räumt auf mit der Bundesbürokratie".[95] Auf der politischen Linken ist die Demokratiekritik eng verwandt mit der einstmals konservativen Forderung nach einer Expertenregierung. Die heute auch von klimabewegten jungen Menschen der „letzten Generation" geäußerte Parlamentskritik ist insofern als Wiedergänger eines grundlegenden Demokratiemisstrauens konservativ.

Was gilt als falsch an der parlamentarischen Demokratie?

Das Lamento richtet sich gegen eine Vielzahl immer wieder beklagter „Defizite der Demokratien". Es geht um:

- die „ständigen Wahlen" mit ihren viel zu kurzen Perioden, die jeden Weitblick unmöglich machten,
- das politische „Zerreden" einer Sache,
- den ewigen Kompromiss zwischen Parteien und Richtungen,
- die fachliche Unterqualifizierung des politischen „Personals", die personelle und charakterliche „Unfähigkeit" der durch Wahl gefundenen Entscheidungsträger; damit ursächlich zusammenhängend kritisiert wird ein falsches personelles Auswahlsystem, das nicht nach Fähigkeiten und Leistung ausgerichtet ist,
- die taktische Rücksichtnahme auf einen sich unberechenbar ändernden Wählerwillen und
- den „gefährlichen" korrumpierenden Einfluss von Interessenverbänden, Wirtschaftsvertretern oder (je nach politischer Meinungsrichtung) auch von privaten Sponsoren finanzierten oder staatlich alimentierten NGOs, die zu einer Politik führten, die sich fest im Griff der Lobbyisten befände.

Vielleicht fällt manch einem gut situierten, dennoch wütenden Bürger oder einer enttäuschten Klimaaktivistin aus dem gebildeten Mittelstand gar nicht auf, welche Berührungspunkte bestehen zur

Demokratiekritik des vergangenen Jahrhunderts – eine Kritik, die zum Untergang der Demokratie in Deutschland beigetragen hat. Man denkt, wenn die Kritik allzu harsch ausfällt, unwillkürlich an die Muster der Delegitimierung der parlamentarischen Demokratie durch die Verfassungsfeinde der frühen 1930iger Jahre, die überall ein „morsches" System beklagten. Das ewige Finassieren des Parteienbetriebes, die schwachen Gestalten der Parteifunktionäre: Das könne doch nicht geeignet sein, die ebenso drängenden wie komplexen Probleme der Zeit zu lösen.

II. Die große Verfeindlichung: Jakobiner gegen Trumpisten

Strukturwandel der öffentlichen Meinung: Der zerbrochene Spiegel

In dem, was wir öffentlichen Meinung nennen, spiegelt sich die Demokratie. Aber nicht nur das. Hier entsteht auch erst jene politische Willensbildung, die von Parteien, Abgeordneten, Präsidenten, Premierministerinnen oder Kanzlern aufgenommen und politisch übersetzt wird.[96] Wenn sich diese unberechenbare Melange aus Überzeugungen, Informationen, Meinungen, Einstellungen, Einsichten, Glaubensgewissheiten und Interessen in ihrer Struktur wesentlich ändert[97], dann ändert sich das Fundament der Demokratie, ohne dass ein Buchstabe im Verfassungstext geändert worden wäre.

Der herkömmliche Spiegel der öffentlichen Meinung ist allerdings zerbrochen. In seinen Scherben sieht man viel, aber es sind disparate Bilder, die kaum zusammenpassen. Vergleicht man den inneren Zustand der westlichen Demokratien mit dem, was um das Jahr 2000 herum noch der Fall war, dann fällt die Veränderung der nationalen wie übernationalen öffentlichen Meinungsforen drastisch ins Auge. Denn von da ab hat das neue Netz die alten Verlage der Presse und die Funkhäuser des Rundfunks zwar nicht völlig verdrängt, aber ihnen doch ihre Zentralität genommen. Die klassischen Medien haben dadurch auch einen guten Teil ihrer früheren Ordnungskraft eingebüßt. Die Plattformen, die sich zunächst nur als Werkzeuge für das dezentrale Senden und Empfangen vorgestellt haben, unterlegten das mit der Geste einer Befreiung aus den Begrenzungen klassischer Verlags- und Informationswege. Dabei entwickelten die Plattformen raffinierte Wertschöpfungsmodelle, die mit Verlockungen, Anreizen und unsichtbaren Algorithmen gewaltige Werbeeinahmen und Verkaufserlöse für Datenspuren so gekonnt ins Werk gesetzt haben, dass daraus die wertvollsten Unternehmen des Planeten wurden. Den kalifornischen Plattformen war es dabei völlig gleichgültig, welche Folgen ihr Profitstreben für die Entwicklung des öffentlichen Meinungsraums und für die Demokratie hatten. Sie waren eben keine verantwortlichen Verleger, sondern robuste Profiteure einer neuen Kommunikationstechnik, die es zudem verstanden, sich auch einem antikapitalistisch gestimmten Publikum als Gemeinwohlakteure zu verkaufen, wenn sie als lockere Newcomer gegen die alten „Gatekeeper" der Meinungsfreiheit zu Felde zogen.

Tech-Milliardäre und Ideen einer Tech-Monarchie

Für viele ist heute die Misere der amerikanischen Demokratie, nach Beginn der erneuten Präsidentschaft Donald Trumps 2025, mit einem einzigen Buchstaben verbunden: „X". Seitdem *Elon Musk* den Kurznachrichtendienst „Twitter" übernommen und umbenannt hat, steht die Plattform im Verdacht, nicht nur eine ungefilterte Bühne für Falschinformationen und Verschwörungstheorien zu sein, sondern durch gezielte Filterfunktionen zu Gunsten bestimmter Meinungen des Trumpismus die Stabilität der amerikanischen Demokratie zu gefährden. Die unermesslich reichen Tech-Milliardäre wie *Jeff Bezos* oder *Mark Zuckerberg* sind etwas zurückhaltender als *Elon Musk*, aber auch Exponenten wie *Peter Thiel* fallen mit ihren Visionen einer anderen Gesellschaft auf. Anarcho-Influencer wie *Curtis Yarvin* wollen den gesamten Staatsapparat zurückbauen. Manches mutet an wie der Versuch, eine Aristokratie digitaler Technik-Mogule zu etablieren, wieder andere wollen Amerika und den Westen retten durch die Wiederbelebung einer uramerikanischen Eroberungsmentalität derjenigen, die westwärts ziehen mit überlegener Technik und rücksichtsloser Tatkraft. Die politische Linke sieht hierin einen Welteroberungsplan, eine Machtergreifung, zumindest einen gewaltigen Rechtsruck. Es könnte womöglich auch „nur" eine diffuse, wenngleich massive Protestbewegung gegen Überregulierung und gesellschaftspolitische Fehlsteuerung und Bevormundung sein.

Verlust von Kulturtechniken und Aufstieg neoreligiöser Erweckungserlebnisse

Unbestreitbar ist jedoch, dass sich etwas im Wurzelgeflecht der öffentlichen Kommunikation geändert hat:

> „Die „Tech-Bros" tauschen sich vor allem in Gruppenchats aus. Darin treffen sie sich auch mit rechten Influencern und Politikern um Trump. Ein Mitarbeiter von Marc Andreessen setzte seit der Corona-Pandemie Dutzende dieser Chats auf dem Messenger-Dienst Signal auf, in denen Ideen und Memes massenweise hin- und hergeschickt wurden."[98]

Das Netz hat längst die Schwerpunkte der Kulturtechnik von textbasierter Informationsaufnahme und Meinungsbildung verändert – weg von der Aufnahme längerer Texte wie aus einem Zeitungsartikel oder gar aus einem Buch hin zu plakativen Überschriften als textliches Fast-Food und vor allem hin zu Videoclips und personaler Performance des „Influencing". Die literarische Entwöhnung durch das Netz führt womöglich zu einer strukturellen Leseschwäche auch akademischer Schichten. Der Trend befördert jedenfalls die Politisierung des Gefühls ebenso wie eine volatile Emotionspolitik mit Zügen neoreligiöser Erweckungserlebnisse.

In Deutschland und Europa neigen viele dazu, das Netz für nahezu alle Fehlentwicklungen der Demokratie verantwortlich zu machen und rufen danach, es Schritt für Schritt immer stärker zu regulieren, damit es als Instrument der Delegitimierung des Verfassungsstaates, als sprudelnde Quelle für Fehlinformationen, als Raum zur Verbreitung von Hetze und Hass an Bedeutung verliere. Der australische Gesetzgeber möchte junge Menschen bis zum Alter von 16 Jahren am besten ganz von den sogenannten sozialen Medien fernhalten.[99]

Verfeindlichung der Lager: Wer zerstört Meinungsfreiheit und Demokratie?

Doch bevor die Europäische Kommission mit weiteren Regelungsvorschlägen dieses Gefühl der Bedrohung aus dem Netz bedient, bleibt die Antwort auf die Frage offen, ob man wirklich alles dem Netz anlasten kann, was als Erschütterung im Inneren der Demokratien wahrgenommen wird. Und man sollte vorsichtig sein mit Begriffen wie „Delegitimierung“ und allzu heftigen Abwehrreaktionen. Ja, es stimmt: Das Netz hat unter dem Schutz von Anonymität nicht nur den Informations- und Meinungsraum erweitert, sondern zugleich eine (Un)kultur von Hass und Hetze befördert.

Vorsicht ist geboten, wenn plötzlich eine im politischen Raum nicht allzu unübliche, wenngleich ungehörige Bezeichnung eines Wirtschaftsministers als „Schwachkopf“ durch das Posting eines entsprechenden Bildes für eine Hausdurchsuchung durch die bayerische Polizei Anlass bietet[100] (dazu noch im Rahmen eines „Aktionstages“). Dann sollten bei liberal denkenden Menschen Alarmglocken schrillen. Man kann auch kritisch fragen, ob der in Deutschland 2021 eingeführte neue Straftatbestand der „Beleidigung einer im politischen Leben des Volkes stehenden Person“ mit der Androhung von bis zu drei Jahren Freiheitsstrafe (§ 188 StGB) wirklich einen Beitrag zur Wiederherstellung gesitteter Umgangsformen leistet oder auch als illiberale Überreaktion im Sinne einer Einschüchterung der Kritik an Politikern gesehen werden kann.

Aktion und Reaktion: Die agonale Dynamik innerer Verfeindlichung

Wichtiger als die strafrechtspolitische und verfassungsrechtliche Beurteilung solcher Maßnahmen könnte dabei noch etwas ganz anderes sein. Und das betrifft die Aufschaukelungs-Dialektik eines längst entbrannten inneren Kulturkampfs. Jede europäische Internetregulierung, die die Plattformen zur Löschung von Inhalten verpflichtet und auch manche Einzelmaßnahme bei so genannten Meinungsdelikten, wird von US-amerikanischen Akteuren wie *Elon Musk* und den von *Trump* beherrschen Republikanern als Angriff auf die Meinungsfreiheit mit Argusaugen verfolgt. Es geht nicht so sehr um politische Polarisierung, sondern es geht um die politische Kultur einer zunehmenden *Verfeindlichung* politischer Antipoden. „Verfeindlichung“ meint hier, dass die kriegerische Wahrnehmung, die dem Westen von außen aufgedrängt wird, längst auch im Inneren eine Entsprechung findet.

Ist Donald Trump ein „Faschist“ oder ein „Siegfried“, der den Drachen linker Kulturzerstörung bekämpft?

Manche Linke in den USA halten *Donald Trump* für einen Faschisten, der mit seiner neuen Präsidentschaft den Staatsstreich gegen die amerikanische Verfassung unternimmt. *Trump* und seine Unterstützer vom rechten Rand sind dagegen mit derselben Glaubensinbrunst davon überzeugt, dass der tonangebende linke Flügel der Demokraten mit seinen Multiplikatoren in Harvard, Hollywood bis zur Wallstreet nicht nur ein politischer Gegner ist, sondern mit seinem kulturrevolutionären Programm die gesamte amerikanische Identität zu zerstören drohe.[101] Beide Seiten glauben, dass ihr Weg den Westen stark macht und beide verdächtigen sich gegenseitig, ihn zu schwächen.

Das wachsende Unbehagen an der noumenalen Macht der „Intellektuellen"

Der Trumpismus kann indes auch als eine Art entgleistes Unbehagen an der *„noumenalen Macht"*[102] einer linksliberalen Meinungselite in Medien, Kultur und Wissenschaft gelesen werden. Diese Macht prägt mit ihren Begriffen das Sagbare, sie formt die Sprache, favorisiert oder verdammt sittliche Haltungen. Es geht um die *Rechtfertigung*[103] einer bestimmten politischen Haltung oder Richtung und damit um die Ausübung von Macht als *Prägekraft*[104] der Gefolgschaft und des Gehorsams. Sie lenkt die Aufmerksamkeit, die Themenwahl, die moralische Orientierung.

Ein Kennzeichen dieser – aus der rechten Perspektive als herrschend wahrgenommenen – noumenalen Meinungselite ist ihr postmoderner *Dekonstruktivismus*[105], der alle bestehenden (traditionellen) Kategorien oder Normen der Weltdeutung und sozialen Ordnung als gesellschaftlich konstruiert versteht und in diesen Ordnungen eine geronnene, versteckte Machtausübung sieht.[106] So wird einer Unterscheidung zwischen Geschlechtern jede biologische Begründbarkeit abgesprochen und sie als bloßes Machtmittel angeklagt.[107] Unterscheidungen der Rechtsordnungen zwischen Staatszugehörigkeiten oder Migrationskontrolle stehen unter dem Verdacht des heimlichen Rassismus.[108]

Entzauberung von links und Entzauberung von rechts

Diese von „links" verwendete kommunikative Technik der analytisch vorgetragenen Entzauberung oder auch Zerstörung heimlicher Machtstrukturen wird inzwischen von „rechts" einerseits als Angriff auf die Alltagskultur der normalen Menschen verstanden. Andererseits wird diese „Enthüllungstechnik" aber auch kopiert. Ähnlich „kritisch" unterwegs, gelangt die neue Rechte so zu einer Anklage des „tiefen Staates" oder der internationalen Verschwörung kosmopolitisch vernetzter „Volksfeinde".[109] Selbst demokratisch gewählte Politiker wie der israelische Premier *Benjamin Netanjahu* sehen sich von Strukturen des tiefen Staates bestehend aus einem linken Einverständnis von Gerichten, Behörden, Medien und Wissenschaftlern umstellt:

> „Menschen, die in den letzten Monaten mit Premierminister Benjamin Netanjahu zusammentrafen, hörten lange Reden, die aus einem der verschwörungstheoretischen Drehbücher von Oliver Stone stammen könnten. Er erklärte ihnen, dass er zwar wiederholt gewählt worden sei, das Land in Wirklichkeit jedoch von einem ‚tiefen Staat' kontrolliert werde. ‚Hier gibt es keine Demokratie, sondern eine Regierung aus Bürokraten und Juristen', sagte er."[110]

Widersprüche im global verwobenen Kulturkampf

Am Ende der vielen Enthüllungsgesten, der Verdächtigungsbereitschaft und der Zerstörungssemantik können nicht nur Orientierungsverluste, sondern auch die Vergiftung des öffentlichen Meinungsraums und wachsende Feindschaft der kulturkriegerischen Lager stehen. Der auf der internationalen Bühne militärisch und wirtschaftsstrategisch ausgetragene Machtkampf findet im Innern der Demokratien längst seine ideelle Entsprechung – und das keineswegs nur durch die von außen stammenden hybriden Angriffe auf den öffentlichen Meinungsraum. Der Kulturkampf zwischen links und rechts ist asymmetrisch verwoben mit dem islamisch-fundamentalistischen Protest gegen die westliche Modernisierung. Die antikolonialistisch gestimmte Linke hegt hier Sympathien mit dem „globalen Süden" und sieht in Israel keinen westlichen Verbündeten, sondern eine Speerspitze kolonialherrschaftlicher Unterdrückung. Der queere Protest gegen Israel und für die Sache Palästinas muss allerdings den Widerspruch aushalten, dass die Hamas, ebenso jeder andere islamische Fundamentalismus und auch der arabische Nationalismus für eine patriarchalisch autoritäre queerfeindliche Herrschaft stehen und keine liberalen Züge erkennen lassen.

Reicht die Etikettierung als Teil des angeblich „guten“ globalen Südens bereits aus, um über antimoderne und repressive Züge hinwegzusehen? Die ursprünglich antisemitisch grundierte politische Rechte steht in ähnlichen Widersprüchen, wenn sie heute antiislamisch aufgestellt ist und deshalb Sympathien für ein militärisch zuschlagendes Israel empfindet, zumal wenn es dabei noch Züge eines para-autoritären Regierens zeigt. Dort, wo die radikale Rechte völkisch und dahinter rassisch denkt, sickert der antisemitische Affekt dann aber doch durch die Ritzen einer anders bemalten Fassade.

In etwas abgeschwächter Form bestehen solche Widersprüche auch zum indischen politisch gewendeten Hinduismus oder zum chinesischen Nationalismus, der sich als Befreiung aus der imperialen Unterdrückung einer längst vergangenen, aber im Bewusstsein präsenten Kolonialherrschaft versteht und dabei auf der politischen Linken gewisse Sympathien erzeugen kann, während die Rechte den wirtschaftlichen und technologischen Erfolg ebenso respektiert wie den autoritären „Schneid“ der kommunistischen Führung.

Das attraktive Leitbild des westlichen Lebensstils bekommt Risse

Die westliche Welt verliert ihre Dominanz im geopolitischen Machtgefüge, und das eben nicht nur materiell. Wirtschaftliche Dynamik und technologische Innovationskraft verlagern sich im Schwerpunkt nach Asien, das aber (noch nicht) die USA als Motor der Entwicklung und als Garant für Leitwährung und Stabilität zu ersetzen vermag. Besonders von Europa aus gesehen erscheint gleichwohl die nach Osten weisende Kräfteverlagerung als Indikator für den historischen Abstieg des Westens. Er wird hier als Konsequenz einer neuen *multipolaren* Konstellation gedeutet. Von den USA aus gesehen erscheint der Abstieg nicht programmiert, die anbrechende Zeit wird eher in den Bildern einer neuen *bipolaren* Herausforderung nach dem Muster des Kalten Krieges gedeutet, mit amerikanischen Siegesaussichten. Von hier aus gesehen ist einigermaßen klar: Militärisch häufen sich die Angriffe auf westliche oder zum Westen strebende Demokratien und die Einschüchterungs- wie Lockungsversuche gegenüber ihren Verbündeten – das auch gerade wegen der kulturellen Anziehungskraft westlicher Werte.

Genau diese Stärke des „American way of life“[111] wird allerdings zweifelhaft, wenn die Konsistenz und Überzeugungskraft dieser Werte im inneren Kulturkampf zerrieben werden sollten. Denn der Westen erlebt eine Kulturrevolution seines Selbstbildes. Von der identitären politischen Linken wurde der Angriff besonders scharf vorgetragen. Die Gründungsmythen der Vereinigten Staaten aus dem Geist der Aufklärung stehen bei ihnen unter Verdacht, allzu unempfindlich gegen rassistisches Unrecht gewesen zu sein. Die Erben *George Washingtons* und *John Lockes* werden angeklagt, unter dem wogenden Banner der Freiheit die Unfreiheit vieler in Kauf genommen zu haben: die der Frauen, die der in den Südstaaten versklavten Afrikaner, denen zuerst im Zuge der Gründung der USA das Bürgerrecht und später die faktische Gleichstellung verweigert wurden. Diese Kritik ist historisch nicht falsch, sie reicht aber inzwischen viel weiter und wird an manchen amerikanischen Eliteuniversitäten mit einer großen Sympathie für den islamischen Aufstand gegen den Westen und mit einem kulturellen Selbsthass in Verbindung gebracht.[112]

Das alte Europa hat den Verlust seiner Weltgeltung als Ergebnis zweier Weltkriege und seiner gescheiterten Kolonialpolitik noch nicht verarbeitet. Das globale Schicksal entscheidet sich nicht mehr in Frankreich, England oder Deutschland. Die geografische Peripherie des alten Kontinents in Nordafrika, im Nahen Osten und in Osteuropa ist längst instabil; die EU wird von antiwestlichen Regionalmächten herausgefordert. Es schwinden verlässliche Partner einer multilateral balancierten Politik. Gerade in Deutschland ist die Nation als Identitätsangebot systematisch abgebaut worden, selbst in der vom Grundgesetz konzipierten weltoffenen liberalen Form. Im Innern sind viele Staaten der EU ähnlich gespalten wie die USA, die öffentliche Meinungsbildung ist ebenso fragmentiert wie volatil. Während große Menschheitsthemen wie die Begrenzung der globalen Erwärmung in allen öffentlichen Räumen präsent sind, öffnen sich die alten Nationalgesellschaften für Einwanderung, häufig unkontrolliert und ebenso für neue Ideen, deren Validität und Seriosität kaum noch geprüft werden.

Ideelle Entkernung der Mitte und Radikalisierung der Ränder

Die politische Linke sieht sich als progressiv. In der Tradition der politischen Aufklärung setzt sie auf Emanzipation und Befreiung. Doch die alten konservativen Gegner sind schwach geworden oder verschwinden, die neuen spielen nicht nach den alten Regeln. Der Kampf gegen traditionelle Rollenbilder hat alte herrschende Normalitätserwartungen verdrängt. Der Kampf für Befreiung von ungeprüften, hergebrachten Klischees, gegen Unterwerfungsrituale und verkrustete Rollenbilder war etwas, das die liberale Mitte und die politische Linke verband. Man durfte sich mit einigem Recht als progressive Speerspitze verstehen für einen Humanismus, der den Menschen und seine Selbstentfaltungsansprüche in den Mittelpunkt stellt.

Die Emanzipation als Befreiung aus einer vorgefundenen und gesellschaftlich vorgefertigten Unmündigkeit entsprach dem politisch zugespitzten Programm der Aufklärung, die alles politisch und gesellschaftlich Gewachsene an diesem Maßstab hinterfragt. Doch die identitäre und postkoloniale Linke geht weit darüber hinaus. Sie wittert in jeder Geschlechtsidentität, in jedem Rollenklischee, ja selbst in den Grundlagen der Privatautonomie und Vertragsfreiheit verborgene Muster historisch geronnener weißer, männlicher Macht. Eine offene Gesellschaft hält das aus und kann das „verarbeiten“, wenn in der Mitte die Fähigkeit zur liberalen Adaption des Protests besteht und an den Rändern ein grundsätzlicher Respekt vor dem Gegner besteht und auch eine Neigung zum „Marsch durch die Institutionen“.

Dialektik der Verfeindlichung

Vieles deutet heute auf neue wechselwirkende Blockaden hin. Es entstehen Radikalisierungen auf einem größer werdenden Feld der Verfeindlichung. Während Teile der politischen Mitte mit Sympathie auf das Regenbogenambiente schauen, werden die Proteste aus dem Raum des Rechtspopulismus ebenso schärfer wie die kompromisslose postkolonial gespeiste Unterstützung der Sache der Palästinenser gegen den jüdischen Staat. Auch aus dem vorherrschenden Meinungsspektrum des sogenannten Mainstreams mehren sich Forderungen nach Systemüberwindung und grundlegender Transformation, nach einer Wirtschafts- und Gesellschaftssteuerung, die – wenn sie wirtschaftsdirigistisch und verhaltensüberwachend angelegt sind – mitunter Ähnlichkeiten mit chinesischen Vorstellungen einer politisch gelenkten Gesellschaft zeigen.

III. Volatile Gesellschaft: neue Einflusskanäle von links und rechts

Die Verwandlung der öffentlichen Meinung ist nicht die einzige Ursache für Erschütterungen im Fundament der Demokratien. Die Gesellschaften sind insgesamt weniger fest organisiert als das der Vergangenheit pluralistischer Ordnungen entsprach, die von Verbänden, Gewerkschaften oder von kirchlichen oder regionalen Milieus stark geprägt wurden. Menschen sind dem Zugriff solcher Organisationen entwachsen, die früher in einer halbwegs berechenbaren Weise zwischen dem Staat und dem Individuum standen. Intermediärer Einfluss verläuft heute über andere Kanäle. NGOs, ihre publikumswirksamen Aktionen mit den transnationalen Verbindungslinien haben eine einflussreiche Öffentlichkeit geschaffen. Heute werden sie teilweise überholt durch von auch von rechts kommenden Netzakteuren und Influencern, die ebenfalls den öffentlichen Meinungsraum prägen. Politische Aktivisten können ebenso tief wirken, wie diejenigen, die es verstehen, das TikTok-affine jüngere Publikum anzusprechen oder auch weniger bildungsaffinen Nutzern die Welt zu erklären.

Die stark individualisierte Gegenwart, die volatile Gesellschaft sucht immer wieder neu nach Angeboten, auch zur Stärkung persönlicher Identitätserlebnisse. So wirkt heute das Individuum noch stärker vereinzelt (granuliert),[113] dies führt zu volatilen Stimmungslagen und wechselnden Meinungstendenzen, allerdings auch zu einer neuen Sehnsucht nach mehr Klarheit und geistiger Führung.

In der volatilen Gesellschaft wechseln nicht nur Stimmungen rascher. Es verändert sich auch die Bevölkerungsstruktur durch Alterung und Einwanderung ebenso wie durch neue Disparitäten in der Bildungs- und Arbeitswelt, etwa wenn gut bezahlte Industriearbeitsplätze in der Automobilindustrie weniger werden, in der IT-Branche neue Wertschöpfungsmöglichkeiten entstehen oder der Niedriglohnsektor oder der öffentliche Dienst an Umfang zunehmen.

Zur veränderten Lebens- und Erwerbswelt gehören nicht nur die Wirklichkeit von Schulen und Elternhäusern oder wirtschaftliche Entwicklungen, auch die gesellschaftliche Typisierung von Lebensentwürfen verändert sich deutlich. Kulturelle und religiöse Umwertungen dessen, was noch vor kurzem als Normalitätsvoraussetzung ganz selbstverständlich schien, verschieben die Fundamente, auf denen der bisherige Erfolg republikanischer Demokratien beruhte.

Wechselt der Konservatismus das politische Lager von rechts nach links?

Die neue Beweglichkeit der Stimmungen oder die Befreiung aus den Zugriffen von Verbänden und Autoritäten sollte nicht verwechselt werden mit einer progressiven Dynamik. Veränderungen können Fortschritt oder Innovation bedeuten, aber sie müssen es nicht. Die volatile Gesellschaft trägt auch Züge eines neuen Strukturkonservatismus. Manche Beobachter übersehen, dass der Konservatismus einer Gesellschaft einem steten Wandel ausgesetzt ist. Was gestern noch fortschrittlich war, ist morgen das Festhalten am Vergangenen. Diejenigen, die sich heute noch als „progressiv" verstehen, weil sie den Sozialstaat ausbauen oder verteidigen wollen, sind vielleicht längst schon strukturkonservativ. Wer gestern die Gesellschaft in Richtung Nachhaltigkeit umbauen wollte, ist vielleicht heute schon jemand, der dem technologischen Fortschritt oder der Entfesselung einer wirtschaftlichen Dynamik im Wege steht. Einfach ausgedrückt: „Links" kann auch „konservativ" sein. Ein konservatives Potential (keineswegs damit ein notwendig politisch „rechtes" Potential) wächst mit der Alterung einer Gesellschaft und mit einer längeren Wohlstandserfahrung.

„Rechts" und „Links" im Kaleidoskop der volatilen Gesellschaft

Die politische Linke in Deutschland forciert den Kampf gegen „Rechts". Keine seriöse Partei, kein auf seine Reputation bedachter Mensch will noch „rechts" sein. Auch die Parteien der Linken wie Grüne und SPD sind nach eigenem Verständnis plötzlich „Mitte". Da kann ein CDU-Parteivorsitzender schon einmal unter die Räder kommen, wenn er im Wahlkampf zur Bundestagswahl 2025 von Demonstranten mit roten und bunten Fahnen nach rechts außen transportiert wird. Auf der anderen Seite der politischen Landschaft bezeichnet eine AfD-Kanzlerkandidatin im Gespräch mit *Elon Musk* die Nazis als „links"; sie erinnert sich offenbar vage an *Sebastian Haffner*, der in den siebziger Jahren *Hitler* und seine Nazis schon einmal (auch) als „links" eingeordnet hatte. Was ist los mit den vertrauten Schubladen der parlamentarischen Sitzordnung?

Wo steckt der Konservatismus unserer Tage?

Die neue volatile Gesellschaft wirkt wie ein Kaleidoskop, das die herkömmlichen Lager und ihre Begriffe gehörig durcheinanderwürfelt. Es fehlen Wille oder Zeit, irgendetwas sauber zu definieren. Als extremistisch galten früher politische Kräfte, die ihre Ziele mit Gewalt und Rechtsbruch durchsetzen oder die nur deshalb an die Macht wollten, um die demokratische Ordnung in eine Diktatur zu verwandeln. Beim häufig schon verpönten Begriff des „Konservativen" wird übersehen, dass die bewahrende Haltung immer relativ zum Entwicklungsniveau einer Gesellschaft ist. Im 19. Jahrhundert wollten preußische Konservative ihre Herrenrechte als Gutsbesitzer verteidigen, das wirkte bereits damals rückwärtsgewandt und fortschrittsfeindlich. Doch wer 1932 mit dem Reichsbanner Schwarz-Rot-Gold die Weimarer Verfassung verteidigte,[114] war doch auch konservativ in einem edlen Sinne, während die Gangsterpartei der Nazis sich als „fortschrittlich" und als „junge Bewegung" etikettierte.

Wenn eine Gesellschaft sich mehrheitlich entschließt, nicht mehr „modern“ zu sein, wird der Anhänger der Moderne konservativ. Wirkt nicht heute mancher Liberale, der an Aufklärung und persönlicher Selbstbestimmung festhält, bereits „konservativ“?[115]

Die populistische Revolte der Libertären

Unterhalb der üblichen politischen Lagerbildung wirken konservativ vor allem habituelle Standards. Sie belegen häufig eine Risikoscheu, Unbehagen bei neuer Technik, aber auch naives Vertrauen in die Unverbrüchlichkeit aufgeklärt-moderner Weltdeutungen oder ein starres Festhalten an alten Feindbildern, verbunden mit der Unfähigkeit, den Wandel der Gesellschaft neu und konstruktiv deuten zu wollen. Doch die lebensweltlichen Veränderungen schlagen zurück in den politischen Raum. Es ist längst nicht nur ein ausgeprägter sozialstaatlicher Konservatismus entstanden, den die politische Linke besetzt hält und den neuerdings auch die radikale politische Rechte als ihr Hausgut beansprucht.

Libertäre Einstellungen nach dem Muster des argentinischen Präsidenten *Javier Milei* wenden sich einerseits gegen die „linke Unbeweglichkeit“. Sie drängen auf drastische Veränderungen, weil sonst die Wirtschaft „nicht mehr laufe“ und damit das fundamentale Bündnis zwischen Demokratie und einem Markt, der verlässlichen Wohlstand hervorbringt, ins Wanken gerate.[116] Dieser rabulistische Ruf nach Veränderung ist begleitet von einem neuen, indes wiederum traditionell anmutenden Konservatismus, der Familie und Nation hochhält. Der libertäre Trumpismus führt (auch) einen Kulturkampf gegen die identitätspolitische neue Linke um die Erhaltung alltagsweltlicher Traditionen und herkömmlicher Rollenverständnisse einschließlich der damit verbundenen praktischen Normalitätserwartungen. Der Trumpismus sieht sich als bewahrender Freiheitskämpfer gegen eine absichtsvolle und repressive Politisierung ziviler Lebensverhältnisse und als Wortführer der intellektuell planmäßig abgehängten einfachen Leute, deren Alltagsverstand nichts mehr zu gelten scheint. Der Kampf gegen Diversitätsprojekte oder

Gendersprache ist insofern Teil einer asymmetrischen Neuordnung politischer Lager.

Normalitätserwartungen

Mit den flatternden Fahnen des Kulturkampfs verbunden sind handfeste wirtschaftliche Interessen mancher Protagonisten, aber auch legitime Erwartungen der Bürger, die Populisten wählen. Zu solch praktischen Normalitätserwartungen gehört etwa eine gut funktionierende öffentliche Infrastruktur und eine stets geschmeidige, gesicherte Versorgungslage, erschwinglicher Wohnraum. Defizite, übermäßige Kostensteigerungen oder Leistungsverluste werden rasch zu politischen Systemfragen. Für das Ansehen der Demokratie ist eine mangelnde Handlungsfähigkeit des Staates noch nachteiliger als Veränderungen der öffentlichen Meinungsbildung. Die Stabilität der Demokratie leidet, wenn der Eindruck im Publikum wachsen sollte, dass die Politik unfähig sei, die Probleme der Zeit zu lösen, weil sie um sich selbst kreise oder das Personal schwächer werde. Viele schauen auf politische Akteure, die in immer dichter werdenden rechtlichen Bindungen, konfrontiert mit den Geboten einer politischen Moral und in überstaatlichen Verpflichtungen, irgendwie allzu sehr „verstrickt" scheinen. In ihren Augen hat die parlamentarische Demokratie den Kontakt zur Wirklichkeit verloren. Die klassische Politik, wie sie von Parteien, ihren Anführern und in Parlamenten gemacht wird, wirkt irgendwie kraftlos, entmachtet und gefesselt wie der große Gulliver.

Die Herrschaftstechnik der Diskursverengung: Wie umgehen mit Klimaleugnern?

Das Phänomen der *Verfeindlichung* im öffentlichen Meinungsraum wird erlebbar und belegbar durch eine Verengung des Diskursraums. Viele in der politischen Mitte erleben das als eine schwer fassbare „linke" Meinungsherrschaft. Der ehemalige SPD-Vorsitzende *Sigmar Gabriel* diagnostiziert:

> „Es gibt in der politischen Linken weltweit einen sehr verbreiteten Hang zum Jakobinertum: Wenn jemand von der gerade herrschenden Linie abweicht, wird schnell der Wohlfahrtsausschuss zusammengerufen und der politische Garaus vorbereitet."[117]

Wie auch immer man das politischen Richtungen zurechnet, als mediale Herrschaftstechnik hat sich die Verengung von Diskursräumen durch rasche Konformitätszumutungen „bewährt" – indes mit unerwünschten Nebenwirkungen. Dabei besteht eine eigentümliche Kombination aus angemaßtem Wissen und überzogener moralischer Selbstgewissheit.

Die Eurorettungsmaßnahmen (2010 bis 2012) waren politisch umstritten. Sie wurden aber mit einem neu anmutenden Mechanismus zuerst der „Alternativlosigkeit" (*Angela Merkel*), dann des „Whatever it takes" (*Mario Draghi*) rascher und wirksamer stillgestellt als das in Debatten mit vergleichbarem Gewicht üblich war. Beide Maßnahmen (die Gewährleistung für griechische Kredite und die Ankündigung von Anleihekäufen durch die EZB) waren vermutlich sachlich „richtig", jedenfalls gut begründbar. Doch die moralische Aufladung des Diskurses und die Krisensemantik sorgten dafür, dass jeder Kritiker an den Maßnahmen schnell zum Feind der europäischen Integration wurde. Selbst der ausgewiesene Pro-Europäer *Wolfgang Schäuble*, damals Bundesfinanzminister, geriet in diesen Verdacht, als er das (vorübergehende) Ausscheiden Griechenlands aus dem Euro-Währungsraum in Erwägung zog.[118]

Diskursverengung unter dem Banner der vernünftigen Krisenbewältigung

Der Verengungsmechanismus wirkte zumal im Krisenmodus über die moralische Aufladung und den Alleinvertretungsanspruch in Richtung „Vernunft" als Ausgrenzung derjenigen, die das Pech hatten, nicht auf der vorgegebenen Linie zu liegen. Das erzeugte bei einigen eine erhebliche „Diskurs-Frustration". Sie blieben entweder wütend mit der geballten Faust in der Tasche zurück oder aber sie gründeten eine neue Partei (AfD 2013), und zwar aus diesem Grund und *vor* der Migrationsdebatte. Mit der Migrationskrise 2015 wurde dieser Mechanismus einer schnellen moralischen Imprägnierung und dem Anspruch einer Alternativlosigkeit des gewählten Handelns verstärkt angewendet. Das hatte, wie zu erwarten, auch entsprechend stärkere negative Folgen. In Meinungsumfragen 2015/2016 schoss die bis dahin schon wieder (nach Abklingen der Eurokrise) unter 5 % dümpelnde AfD auf eine zweistellige Zustimmungsrate, die heute auf ein Viertel der Wählerstimmen im Bund angeschwollen ist.

Eine zeitliche und sachliche Diskursverengung lässt sich in Deutschland bei der Entscheidung für den Ausstieg aus der Kernenergie, dem Kohleausstieg oder der Weichenstellung für Elektromobilität oder im Umgang mit der Covid-Pandemie verfolgen.[119] Dabei geht es an dieser Stelle nicht darum, was politisch oder sachlich richtig oder vorzugswürdig war oder ist, sondern um die Beobachtung, dass Kritiker einer bestimmten vom „Mainstream" für richtig gehaltenen Maßnahme damit rechnen mussten, nicht nur als legitime Andersdenkende oder Regierungskritiker gebucht, sondern als *Verweigerer des von der Vernunft oder der Moral Gebotenen* hingestellt zu werden.

Angemaßtes Wissen und die Ausgrenzung der Unwissenden

Auch wenn man einen Kraftausdruck wie den von der „Diktatur der Wissenden" mit guten Gründen vermeiden wird, so bleibt doch ein grundlegendes Problem für den öffentlichen Meinungsraum. Wer im Besitz der „Wahrheit" ist oder sich darin wähnt, wird ebenso unduldsam gegenüber Abweichlern wie diejenigen, die das „Gute" als absolute Richtschnur erkannt zu haben meinen.

Die Abweichler dagegen erleben sich als Opfer einer Ausgrenzung und Stigmatisierung. Die wissenschaftliche Beglaubigung politischer Positionen verengt ähnlich wie deren moralische Unterlegung den „Korridor des Vertretbaren". Das ist für die einen ein Gebot der Vernunft oder des Anstandes, aber für die anderen der Ausdruck einer Intoleranz der „Herrschenden" im öffentlichen Meinungsraum, der dann rasch zu einem heimlichen Einverständnis der international vernetzten Eliten gerahmt wird. In der Corona-Pandemie gab es Querdenker und Corona-Leugner, in der Debatte über die Bekämpfung der globalen Erwärmung gibt es den Typus der Klimaleugner. Bereits diese Begriffsbildungen sowie ihre gesellschaftlichen und politischen Effekte deuten auf eine Zuspitzung kommunikativer Verhältnisse im öffentlichen Meinungsraum hin. Sie markieren scharfe, verletzende Verkantungen der politischen Kultur.

Ist die Unwahrheit von der Meinungsfreiheit geschützt?

Wer an die Wahrheit nicht nur als regulatives Prinzip des Erkennens glaubt, sieht gerade im rechtspopulistischen „Netzwerk der Lügen" von *Fox-News*, *X* und *Trump* eine (wenn nicht sogar) *die* zentrale Gefahr für die Demokratie. Auch hier gehört zur Verfeindlichung des politischen Raumes, dass die Trumpisten eine Lüge im Sinne einer unbelegten Tatsachenbehauptung („Einwanderer essen Katzen und Hunde") rechtfertigen (oder *damit* ihren Charakter als Lüge bestreiten), wenn die falsche Tatsachenbehauptung nach ihrer Meinung etwas aufdeckt, was im Nebel der von der Gegenseite beherrschten und politisch zugerichteten Faktenlage verborgen wird.

Im deutschen Verfassungsrecht gibt es eine Diskussion, ob die unwahre Tatsachenbehauptung überhaupt vom Grundrecht der Meinungsfreiheit geschützt sei.[120] Aus einer liberalen Perspektive wird man hier sehr vorsichtig sein, weil Wahrheit zwar manchmal klar auf der Hand liegt, aber in vielen Fällen umstritten oder jedenfalls nicht einfach feststellbar und beweisbar ist. Entsprechend vorsichtig formuliert das Bundesverfassungsgericht:

> „Für die Verbreitung unwahrer Tatsachenbehauptungen gibt es dagegen in der Regel keinen rechtfertigenden Grund. Das bedeutet aber nicht, dass unwahre Tatsachenbehauptungen von vornherein aus dem Schutzbereich der Meinungsfreiheit herausfallen."[121]

Außerhalb des Schutzbereichs der Meinungsfreiheit sollen nur „bewusst" unwahre Tatsachenbehauptungen liegen sowie solche, deren Unwahrheit bereits im Zeitpunkt der Äußerung „unzweifelhaft" feststehe.[122] Die Jahrzehnte zurückliegenden Entscheidungen des Bundesverfassungsgerichts heben noch auf ein überwiegend rein kognitiv verstandenes Problem ab. So lange etwas ungewiss sei, dürfe man die abweichende Meinung nicht aus dem Schutzbereich der Meinungsfreiheit ausgrenzen. Die Verhältnisse haben sich inzwischen verschärft, weil gezielte Intoleranz zunimmt und Gelassenheit im Umgang miteinander schwindet. Nicht nur in den internationalen Beziehungen, sondern auch im inneren Meinungsraum der offenen Gesellschaften findet jene genannte „Verfeindlichung" auch und gerade im *Kampf um Fakten* statt. Es entsteht inmitten der zivilisierten Friedensordnung ein agonales Klima um die Meinungsherrschaft – und zwar nicht als zivilisierter Kampf unter pluralistischen Eliten, sondern als Kampf gegen mediale oder universitäre Eliten, die pauschal dem feindlichen Lager zugerechnet werden.

Leugnen aus Prinzip? Oder Trotzreaktion gegen den Paternalismus der Wissenden?

Diejenigen, die Opfer des verengten Diskursraumes sind, erweisen sich gar nicht so selten auch als diejenigen, die diese Rolle gerne annehmen und aus der Opferposition heraus die herrschende Meinung nicht nur als *herrschende* Meinung angreifen, sondern als systematische Verschwörung anprangern. Wer bei sensiblen Themen einmal „danebengreift", kann sich rasch auf die abschüssige Bahn des Exkommunizierten gesetzt fühlen, er wird aus der seriösen Gesellschaft verabschiedet, kann allerdings dann von den Strömungen einer untergründigen „Opposition" profitieren.

Die so zumeist nach rechts außen Beförderten nehmen mitunter deshalb diese Rolle an, weil sie im Protestmilieu Publizität, Buchauflage und neue Fangruppen verspricht. Triebfeder kann auch die Empörung über das erlittene Schicksal der „Ausgrenzung" sein, die die Bereitschaft weckt, noch nachzulegen. *Thilo Sarrazin*, immerhin einst sozialdemokratischer Landesminister und Bundesbankvorstand, ist seit seinem Millionen-Seller „Deutschland schafft sich ab" (2010) ein solches Beispiel auf dem Feld der Einwanderungsdebatte. Im Klimabereich öffentlich etwas weniger bekannt als *Sarrazin* ist *Fritz Vahrenholt*. Er gilt wohl nicht zu Unrecht als ein Klimaleugner.[123] Das weckt Aufmerksamkeit, weil *Vahrenholt* seit seinem Bestseller von „Seveso ist überall" (1978) als einer der geistigen Gründerväter der deutschen Ökologiebewegung gilt und auch als Hamburger Umweltsenator der SPD in den neunziger Jahren bekannt wurde. Das Prädikat „Klimaleugner" ist insofern nicht unverdient, weil er im Jahr 2012 ein Buch als Mitautor veröffentlicht hat, das den Einschätzungen des Weltklimarats frontal entgegentritt, in dem es die gegenwärtige Erderwärmung vor allem auf Änderungsprozesse der Sonnenaktivität zurückführt[124], eine These, die wissenschaftlich keinen Halt findet. Jemand wie *Vahrenholt* hat sich mit dem Titel „Klimaleugner" so weit aus dem Diskurs hinausbewegt, dass weitere Bücher von ihm eher am rechten Rand des politischen Spektrums beachtet werden. Und doch findet er dort eine womöglich sogar wachsende „Gemeinde" derjenigen, die sich bei all der *Alternativlosigkeit der Großen Krise*[125] um die bloße Möglichkeit von Gegenpositionen sorgen, selbst wenn diese Positionen ersichtlich wissenschaftlich nicht belegbar sind.

Die fatalen Mechanismen der Häresie

Für einen vernünftigen Menschen ist klar, dass die globale Erwärmung und ihre Verursachung durch menschlich initiierte Stoffwechselprozesse feststehende Fakten sind. Der entsprechende Tatsachenzusammenhang ist wissenschaftlich unbestritten. Klimaleugner oder Klimaskeptiker gelten deshalb bestenfalls als verwirrte, regelmäßig aber als bösartig handelnde, feindselige, von Lobbyisten unterstützte oder manipulierte Menschen.

Und doch täuscht die Vorstellung, das Problem liege allein auf der „Sachebene" und könne mit naturwissenschaftlicher Exaktheit gegen die plumpe Lüge und gegen die bösartigen Kräfte der „Delegitimation" entschieden werden. Aus übermäßiger Selbstgewissheit der

Wissenden entsteht (wie in Glaubensfragen) rasch ein Mechanismus der Häresie, der immer auch Solidarisierungseffekte für die Ausgestoßenen erzeugt. Die „Emotionalisierung des sachlich Richtigen" und die Verdächtigung der „Anders-(Falsch-)denkenden" als bösartig kann zum Kommunikationsabbruch führen und begünstigt dann die Fragmentierung der Gesellschaft in verfeindete Lager.

Klimaleugner bewegen sich außerhalb der vernünftigen und sittlichen Kommunikationsgemeinschaft, weil sie den Wahrheitsanspruch von Wissenschaft leugnen oder relativieren.[126] Kann man solchen Menschen „entgegenkommen", soll man sich bemühen, sie zu verstehen – oder ist man dann schon selbst auf dem Weg in die Irre? Gehört die Missachtung klimapolitischer Fakten zur Normalität einer freien Gesellschaft oder ist es Beleg einer Erosion demokratischer Verständigungsmöglichkeiten? Eine rechtspopulistische Partei wie die AfD, aber auch große Teile der US-amerikanischen Grand Old Party, die Republikaner,[127] verharmlosen oder leugnen die wissenschaftlich offen zutage liegenden Zusammenhänge. Wenn man das „verstehen" und deuten will, kann man darin entweder eine rechte Verschwörung sehen, die eine ganze Gesellschaft auf einen falschen Kurs des Wahnsinns und der fossilen Interessenlobby bringen will oder aber umgekehrt den medial wirksamen Versuch, sich (mit der Auflehnung gegen wissenschaftlich beglaubigte Fakten) aus Zwängen eines links-ökologischen Themensettings zu befreien, ein Setting, dessen Tunnelblick man dann eben auch als eine Gefahr für die Entfaltung von Stärke der USA im Machtkampf mit China sieht.

Wechselseitige Vorwürfe: Demontage der Demokratie

Mit dem wechselseitig erhobenen Vorwurf, das andere Lager demontiere die Demokratie, gefährdet sich das System der Demokratie. Es verstärken sich Abschottungstendenzen, eine Fragmentierung des öffentlichen Meinungsraums, weil nicht mehr gestritten wird um die Austarierung von Gemeinwohlbelangen oder den effizienten Mitteleinsatz. Es ist (wirtschafts)wissenschaftlich gesehen ausgesprochen ungesichert, ob die EU-Klimapolitik oder der deutsche Weg, Klimaneutralität für Deutschland bis 2045 um jeden Preis zu erreichen, rational und effizient sind, ob sie wirklich einen nennenswerten Beitrag leisten, die globale Klimaerwärmung zu begrenzen, insbesondere ob sie nicht lediglich eine Verlagerung klimaschädlicher Emissionen in dynamischere Weltregionen als das alternde Europa verursachen. Der ehemalige britische Premier *Tony Blair* hat im Frühjahr 2025 seine Labour-Partei erheblich irritiert, als er entsprechende Zweifel an der britischen Klimapolitik anmeldete.[128]

In der klimapolitischen Debatte geht es allzu häufig um „Glaubensgewissheiten" und eine mitlaufende Metaerzählung von Verschwörungen der Eliten gegen das Volk oder der Rebellion der Dummen gegen die Vernunft. Die kommunikative Crux bei der Sache liegt allerdings auch darin, dass mit der Verfeindlichung der Lager eine Verhinderung von Diskussionen stattfindet, beispielsweise über effiziente Maßnahmen gegen die Klimaerwärmung oder zum Schutz vor den Folgen dieses Vorgangs. Pragmatische Lösungen bleiben so auf der Strecke, wenn quasi-religiöse Emotionalisierungen wie im Kampf gegen die Atomenergie nach dem manichäischen Muster von Gut und Böse die Schubladen moralisch öffnen und schließen. Solche medialen Herrschaftstechniken sind Wasser auf die Mühlen der tatsächlichen Klimaleugner, denen damit Verbündete zugetrieben werden, die von der Ausgangslage im Meinungsspektrum her gesehen gar keine sind.

E. Der Kampf um Wissen und Kultur

I. Zukunftswissen als Problem

Offene Gesellschaften und ihre Lernfähigkeit

Demokratien galten bislang ihren autokratischen Gegnern als überlegen, weil sie nach der Grundanlage ihrer gesellschaftlichen Organisation offener und lernfähiger sind. Diese Überlegenheit verringert sich, wenn Diktaturen Spielräume für soziale und technologische Mobilisierung sowie Marktkräfte einigermaßen überlegt nutzen, wie das bei China der Fall ist. Die Überlegenheit liberaler Gesellschaften kann allerdings auch selbst verspielt werden, wenn die im Prinzip gegebene Lernbereitschaft im Zuge der Entwicklung eingeschränkt wird. Wenn Strukturen verkrusten und nicht mehr verändert werden können, nutzt bessere Einsicht in das Notwendige nur noch als melodische Untermalung eines immerwährenden, aber folgenlosen Lamentos. Solche Vorwürfe werden etwa in Bezug auf den Entwicklungsstand sozialer Sicherungssysteme laut.

Die zwei Gesichter der öffentlichen Meinung

Eine ganz andere Problemlage entsteht, wenn durch Veränderungsprozesse im demokratischen Prozess nicht Offenheit, sondern Lernblockaden entstehen. Der Bielefelder Soziologe *Niklas Luhmann* hat die verfassungsrechtliche Selbstverständlichkeit, dass Demokratien sich von öffentlichen Meinungen „abhängig machen“, unter dem Blickwinkel einer rationalen Gesellschaftsorganisation auch als Problem gesehen:

> „Weit mehr als andere Funktionssysteme macht das politische System sich selbst von der öffentlichen Meinung abhängig. Für die Politik ist die öffentliche Meinung einer der wichtigsten Sensoren, dessen Beobachtung die direkte Beobachtung der Umwelt ersetzt. Themen der öffentlichen Meinungen, Meldungen und Kommentierungen in Presse und Funk haben für die Politik jene offensichtliche Relevanz, die mit ihrer Offensichtlichkeit zugleich verdeckt, was tatsächlich der Fall ist."[129]

Die öffentliche Meinung reagiert nicht einfach nur auf etwas, das „objektiv" geschieht. In ihrem kommunikativen Kosmos entsteht immer auch eine zweite, eine eigene Wirklichkeit. Sie kann durchaus klug auf die reale Welt eingestellt sein, sie muss es aber nicht. Öffentliche Meinungsbildung kann genauso gut eine operativ geschlossene, sich selbst verstärkende und bestätigende Traumwelt abbilden, die an der Realität komplett vorbeigeht. Wenn die öffentliche Meinung ein Thema in den Vordergrund rückt oder bestimmte Grundpositionen als geboten oder für sakrosankt erklärt, wenn sie öffentlichen Protest gegen bestimmte politische Richtungsentscheidungen lautstark und sichtbar zu mobilisieren versteht, dann hat das gravierende Folgen für den politischen Bewegungsspielraum.

Marketing des Politischen als Kampf um Meinungsherrschaft

Politische Macht wird im öffentlichen Meinungsraum nicht nur beobachtet und kontrolliert, sondern zugleich *konstituiert*. Sie ist in bestimmten Situationen sogar das eigentliche Momentum politischer Macht und nicht so sehr die institutionell berechtigten Mandats- und Amtsinhaber, die in manchen Fällen wie Getriebene volatiler Stimmungslagen oder von Kampagnen wirken können.[130] Die Kampagnen-Macht konzentriert die öffentliche Aufmerksamkeit auf ein Thema, will es beherrschend machen. Das gelingt natürlich nicht immer und kann dann Aktivisten entmutigt zurücklassen. Wenn es aber gelingt, handelt es sich regelmäßig um das Zusammenspiel verschiedener Faktoren: alltagsweltliche Evidenz, wissenschaftliche

Beglaubigung, Zukunftsgewissheit, moralische Eindeutigkeit, Passgenauigkeit mit Interessen eines größeren Wählerpublikums oder einflussreicher Gruppen.

Zu den Erfolgsfaktoren beim Marketing des Politischen gehören auch die Eignung, Muster für die persönliche oder gruppendynamische Identifikation bereitzustellen oder säkularisierte Glaubenserlebnisse zu generieren. Und nicht zuletzt ist es die Sprache der Krise oder des drohenden Untergangs, die Mobilisierung schafft, wobei das Mischungsverhältnis der Faktoren unterschiedlich ausfallen kann. Man kann das Migrationsgeschehen 2015 als Krise für die bestehende Ordnung, für den eigenen „Kulturraum" oder die innere Sicherheit begreifen und entsprechend für eine restriktive Politik plädieren. Man kann dasselbe Geschehen aber auch moralisch verstehen und als eine beeindruckende caritative Kraftanstrengung, um Menschen in Not zu helfen. Der öffentliche Meinungsraum ist ein Raum machtpolitischer Prägekräfte. In der offenen Gesellschaft herrscht hier zumindest idealtypisch ein fairer Wettbewerb, jeder hat die Chance auf Deutungsangebote und jeder hat die Chance, dabei erfolgreich zu sein. Diejenigen Demokratien, die unter Autokratisierungstendenzen leiden, erleben an dieser Stelle Manipulationsversuche, wenn Amtsinhaber die Schnittstellen der Meinungsproduktion in ihre Hände bekommen wollen. Allerdings auch ohne solch autokratisch-illiberale Manipulationsversuche kann es zu nicht abgesprochenen, doch quasi-monopolistischen Mustern kommen, wenn eine in sich geschlossene mediale Welt allgemein geteilter Vorverständnisse entsteht.

II. Zukunftsmacht: Wer definiert welche Zukunft?

Eines allerdings kann weder die Wissenschaft noch der politische Diskurs sicher entscheiden: Wann ist die eine Sprache die richtige, wann die andere? Ist Alarm angezeigt oder diejenige Wortwahl, die pragmatisch an die „Wirklichkeit" herangeht? Wichtiger noch:

Was überhaupt sollte der Maßstab bei der notwendigen Auswahl der überragend wichtigen öffentlichen Angelegenheiten sein? Was ist entscheidend, was nur randständig oder was ist gar von existentieller Bedeutung? Was bestimmt unsere Zukunft?

Was ist „die Wirklichkeit"?

Dahinter lauert das alte Problem, ob eine Gesellschaft über Selbstbeobachtung erfahren kann, wer sie („wirklich") ist und wie sie („tatsächlich") funktioniert. Es könnte schließlich auch sein, dass wir nur glauben, die wahren Probleme zu kennen. Es könnte sein, dass wir nur hoffen dürfen, die Zukunft nach unseren Vorstellungen gestalten zu können. Die Sprache der Krise jedenfalls lichtet den Nebel, schafft Ordnung. Die Wahrnehmung der Welt als Krise reduziert Komplexität. Wenn es um Krisen geht, kann es doch nur darauf ankommen, rasch und wirksam zu handeln. Aber gerade die fortgesetzte Verwendung der Krisensprache droht sich nicht nur abzunutzen, sondern auch in die Irre zu führen. Die ergriffenen Maßnahmen sollten jedenfalls klug gewählt werden, so dass die eine Krisenlösung nicht der Quell für die Verschärfung einer anderen wird oder sich als die Geburtsstunde einer neuen Krise entpuppt.

Trumpismus als kultureller Protest gegen linkes Zukunftswissen

Es könnte sogar sein, dass es nicht einfach nur Verrückte sind, die es für rational halten, ganz ersichtliche Krisen wie die Klimakrise oder die Krise der öffentlichen Meinungsbildung durch die Entwicklung der Netzinformationszugänge in Bausch und Bogen in Abrede zu stellen, und sei es um Zeit für etwas anderes zu gewinnen. So ersichtlich grenzwertige Persönlichkeiten wie *Donald Trump* oder *Elon Musk* sind 2024 klar von der Mehrheit der US-Amerikaner als Team gewählt worden, um wirtschaftliche Probleme ohne Rücksicht auf eine von ihnen so wahrgenommene internationale „Mainstream-

Rationalität" zu lösen. Es ist insofern auch der Protest gegen die vorherrschende Meinung, man habe die Welt und ihre Zukunft genau so erkannt, wie sie ist – und jeder, der es anders sieht, habe eben nur einen allzu niedrigen Bildungsabschluss.

Niemand kennt die Zukunft, so wie sie kommen wird ...

Die Priorisierung der Probleme gilt vielen Menschen in der Tat als einfach. Denn die Vorrangigkeit scheint schon im Charakter der Probleme zu liegen, also durch die Sache selbst vorgegeben zu sein („sachnotwendig"). Doch das ist in den meisten Fällen schon deshalb ein Irrtum, weil das Maß des Wissens überschätzt und die Möglichkeit des Irrens unterschätzt wird. Es gibt viel solides Wissen, und es wäre ein grober Fehler, physikalische oder ökonomische Erkenntnisse zu ignorieren. Dennoch bleiben das Nichtwissen und der Irrtum ständige Begleiter der wissenschaftlichen Zivilisation.

Das macht sich gerade dann bemerkbar, wenn wissenschaftlich gewonnene Erkenntnisse mit Moral oder mit Werten unterfüttert werden. Die Moral braucht zuerst den richtigen Sachverhalt, zumindest aber hinreichendes Wissen, sonst kann sie nur entweder ins „Unmoralische" driften oder Stoff für die Tragödie bieten. In *Shakespeares* Drama „Romeo und Julia" geben beide Protagonisten ihr Leben für die Liebe, obwohl ein Irrtum im Spiel ist. Man hätte aber bei den Motiven „Liebe oder Leben" auch umgekehrt optieren können, Leben und Liebe wären dann beide möglich gewesen, nur hätte das dann vermutlich keinen Stoff für ein Drama geliefert. Man kann als Individuum in freier Entscheidung sein Leben gefährden, weil man das Abenteuer sucht oder vielleicht müde am Leben ist. Das ist Freiheit.

Man kann indes auch deshalb seine Existenz ruinieren, weil man von falschen Tatsachen ausgeht, den Zufall oder die Offenheit der Zukunft nicht richtig kalkuliert, und sich deshalb opfert, obwohl es keines Opfers bedurft hätte. Ein Diktator kann sein Land in einen aussichtslosen Krieg schicken, weil er glaubt, nur so einem Untergang zu entgehen, den andere gar nicht kommen sehen. Die Antizipation des angeblich Kommenden war schon immer eine mächtige Triebfeder vergangener Gegenwarten – doch sie ist überaus irrtumsanfällig, an jedem Ort und zu jeder Zeit. Denn bei aller Möglichkeit von Wissen und allen Leistungen der Wissenschaft: *Niemand kennt die Zukunft, so wie sie kommen wird.*

III. Kulturkampf um das Menschenbild

Ideenlosigkeit der bürgerlichen Mitte

Technik, Energiepreise, Wirtschaftskennzahlen oder militärische Fähigkeiten sind wichtig, sie sind im agonalen Zeitalter sogar wichtiger denn je. Doch wer in einer engen sozialtechnischen Blickrichtung nur auf solche Parameter schaut, der unterschätzt die Kraft von Ideen, Einstellungen, Sprachspielen oder Bildern.[131] Politische Gemeinschaften sind jederzeit davon abhängig, ihre Werte und Weltdeutungen sichtbar zu machen, um damit Identität für diese Gemeinschaft zu stiften. Wenn ein staatliches Gemeinwesen einigermaßen unangefochten ist und geschmeidig die Funktionssysteme ineinandergreifen, vergisst man diese tiefliegenden Strukturen, aber es ist das Kennzeichen der agonalen Konstellation, dass „Wertfragen" plötzlich in den Mittelpunkt rücken. Auf einmal wird in Deutschland die Wahl von Verfassungsrichtern zu einem Politikum ersten Ranges, so heftig, dass eine soeben erst gebildete Koalitionsregierung ins Wanken gebracht werden kann.

Richterwahlen als Kulturkampf?

Symbole, moralische Positionen, Lebenssinn, Habitus, sogar Ernährungsgewohnheiten: All das wird in der agonalen Konstellation zu einem Politikum. Angesichts der Wirkung von Mechanismen der

Verfeindlichung werden aus vormals interessanten Grenzfragen für ein Fachpublikum und für das Feuilleton plötzlich massenmediale Aufreger. Als 2008 die Berufung eines renommierten Staatsrechtsprofessors an das Bundesverfassungsgericht wegen seiner wissenschaftlichen Positionen zu Folter und Abtreibung scheiterte, war das ein Thema für Juristen und politisch einschlägig Interessierte. Die Berufung der Staatsrechtslehrerinnen *Frauke Brosius-Gersdorf* und *Ann-Katrin Kaufhold* dagegen im Jahr 2025 hat im Netz eine Graswurzel-Revolte ausgelöst, wo plötzlich rechtsstehende Plattformen mit in die Hunderttausende gehenden Nutzerzahlen wissenschaftliche Positionen der Kandidatinnen diskutierten und darüber spekulierten, ob im zuständigen Zweiten Senat günstige personelle Bedingungen für ein AfD-Verbot geschaffen werden sollten. Noch mehr entzündete sich die Aufregung an Positionen zum Schutz ungeborenen Lebens und ob ein Embryo bereits die unantastbare Würde des Menschen besitzt.

Das Gefühl, dass kulturelle Grundlagen mutwillig ins Rutschen gebracht werden, treibt Menschen um. Es geht dabei eben nicht nur um Ideen, sondern um ihre institutionellen Ausprägungen, die bei einem Wandel der Ideenwelt über kurz oder lang verändert werden. Die Vorstellungen, die der Mensch von sich selbst und der Welt entwirft, seine grundlegenden Ansichten von Moral und Gerechtigkeit: Sie schlagen sich nieder in der Organisation der Gesellschaft, der politischen Herrschaft, in ihrem Recht, in den Strukturen der Wirtschaft, in der Motivation von Menschen sich so oder anders zu verhalten.

Im Prozess der aktuellen Verfeindlichung der politischen Ränder spielt die Sprach- und Ideenlosigkeit der bürgerlichen Mitte eine erhebliche Rolle.[132] Schon vor Jahrzehnten hat *Joachim Fest* diesen Mangel liberaler Gesellschaften als Selbstgefährdung offener Gesellschaften gesehen:

> „Denn es ist der große, gleichsam angeborene Mangel liberaler Gesellschaften, dass sie keinen greifbaren, die Leiden und Ängste der Menschen rechtfertigenden Lebenssinn vermitteln. Auch halten sie keinen mobilisierenden Zukunftsprospekt bereit und werfen den einzelnen auf lediglich das zurück, was er als individuelle Erfüllung

> begreift. Jene Postmoderne, die das Lebensgefühl der fortgeschrittenen Industriegesellschaften ausmacht, ist im Grunde nichts anderes als der wiewohl verzerrte Ausdruck, der auf den eigenen Begriff gekommen, ihm jedenfalls nahegerückten offenen Gesellschaft: eine Welt, in der auch die moralischen Horizonte offen sind, wo alles geht und d. h. zugleich, nichts wirklich wichtig ist; in der die Laune über die Norm triumphiert und eine Generation von Erben mit dem Vermächtnis, mühsam erworbene Prinzipien, ein fröhlich-verzweifeltes Feuerwerk veranstaltet, dessen Glut die Reichtümer, wie die Wahrheiten dahin schmelzen lässt."[133]

Die Pragmatiker der Wirtschaft und die Sozialtechniker des politischen Betriebes widmen diesem Problem zu wenig Aufmerksamkeit: Sie glauben, sie könnten ideelle Angebote entweder anderen überlassen oder sich Versatzstücke von ihnen günstig zukaufen.

Die weichen, aber wirkmächtigen Faktoren

Der Streit um Symbole wie die Regenbogenfahne oder die Wahl von Richterinnen des Bundesverfassungsgerichts, die Themen Migration oder Transformation, Abtreibung oder Ehegattensplitting haben eines gemeinsam: Sie können Feuer des Kulturkampfs entfachen. Wer das im politischen Raum nicht auf der Rechnung hat, wird überrascht werden von Wellen des Protests oder wird Opfer von politischen *Verkantungen* einer härter werdenden Lagerbildung. Manch kulturell formulierter Protest rüttelt an den Grundfesten der republikanischen Vernunft.

Im politischen Raum unterschätzt man regelmäßig die „weichen" Faktoren, die Macht der Bilder und die Kraft der Sehnsüchte. Im politischen, auch im wirtschaftlichen und rechtlichen Raum herrscht die Sprache der Pläne und Programme. Es geht um Investitionen und Transfers, Innovationen und Technikrevolutionen, um Regeln und Standards, Gesetze und Verordnungen, Statistiken und messbare Quantitäten. Organisationen und das Regelwerk der Institutionen beherrschen unser Denken und Handeln. Der sozialtechnische Impuls ist keine Deformation und keine Entfremdung, sondern Konsequenz des rationalen Zugangs zur Welt. Wir verstehen uns als Vernunftwesen. Handeln erfolgt auf der Grundlage von Wissen, zweckgerichtet und planvoll.

Was ist Vernunft?

Doch die (auf eine zugrundeliegende Paradoxie hinweisende) Tücke liegt darin, dass empirisches Wissen und Rationalität nicht „das Ganze" sind, nicht das Ganze sein können. Wissen ist niemals absolut oder unanfechtbar, andernfalls verlöre es seinen rationalen Charakter. Wir wissen nicht, was wir nicht wissen, selbst wenn wir unter Verwendung einer salvatorischen Klausel zugeben, nicht „alles" zu wissen. Das „Erkenne Dich selbst!" des delphischen Orakels ist ein weiser Satz, aber streng genommen auf eine unmögliche Leistung gerichtet. Wenn die Distanz fehlt, wenn es an geeigneten Maßstäben oder handfesten Vergleichsobjekten mangelt, dann herrscht häufig reine Dezision und eben nicht „das Wissen". Das gilt gerade auch für unsere Selbstbilder. Der Mensch kann nicht „wissen", wer er ist, er sollte allerdings wissen, was und wer er sein will. Vernunft und Rationalität sind Konstruktionen unseres Geistes. Sie sind kontingent, das heißt, man kann immer auch anders optieren. Vor allem ist wichtig, dass die moderne Gesellschaft zwar nicht ohne Wissenschaft als ausdifferenziert-spezialisierter Wahrheitssuche auskommt, aber insbesondere die Geistes- und Sozialwissenschaften viel stärker an lebensweltliche Vorprägungen und Standards gebunden sind, als sie wahrhaben wollen:

> „Die radikale Begründung der Wahrheit enthüllt sich am Ende durch die Rückkehr der intentionalen Analyse zur LEBENSWELT, einer Welt, in deren Zentrum das konstituierende Subjekt die Dinge als passive Synthesen ‚empfängt', die jedem exakten Wissen vorausgehen."[134]

IV. Unbegrenzte Reflexion als Nihilismus

Das dünne Eis der Konstruktionen und die Zerstörungskraft der De-Konstruktionen

Die Philosophie des 20. Jahrhunderts seit *Ludwig Wittgenstein* hat es zu Tage gefördert: Jedes Sprechen braucht einen Horizont, der vom Sinn der Begriffe aufgespannt wird.[135] Alles, was gesagt wird, erfolgt in einem Raum des Ungesagten und ist zugleich an Vorverständnisse gebunden, an das, was im Sinnhorizont mitläuft. Alles Explizite lebt vom Impliziten.[136] Das Sichtbare lebt vom Unsichtbaren, das Gesagte vom mitgemeinten Ungesagten. Man kann nicht alle Voraussetzungen und Vorverständnisse des Wortes in einem einzigen Sprechakt thematisieren, ohne von der Komplexität der Verständnisvoraussetzungen erschlagen zu werden und dabei den roten Faden dessen zu verlieren, was man eigentlich sagen wollte. Wer hier mit Sprachvorgaben die Gesellschaft verändern will, handelt paternalistisch und er handelt riskant. Er handelt riskant, weil er sprachlich geteilte Vorverständnisse, die einer politischen Kontroverse auch bei harter Konfrontation Halt geben, nunmehr auch noch politisiert und damit den Weg zu den „eigentlichen" Sachthemen versperrt oder jedenfalls unwegsam macht.

Die Thematisierung des Selbstverständlichen ist für Aktivisten und die Detektive der verborgenen Repression eine Lust, aber für den demokratischen Verständigungsprozess eine Last. Ohne vom allgemeinen Sprachgebrauch „kanonisierte" gemeinsame Sinnhorizonte misslingt jede Verständigung. Das wird gegenwärtig angesichts der medial beförderten Fragmentierung von Erlebnis- und Kommunikationsräumen vor allem in sozialen Netzwerken diskutiert.[137]

Die Dekonstruktion von Sprache, Verhalten und alltäglichen Regeln: Ursache für Fake News?

„Fake News", wie wir sie aus dem Trumpismus kennen und die radikal andere (als üblicherweise anerkannte) Auswahl von Themen, könnten auch eine Reaktion auf die vorherrschende Praxis kulturell tonangebender Eliten sein. Denn die soeben beschriebene kritisch-ideologische Durchdringung und Dekonstruktion von herkömmlichen Regelsystemen und Institutionen erzeugt nicht nur beabsichtigte Effekte, sondern auch ein Klima der Unsicherheit. Eine immer weiter geriebene Reflexion sozialen Sinns in Begriffen, in der Grammatik von Sprache oder in Umgangsformen, kann zerstörerisch wirken, auf die Gesellschaft, auch auf die Wissenschaft selbst, so wie das in der Philosophie bereits mit *Nietzsche* deutlich wurde.[138]

Es entsteht der Eindruck, alles sei möglich, weil alles anders sein könnte. Und wenn alles und jedes im Verdacht steht, Ergebnis heimlicher Herrschaftsverhältnisse zu sein, dann kann irgendwann jede Position unter diesen Verdacht gestellt werden, und gerade auch die emanzipatorisch antretende. Es ist die Erfahrung eines *Robespierre*, der mit seinem Verständnis von revolutionärer Tugend und der Verdächtigung jeder Abweichung zu absoluter Herrschaft vordrang und dann selbst seinen Kopf verlor.

Wer alles hinterfragt, wird erleben, dass auch seine von ihm selbst nicht hinterfragten Vorverständnisse hinterfragt werden – und zwar von anderen. Das, was politisch provokativ als kulturelle Transformation von links begann, kann dann schnell asymmetrisch von einer politisch radikalen Rechten pariert werden.

Es ist nicht allein der Wissens- und Glaubensstreit über Klimaerwärmung, Geschlechterverhältnisse und Migration, der in der Tiefe wirkt. Auf längere Sicht sind scheinbar völlig unpolitische Vorverständnisse betroffen: Warum beispielsweise halten wir *Kausalität* bei der Erklärung von Wirkungszusammenhängen für wichtig? Warum und vor welchem Hintergrund wird das Urteil aller „vernünftig und billig Denkenden" zum moralischen Maßstab gemacht?[139] Warum benötigt der Staat eine Rechtfertigung für Grundrechtseingriffe, warum nicht der Bürger bei der Ausübung seiner Freiheit? Ist die Vorstellung, dass die Privatautonomie des Menschen aus seiner stolzen Stellung als Rechtssubjekt folgt, eigentlich für immer feststehend? Ist die Person sakral[140] oder liegt in der Vorstellung personaler Souveränität eine traumatische Durchtrennung von ursprünglicher Gemeinschaft mit der Natur (Entfremdung)? Ist die Vorstellung des freien Willens und der Würde einer zur Freiheit bestimmten Person nur eine willkürlich geschaffene Prämisse[141] oder ist sie (wie nach der Vorstellung einiger radikaler Linker) nur eine krude Erfindung bürgerlicher Klassenherrschaft, Ausdruck einer Verdinglichung und sozialen Entfremdung?[142]

Ist die Wissenschaft der Schiedsrichter über Wahrheitsansprüche oder darf man auch gegen eine vollständig empirisch abgesicherte Aussage Stellung beziehen mit Hinweis darauf, es gäbe auch noch andere und tiefer reichende Begründungen von Wahrheit, etwa im Glauben oder in einer irgendwie bestehenden Alltagsvernunft?[143] Wenn fundamentale Grundannahmen unseres Menschenbildes und die Einverständnisse über die Beschaffenheit und Funktionsweise der Welt erschüttert werden, gerät das ganze Bauwerk der westlichen Ordnung ins Wanken.

Eine stille Revolution der Weltdeutung – und eine Konterrevolution?

Solche Fragen wirken, als seien sie das Thema eines philosophischen Seminars in der Rubrik „Erkenntnistheorie" oder „Transzendentalphilosophie". In Wirklichkeit sind sie längst (wenn auch auf verschlungenen Wegen) in die Praxis selbst der stabilsten westlichen Demokratien eingedrungen – und bilden dort ein gravierendes Problem. Im späten 18. Jahrhundert (während der späten Phase der Aufklärung, im „Age of Enlightenment") – hat eine bis heute nicht abgerissene intellektuelle Epoche begonnen, eine der Hinterfragung all dessen, was bis dahin fraglos war. Vielleicht haben manche inzwischen die Schraube überdreht.

Jede Gemeinschaft ist darauf angewiesen, sich auf bestimmte Bedingungen der Verständigung einzulassen, weil sie sonst die Chance der interaktiven Koordination und Rationalität verliert. Der Diskurstheoretiker *Jürgen Habermas* hat auf die sanft lenkende Kraft einer Formalpragmatik der Sprache hingewiesen, die verstanden werden will und sich deshalb den vorausliegenden Bedingungen der Gegenseitigkeit anpassen muss. Aber das allein reicht nicht aus für eine gelingende Verständigung. Es bedarf bei aller Verschiedenheit eines gemeinsamen kulturellen Horizonts. Eine demokratische Kultur der Freiheit besteht aus gemeinsam geteilten normativen Leitlinien (Werte), aus Modellen der Wirklichkeit und aus normativen Ordnungen, etwa des Rechts und der Moral.[144] Damit sie auch bei wachsender Bereitschaft zur Verfeindlichung[145] gemeinsam geteilte Muster bleiben können, müssen sie hinreichend abstrakt und doch prägnant sein. Dazu gehört als Minimum, dass im demokratischen Rechtsstaat politische Ziele weder durch Gewalt noch durch planmäßigen Rechtsbruch durchgesetzt werden.

Intellektuelles Experimentieren oder „große Matrixverschiebung"?

Für nicht wenige aktivistische Kämpfer ist die Demokratie zu langsam, zu unentschlossen. Sie hadern mit ihren Zwängen zu Koalitionen, Kompromissen, mit den verschiedenen Ebenen, den parteipolitischen Finessen und den populistischen Interventionen. Die parlamentarische Demokratie, die Parteiendemokratie ist für manche ein System, dem sie ungeduldig und auch misstrauisch gegenüberstehen. Die Parteiendemokratie steht im ständigen Verdacht, mit mächtigen Interessen der Wirtschaft über eine korrumpierende Lobby verbunden zu sein und im Hinblick auf anstehende Wahlen bei jeder Protesthaltung der Bevölkerung weich zu werden, mit der Folge, dass die notwendige große Transformation auf der Strecke bleibt oder verwässert wird.

Es will nicht einleuchten, warum der politische Prozess mit vielen Bällen zugleich jonglieren muss und nicht nur mit einem einzigen. So setzt man denn auch auf andere Instanzen, auf Gerichte, internationale Konferenzen, die Finanzaufsicht oder Zentralbanken, Sachverständigengremien oder Bürgerräte, um die aus ihrer Sicht bestehenden „Blockaden aufzubrechen". Ist all das nicht verständlich, ist das nicht das Vorrecht gerade der jungen Generation, ungeduldig und im Angesicht eines irreversiblen, ihre Zukunft betreffenden Prozesses?

Es ist nicht zu übersehen, dass heute nicht allein über die Reichweite des Sozialstaats oder über seine Erweiterung um eine ökologische Komponente (Art. 20a GG) diskutiert wird, es geht vielen – und aus unterschiedlichen politischen Richtungen – bereits um mehr. Es geht um eine Verschiebung der „großen Matrix", um einen normativen Systemwechsel. Die Kritik der radikalen Protagonisten von links und rechts richtet sich gegen die bürgerliche Privatrechtsgesellschaft und gegen ihre republikanischen Institutionen. Die privatautonome Gesellschaft des „bürgerlichen Liberalismus" wird abgelehnt, als unfähig oder als Bemäntelung einer kapitalistischen Herrschaftsorganisation. Sie soll durch einen politisierten Gemeinschaftsraum ersetzt werden.

Schon heute macht sich eine Matrixverschiebung im Rechtssystem bemerkbar. Die Trennung von freier Gesellschaft und rechtsgebundenem Staat ist fundamental als Bollwerk gegen jede totalitäre Bedrohung. Totalitär wird Politik, wenn sie aus ihren verfassungsrechtlich gezogenen Grenzen ausbricht und sich alles und jedes unterwirft, wenn keine Privatheit und Eigenwilligkeit mehr zugelassen wird. Der Verfassungsstaat verlangt vom Bürger keine Begründung seines Tuns oder Lassens, er setzt lediglich Grenzen und normiert Pflichten. Diese Grenzziehung und Belastung der Bürger darf nicht „willkürlich" sein, d. h. nicht ohne einen legitimen sachlichen Grund erfolgen. Es gibt vereinzelt Stimmen in der Rechtswissenschaft, die diese Grenze zwischen Gesellschaft und Staat ausdünnen oder auflösen wollen. Sie wollen eine Grundrechtsbindung von Privatrechtssubjekten wie Unternehmen oder sie verlangen für die Ausübung persönlicher Freiheit ebenfalls einen sachlichen Grund, verlangen also auch hier wie im staatlichen Bereich für die Ausübung der Privatautonomie „Willkürfreiheit".[146] Die Einstellung eines Angestellten im Unternehmen oder die Vermietung einer Wohnung wird immer stärker reglementiert, weil dahinter womöglich die Ansicht steht, man könne bei wirtschaftlich bedeutsamen Angelegenheiten nicht völlige Wahlfreiheit zulassen. Die Matrixverschiebung entsteht, wenn nicht nur für politische Herrschaft eine gerichtlich überprüfbare sachliche Rechtfertigung durch Gemeinwohlgründe verlangt wird, sondern auch für die individuelle Entfaltungsfreiheit.[147]

Ein anderes Thema sind scheinbar feststehende Annahmen über Kausalität oder Objektivität. Sie werden inzwischen bei einflussreichen Minderheiten von rechts und links als kontingent verstanden und zum Beispiel als „unmarkierter Blick weißer Männer“ dekonstruiert.[148] Dekonstruktivistisch wirkt auch die verbreitete Tendenz, dem Menschen als normativ maßgeblichem Zurechnungspunkt seine Exklusivität zu nehmen,[149] ihn neurobiologisch zum determinierten Bioautomaten herabzustufen[150] oder in korrespondierender Gegenrichtung eine bislang für natürliche und juristische Personen vorbehaltene Rechtspersönlichkeit auch den Tieren[151], der Natur[152], Dingen[153] oder automatisierten Systemen[154] zuzuschreiben.[155] Nicht mehr der Mensch soll danach das Maß der Dinge sein, sondern „Gaia“[156], die Natur, die Welt, „das Alles“.

Stehen wir vor dem Ende der „Person im Mittelpunkt der Rechtsordnung“?

Das normative System personaler Selbstbestimmung gerät im Ambiente solch dekonstruktivistischer oder holistischer Denkweisen in die Defensive. Es entsteht eine (nur scheinbar paradoxe) „Enge des allgegenwärtigen Ganzen“[157]. Solche, die Matrix von Humanismus und Aufklärung verschiebenden Konstruktionsvorschläge, wollen Probleme lösen, die keineswegs im System des liberalen normativen Individualismus unlösbar oder von „strukturell eingelagerten Machtverhältnissen kontaminiert“ sind. Strenggenommen geht es nur um die klassische Frage der vernünftigen Bedingungen des Freiseins und um die Forcierung des uralten Gedankens, wonach mit dem Gebrauch der Vernunft sich das Rechtssubjekt zur selbstbestimmten Freiheit als verantwortliche Persönlichkeit entfaltet, und zwar gerade im Respekt vor dem Anderen und der Mitschöpfung.[158] Mit der Zuordnung von Rechtssubjektivität auf nichthumane Substrate verliert man dagegen den Halt einer normativen Grundordnung, die sehr bewusst gegen politische Irrwege des 20. Jahrhunderts den Menschen in den Mittelpunkt der Rechtsordnung stellt.

Jenseits von Klassenkämpfen: Identitätspolitik

An die Stelle von ökonomisch ausgetragenen „Klassenkämpfen" treten *Kämpfe um Anerkennung von Identitäten.*[159] Mit dem Schlachtruf „Das Private ist politisch"[160] führt die identitätspolitisch orientierte Linke den proletarischen Klassenkampf unter anderen Feldzeichen fort, nun als Kampf um Rollenbilder, Verhaltensmuster, Umgangsformen, Sprachverhalten, ästhetische Verständnisse, künstlerische Leitbilder, Wohnverhältnisse oder private Mobilitätsvorstellungen. Die extreme Rechte versucht zum Teil mit Gewalt ihre Rollenbilder und ethnischen Homogenitätsfantasien durchzusetzen.

Die politische Mitte neigte hier lange Zeit dazu, so etwas als Randbereich des Politischen, als Teil der Kultur oder als Folklore zu entpolitisieren. Doch der Angriff auf das Private ist politisch, er ist Teil einer agonalen Strategie, die durch Ignorieren nicht aus der Welt zu schaffen ist. Die Politisierung des Privatlebens kann, wie soeben erwähnt, Züge eines Angriffs auf die grundrechtliche Werteordnung zeigen, die auf Abwehr des Staates aus der privaten Sphäre gerichtet ist und in der Unterscheidbarkeit von „öffentlich" und „privat" ihre große ideengeschichtliche und rechtsmethodische Verankerung besitzt. Das identitätspolitische Programm vermutet, hier letztlich durchaus im Stil von Verschwörungstheorien, Unterdrückungsmechanismen in beinah allen sozialen Praktiken, es fahndet in den Wurzeln der Kultur und Geistesgeschichte nach Spuren und Mechanismen der Repression und meint in den Institutionen des „nur formal" auf Gleichheit gerichteten Rechts die heimlichen Unterdrückungsmuster zu erkennen. Die einstmals vorherrschende bürgerliche und bürgerlich-rechtlich verfasste Lebenswelt muss ebenso wie die Nationalkulturen der großen Demokratien unaufhörlich mit neuen Anklagen rechnen. Es entsteht so ein inneres agonales Klima des Kulturkampfs.

Die Eröffnung eines solchen „Kampfschauplatzes" ist, solange die Andersdenkenden nicht verächtlich gemacht und drangsaliert werden, in einer pluralen Gesellschaft legitim. Es schafft vielleicht durch konstruktive Irritation neue, noch weiter reichende Möglichkeiten für eine selbstbestimmtere, auch experimentelle Lebenspraxis. Es kann gewiss auch zu viel politische Aufmerksamkeit binden, die an anderer Stelle fehlt. Vor allem aber besitzt jede kulturhegemoniale Strategie ein enormes Potential zur Provokation. Der Kulturkampf kann die innere Debatte aufheizen, wenn der Eindruck entsteht, bestimmte vormals vorherrschende Lebensweisen verlören ihre Anerkennung oder sogar Berechtigung.

Dabei ist gerade auch aus verfassungsrechtlicher Sicht zu unterscheiden zwischen politischen Emanzipationsanliegen von Gruppen, die eine Unterdrückungserfahrung reklamieren und einem weit verstandenen Recht auf einen individuellen Selbstdarstellungsanspruch, der von bislang gültigen Rollenmustern oder Zuschreibungen abweicht. So werden im Recht schützenswerte Belange von Personen jenseits der binären Geschlechterordnung diskutiert und bejaht.[161]

Die soziale Technik der „aufdeckenden Delegitimierung"

Problematisch wird es, wenn soziale Praktiken nicht einfach nur beobachtet, sondern moralisch verurteilt, auch hier *verfeindlicht* und unter Verschwörungsverdacht gestellt werden. Die Aufdeckung verborgener Herrschaftsstrukturen spielt dabei eine wichtige Rolle. Man kann in jedem sozialen Artefakt eine verborgene Herrschaftsabsicht sehen und dann im Habitus des (objektiven, nur der Vernunft, der Selbstbestimmung, dem Gemeinwohl dienenden) Aufklärers diese Strukturen aufdecken – als konstruiert oder als konfiguriert. Man kann beispielsweise die Rollenbilder von Geschlechtern als negativ (schlecht/böse) werten und dann nach dem Einfluss von Frauenzeitschriften bei der Entstehung oder Bewahrung eines spezifischen Frauenbildes fragen.[162]

Der intellektuell ungemein einflussreiche Marxismus hatte hier seit dem 19. Jahrhundert ganze Arbeit geleistet, wenn er hinter der „Fassade der liberalen Demokratie", hinter ihrer rechtsformalen Gleichheit lediglich die krude Wirklichkeit von bourgeoiser Klassenherrschaft und Ausbeutung witterte. Der ganze kulturelle, aber auch politische und rechtliche „Überbau" war für Marxisten ja nur der sublimierte Niederschlag von den alles ausmachenden ökonomischen Produktionsverhältnissen. Recht und Kultur waren nur eine Maskerade von Humanität, hinter der angeblich nur die nackte Gewalt der Ausbeutung herrschte. Seitdem der traditionelle revolutionäre Kampf um die Verfügungsgewalt über Produktionsmittel oder (als deren Vorbedingung) um die politische Macht im Staat seine Anziehungs- und Wirkkraft verlor, verlegte man sich in diesem politischen Lager auf den Kulturkampf. Dieser transformative Angriff auf Traditionen und soziale Institutionen erfolgte immer wieder unter Berufung auf *Antonio Gramsci*, gemeint war dessen Kampf um die „kulturelle Hegemonie"[163]. Es geht darum, die Gesellschaft aus dem Überbau heraus erst reif zu machen für die Umwälzung der Produktionsverhältnisse.[164]

Post-Kolonialpolitik als Systemkritik

„Postkoloniale Theorie bezeichnet ein breites Spektrum theoretischer Zugänge zu und kritischer Auseinandersetzungen mit historischen und gegenwärtigen Machtverhältnissen, die im Zusammenhang mit dem europäischen Kolonialismus und seinen bis heute währenden Fortschreibungen stehen."[165] Dabei geht es solchen Theorieansätzen um die „Dekonstruktion", eigentlich aber um die Zerstörung eines eurozentrischen und westlichen Wissens. Institutionen wie Universitäten oder Forschungseinrichtungen werden als geronnene Machtverhältnisse skandalisiert. Ihr aus einem methodisch-diszipliniertem Wahrheitsverständnis gewonnenes Wissen wird als „situated knowledges“ auf eine durch männliche, weiße, europäische oder ökonomische Interessen verzerrte Machtposition reduziert. Mit Titulierungen wie „eurozentrisch“ oder „ethnisch codierte Zuschreibungsprozesse“[166] wird gleich eine ganze über Jahrhunderte „vorherrschende“ ideengeschichtliche Tradition an den Pranger gestellt. Es handelt sich nicht nur um die neueste Kampagne der Entlarvung eingelagerter Machtverhältnisse. Damit wird zugleich eine Ideengeschichte desavouiert, auf der unsere gesamte verfassungsrechtliche und menschenrechtliche Werteordnung ruht.

Jede kulturelle oder tradierte soziale Ordnungsbildung sieht sich unter den Verdacht gestellt, Teil einer verborgenen, illegitimen politischen Herrschaft zu sein – bestehend aus einer Gruppe weißer Männer mit europäisch-nordamerikanischen Denkmustern. Diese „dekonstruktive“ Kritik betrifft aber nicht nur die Universitäten – aus deren Ambiente dieses Gedankengut stammt –, sondern die gesamte lebensweltliche Ordnungsstruktur der Gesellschaft, etwa tradierte Rollenverständnisse und Geschlechtsidentitäten.[167] Es wird beispielsweise eine „intersektionale Verwobenheit von ‚Frau-Sein‘ mit Rassismus, Klassismus und Kapitalismus“ angenommen[168], die es zu bekämpfen gilt.

Framing von rechts und Antisemitismus von links?

Doch wer glaubt, Framing und der Kampf um die kulturelle Meinungsführerschaft sei nur eine Sache der postmarxistischen radikalen Linken, der irrt. Schon in den achtziger Jahren des letzten Jahrhunderts beklagten Linke, dass auch Konservative sich im Rezeptbuch des Leninisten *Gramsci* bedienten[169] und in der wirtschaftsliberalen Euphorie um das Jahr 2000 herum sah man ebenfalls – und teilweise mit Ohnmachtsgefühlen verbunden – ein „Framing“ und „Wording“ einflussreicher Wirtschaftsexponenten.[170]

Umso besorgniserregender muss es sein, wenn an amerikanischen Eliteuniversitäten und der neuen postkolonialen und identitätspolitischen Linken der Forderung nach „Vernichtung der Juden in

Palästina" – gelinde gesagt – nicht energisch entgegengetreten wird, sondern von deren Exponenten, die als Teil der tonangebenden linken Eliten empfunden werden, nach Relativierung und Kontextualisierung verlangt wird.[171] Die Rede vom kolonialistischen und repressiven westlichen System mit den USA und Israel an der Spitze, das einem als Opfer markierten „globalen Süden" gegenüberstehe, ist Teil des inneren Angriffs auf die westlichen Demokratien. Eine unangemessene Kriegsführung durch die Netanjahu-Regierung gegen die Hamas-Herrschaft oder Menschenrechtsverletzungen im Gaza-Gebiet geben solchen Narrativen Nahrung. Israel ist, solange es eine moderne rechtsstaatliche Demokratie bleibt, Teil des Westens: Muslimbrüder, die Hamas und der Iran sind es definitiv nicht. Wer zum Westen gehört, wird an strengeren Maßstäben sich messen lassen müssen, allerdings sollte die Kritik an Israel die agonale Ausgangslage eines im Krieg befindlichen Landes nicht außer Acht lassen.

Auf der anderen Seite des politischen Spektrums sieht es erwartungsgemäß nicht besser aus. Der politisch dumpfe Rechtspopulismus nimmt zwar im israelisch-palästinensischen Kriegsgeschehen einige Geländegewinne gerne mit, wenn islamophob getriebene Stimmungen verstärkt werden. Der radikale rechte Rand will oder kann indes nicht verhindern, dass der historisch immer mitgeschleppte Antisemitismus in seinen Reihen wieder wächst.[172] Denn Antisemitismus war und ist immer die Speerspitze einer aggressiven Feindschaft zum westlich liberalen System. Radikale Gegner der offenen Gesellschaft, auch von links, demonstrieren viel häufiger gegen den Staat Israel als gegen Diktaturen in Venezuela oder dem Iran. Warum?

Die Welt als Vorstellung

Die Welt ist nicht so wie sie ist, weil sie so ist, sondern weil wir sie so als existent sehen. Selbst die „härtesten" Fakten wirken nur als Fakten, weil wir uns entschieden haben, es darauf (auf Fakten) ankommen zu lassen. Wenn Zahlen oder Statistiken entscheiden sollen, muss man das zuerst so entscheiden. Der Glaube an Wissen oder an Wissenschaft ist zuerst Glaube. Wird er erschüttert, wachen wir in einer neuen Welt auf. Für den mittelalterlichen, gottesfürchtigen Menschen war der Glaube daran, dass die kirchlich über geweihte Priester vermittelte Botschaft maßgeblich sei, so tief und so selbstverständlich, dass es Jahrhunderte brauchte, um eine andere Matrix zu entwickeln, nämlich mit einer neuen Glaubensgewissheit, dass Vernunft den Ausschlag gebe – Vernunft verstanden als eine Fähigkeit individueller Urteilskraft.

Der Glaube daran, dass die Welt sich in einem steten Prozess der Besserung, der Vernunft und der Wissensmehrung befinde, kann sich in einer szientistisch eingerichteten Welt auf eine Unmenge von Tatsachen berufen.[173] Trotz deutlich gestiegener Weltbevölkerung ist die Zahl der Hungertoten gesunken, die Gefahr eines weltumspannenden, eines totalen Atomkrieges hatte im Vergleich zur Zeit der Kuba-Krise (1962) abgenommen. Hygienestandards und Gesundheitsversorgung haben zugenommen, der weltweite Wohlstand, aber auch das Bildungsniveau wachsen. Die Kindersterblichkeit ist zurückgegangen, die Befreiung der Frauen aus den Fesseln archaischer Unterdrückung macht Fortschritte, Mobilität und Freiräume nehmen zu, Diktaturen wurden weniger.

Niedergang des Westens oder Augenblick der Selbstbehauptung?

Solche Tatsachen hindern indes niemanden daran, die letzten Jahrzehnte als Geschichte des Niedergangs zu beschreiben. Die 1990 noch geradezu dominanten Anteile der USA und Europas an den technologischen Fähigkeiten und der wirtschaftlichen Potenz werden als schrumpfend wahrgenommen zugunsten Chinas und anderer, vor allem asiatischer Länder. Das multilaterale System des Westens ist in der Defensive. Wenn China die Demokratie in Hongkong schon vor der vertraglich zugesicherten Zeit liquidiert, spielt der Westen dabei keine Rolle mehr. In Afrika schwindet der westliche Einfluss ebenfalls zugunsten des aufstrebenden Reichs der Mitte. Im Nahen Osten hat die EU, gelinde gesagt, keinen gestaltenden Einfluss, sie ist militärisch ein Zwerg. Die Demokratien des Westens sind nicht so stabil wie vor drei Jahrzehnten gedacht, die Spaltung der USA ist besorgniserregend.

Man könnte von den USA aus, und ebenfalls auf Fakten gestützt, ein ganz anderes Bild zeichnen. Über die Stichhaltigkeit solcher Analysen und die Dauerhaftigkeit solcher Trends kann man reden – und niemand kennt das wahre Gesicht der Zukunft. Es fällt bei keinem Szenario schwer, auch gegenläufige Trends auszumachen oder Gegenbilder zu entwerfen und ebenfalls mit Daten zu hinterlegen. Die sich abzeichnende Klimakatastrophe bei einer globalen Erwärmung bis Ende des Jahrhunderts um mehr als 3 Grad hat das Zeug, die Fortschrittslinie beträchtlich zu stören. Hat die Ausbreitung des SARS-Cov2-Virus 2020 nicht die Verletzlichkeit der Welt sowie eklatante Wissenslücken offenbart? Wächst das methodische Wissen nicht womöglich viel langsamer als die Risiken unserer technischen Zivilisation? Nimmt nicht mit dem Wohlstand auch die soziale Ungleichheit zu? Braut sich hinter der bisher bestehenden schönen Fassade einer globalen Demokratisierung und Zivilisierung nicht womöglich ein Trend zu Autokratien, eine Konformitätstendenz, eine irrational grundierte Identitätssehnsucht zusammen und werden nicht Lockrufe lauter nach sozialer (digitaler) Totalkontrolle, nach einem Sozialkreditsystem und nach wohlmeinenden, paternalistischen Diktaturen?[174]

Reflektierte Aufklärung als Programm der Mitte

Die moderne Gesellschaft ist als Projekt der Aufklärung schon seit dem 19. Jahrhundert immer wieder heftig erschüttert worden, sie hat indes bis heute nicht abgedankt. Doch die Selbstzufriedenheit von 1990, dem Ende des Kalten Krieges: Sie ist verschwunden. Aus der multilateralen Harmonie und der vermuteten unwiderstehlichen Tendenz hin zu einer zivilisierten, regelbasierten Weltrepublik scheint wieder eine raue Welt eines Kampfes der imperialen Mächte geworden. Der Zustand der Gesellschaften wirkt fragmentiert, in der Stimmung schwankend, volatil. Tragende ökonomische Institutionen wie Geldwirtschaft oder das Banken- und Währungssystem scheinen überspannt, drohen aus der Balance zu geraten. Nichts anderes gilt für die Demokratie oder das Prinzip der Supranationalität oder Internationalität. Postfaktisches Denken ist nicht nur eine Marotte vereinzelter Populisten, überall scheint die Verlässlichkeit des Urteils zu schwanken.[175]

Dahinter könnte auch stecken, dass die mitlaufenden Selbstverständnisse einer nachhaltigen Alltagskultur, der lebensweltliche Horizont des gemeinsamen Sinns allmählich erodieren[176], weil sie gesellschaftlich nicht mehr hinreichend bestätigt, sondern von lautstarken Minderheiten angegriffen werden. Natürlich machen in der modernen Gesellschaft fortlaufend alte Rollenverständnisse neuen Mustern und Alltagsformen Platz. Doch entscheidend ist, ob grundlegende Bausteine des Prinzips individueller Freiheit und Verantwortlichkeit in neuen Gewändern und Ausdrucksformen erhalten bleiben oder nicht. Diese Bausteine sind die Fähigkeit und der Wille, sich zur Persönlichkeit zu entfalten, soziale und familiäre Bindungsfähigkeit, Leistungsmotivation und staatsbürgerliches Bewusstsein. Es ist insofern an der Zeit, das mitlaufende Unsichtbare wieder sichtbarer zu machen, auch um im Sinne des Projekts der Aufklärung die Richtung des Laufs mitzubestimmen.

Kampf und Selbstbehauptung – sind wir noch im post-heroischen Zeitalter?

Zum Bild vom Menschen gehört nicht nur seine Fähigkeit zur Empathie, zum Mitleiden, die spontane Hilfsbereitschaft. Seit dem Zeitalter des Renaissance-Humanismus mit seinen Wurzeln in der Antike wurde der Mensch immer als kreativer Künstler und als heroischer Herr seines Schicksals gesehen.[177] Das Heroische des Citoyen ist uns bei all unserer sensiblen Suche nach gesellschaftlichen Benachteiligungen etwas aus dem Auge geraten. Das fundamentale Bild als Selbstbild des Menschen in der heroischen Gesellschaft spiegelt sich in jemandem wie *Homer* innerhalb der großen griechischen Sagenwelt. Die Heldenliteratur war ein wesentlicher Teil der moralischen Schriften im Athen des Altertums.[178] Sie bieten Verhaltensorientierung in Fällen äußerster Bedrohung, lassen aber auch die sinngemäße Übertragung in die friedliche Normalität zu. Die Heldensagen erlauben (auch) eine agonale Interpretation des Alltags als Kampf, die wir mit dem Respekt vor Zivilcourage, Gründungsgeist und Bindungsfähigkeit zum Ausdruck bringen. Der diagnostizierte „Postheroismus" unserer Zeit könnte sich insofern als Problem erweisen, wenn den Demokratien der Kampf aufgenötigt wird.[179]

Niemand will zurück zum hohlen Pathos einer Kultur der Kriegerdenkmäler. Doch vielleicht stattdessen zurück zu *John F. Kennedy*, der mitten im Kalten Krieg seine Antrittsrede unter das Motto gestellt hat: „Frage nicht, was dein Land für dich tun kann – frage, was du für dein Land tun kannst."[180] Nach diesem Satz folgte ein mindestens ebenso wichtiger und wuchtiger Satz – der gerade auch für das Europa der Gegenwart gilt:

„My fellow citizens of the world: ask not what America will do for you, but what together we can do for the freedom of man."

Dritter Teil

Die Krise(n) der Demokratien

F. Die Heuristik des Gemeinwohls: Was ist vordringlich?

I. Krise als Sprachspiel und Instrument im politischen Meinungskampf

Alles nur Kommunikation? Alles nur mediale Konstruktion?

Was sind die großen Themen der Politik? Was ist vorrangig für die Bewahrung des Gemeinwohls? Und wer definiert „Gemeinwohl" eigentlich: Parteien und Parlamente oder Gerichte und Wissenschaft? Die öffentliche Meinung lebt von den *großen Themen*. „Groß" wird ein Thema, wenn es als „bedeutend", für Gegenwart und Zukunft „ausschlaggebend", als „dringlich", als emotional „erregend" oder gar als „existentiell" betrachtet wird.

Jedes große öffentliche Thema ist eine Mischung aus Tatsache und Konstruktion. Wenn ein neuartiges, in den Wirkungen noch unbekanntes Virus auftritt wie Anfang des Jahres 2020, ist das eine Tatsache. Wie damit umgegangen wird, ist allerdings bei weitem nicht allein durch Tatsachen bestimmt – selbst wenn (oder gerade wenn?) Experten das Ruder übernehmen. Jedes öffentliche Thema unterliegt Gesetzmäßigkeiten ebenso wie Zufälligkeiten der Kommunikation. Wie demnach die Meinungsbildung und Entscheidungsfindung beim Umgang mit einer Pandemie verlaufen, ist viel ungewisser als bisweilen geglaubt. Die Wahl der Maßnahmen und der Umgang mit Bedrohungen sind viel offener („kontingenter") als medial oder regierungsamtlich dargestellt.

Öffentliche Meinung: Grundlage der Demokratie, aber kein Ort absoluter Vernunft

Viele wollen die kompliziert gewordene Welt mit Strukturreformen vereinfachen: Reform europäischer Entscheidungsverfahren, Föderalismusreformen, Änderungen des Wahlrechts. Das kann im Einzelfall sinnvoll sein, doch es bindet Kräfte und hält häufig nicht das, was man sich davon verspricht. Probleme und Krisen der Demokratie können auch einfach durch politische Fehlentscheidungen entstehen, durch eine falsche Richtung der vorherrschenden öffentlichen Meinung. Im öffentlichen Meinungsraum können sogar Denk- und Handlungsblockaden entstehen, ohne dass man zu ihrer Erklärung eine Verschwörungstheorie bemühen müsste. In unserem verfassungsrechtlichen Modell soll die politische Willensbildung im außerstaatlichen, im gesellschaftlichen Bereich ungesteuerter Freiheit entstehen. Ein ungehinderter Informationsfluss und die Freiheit zur Meinungskundgabe sind existentiell für das Funktionieren einer Demokratie, die diesen Namen verdient.

Das System der Freiheit ist gerade durch die Meinungs- und Pressefreiheit lernoffen angelegt, doch es ist dadurch noch nicht per se vor Irrwegen geschützt. Auch im öffentlichen Meinungsraum können sich falsche Annahmen als Mehrheitskonsens etablieren, können hartnäckige ideologische Muster oder Glaubensgewissheiten blind machen oder zumindest eine falsche Richtung weisen. Eine ideale politische Meinungsbildung, ein öffentliches Bewusstsein, das alle Aspekte des Gemeinwohls betrachtet, scheitert häufig ganz einfach an den objektiven Bedingungen einer jeden öffentlichen Kommunikation. Der öffentliche Diskurs liebt es, sich auf ein Thema zu konzentrieren, es moralisch oder dramaturgisch zuzuspitzen und als Kontroverse nach den Freund-Feind-Spielregeln auszurichten. Politik muss gerade auch als zivilisierte Form des Machtkampfes diesen agonalen Charakter des Politischen ernst nehmen und ihn nicht zudecken, weil sonst die Ränder im Innern oder die Feinde außen erstarken.[181]

Die entkernte Kanzler-Demokratie

Im Deutschland nach der Wiedervereinigung hatte sich ein stark konsensualer Politikstil ausgebreitet, in dem die öffentliche Meinung eine besondere Rolle spielte. Sie war dabei nicht nur der unentbehrliche kritische Resonanzboden des politischen Geschehens. Sie wurde zugleich derjenige Ort, der die politische Richtung maßgeblich bestimmt hat. Dazu ist von der Verfassung an sich der Kanzler oder die Kanzlerin berufen. Nicht zu Unrecht ist die Bundesrepublik seit 1949 als Kanzler-Demokratie dargestellt worden.[182] Doch die Kanzler, die staatspolitische Grundfragen auch gegen Proteste, Bedenken oder gar eine vorherrschende öffentliche Meinungsmehrheit durchsetzten, wie die Marktwirtschaft und Westbindung, die Wiederbewaffnung oder die Ostverträge und die Nachrüstung sind einem anderen Typus gewichen, dem des nur reagierenden und koordinierenden *Verwaltungskanzlers*.[183]

Anders als in der präsidialen Demokratie ist der Kanzler (oder die Kanzlerin) zwar buchstäblich ein Geschöpf des Parlaments und im Normalfall Repräsentant einer dort vorhandenen stabilen Mehrheit der Abgeordneten. Zugleich wird indes politisch vom Kanzler konzeptionelle Führungskraft verlangt. Aus diesem Amt heraus soll Politik als Ganzes entworfen und nach den außenpolitischen und innenpolitischen Möglichkeiten durchgesetzt werden. Ein Kanzler, der nur verwaltet und nur auf mediale Stimmungslagen reagiert oder lediglich aktuell aufbrechende Krisen einigermaßen managt, wird dieser Rolle nicht gerecht.

Eine nur von den schwankenden Stimmungen getriebene oder nur von überstaatlichen Konferenzen, von NGOs oder Wirtschaftsverbänden und Gewerkschaften thematisch gelenkte Regierung „regiert" nicht. Sie reagiert, vollzieht den Willen anderer. Die demokratische Regierung soll gewiss nicht abgehoben oder ignorant gegenüber Forderungen und Interessen sein, aber sie muss auch eine konzeptionelle Führungsrolle übernehmen. Sonst wird der Anspruch verfehlt, Politik solle das Ganze im Blick haben. Das Wort „Politik" kommt bereits begrifflich von der griechischen „Polis", die nicht einfach nur die Stadt (auch im Sinne von Staat) meinte, sondern das republikanische Ganze (sogar den Horizont des öffentlich Kommunizierbaren) ausmacht.[184]

Die Ökonomie der öffentlichen Kommunikation

Unter den selektiven Bedingungen öffentlicher Kommunikation leidet die „Sachpolitik" an einer regelmäßig allzu monothematischen Ausrichtung. Öffentliche Aufmerksamkeit folgt einer eigenen Ökonomie. Es ist die Ökonomie der Kommunikation, für die Sachthemen nicht „die Sache selbst", sondern das Sprechen über die Sache ist. Ein, zwei oder drei Themen können gleichzeitig im Fokus sein, aber nicht viel mehr. Zu alldem treten die üblichen Aufregungen im öffentlichen Meinungsraum, das Spiel mit Ängsten und Emotionen, die leicht zu mobilisieren sind. In einer volatilen Gesellschaft nimmt ihre Bedeutung zu. Das verdeutlicht indes nur die Gesetzmäßigkeiten der öffentlichen Kommunikation: Je größer die emotionale Aufregung, desto rascher werden Kritiker zum Schweigen gebracht – nein nicht durch Geheimpolizei, sondern durch moralische Abscheu gegenüber der abweichenden Meinung.

Nach einiger Zeit lässt die Aufregung nach, wird Verdrängtes wieder sichtbar und vor allem nutzt sich die Aufmerksamkeit ab. Der Reiz des Neuen verblasst, weil es nicht mehr neu ist. Auch ein dringliches Thema wird langweilig, wenn zwar noch lange nicht alles getan, doch alles gesagt ist. Selbst wenn ein Problem, das bislang sträflich vernachlässigt wurde, es plötzlich auf dem politischen Spielplan bis ganz nach oben geschafft hat, so weiß man doch, dass es morgen für ein anderes Thema wieder abgesetzt werden kann.

Wie hält man ein abgesetztes Bühnenstück auf dem politischen Spielplan?

Die Politik reagiert auf diese Volatilität durch die Schaffung von Strukturen, die Einrichtung von Behörden oder Beauftragten und den Erlass von Gesetzen, die auch dann noch vollzogen werden, wenn nicht nur die Aufmerksamkeits-Karawane längst weitergezogen ist, sondern sich auch die Bedingungen geändert haben. Gegen die Launenhaftigkeit des Publikums helfen gesetzlich verbindliche Festlegung, die am besten vor Veränderung durch einen neuen Gesetzgeber immunisiert werden. Das kann man erreichen, wenn ein Gesetz oder eine Verwaltungspraxis verfassungsrechtlich, europarechtlich oder völkerrechtlich „gehärtet" wird. Denn damit wird dem nationalen Primärraum ein Stück Dispositionsmacht entzogen, die Politik der parlamentarischen Vertretung ist gefesselt, das vom Publikum abgesetzte Stück bleibt dennoch auf dem Spielplan.

Dennoch wäre es weit übertrieben, ein groß gesetztes öffentliches Thema, eine politische Krise als rein mediales Ereignis zu verstehen, als einen bloßen Spielball in den Zufälligkeiten von öffentlicher Kommunikation. Das wäre ebenso haltlos wie der Verdacht, das existentiell bedeutsame Tatsachen öffentlich durch eine geheime Regie einfach nicht wahrgenommen und deshalb auch nicht als Thema angemessen behandelt werden.

Es wäre indes naiv zu übersehen, dass echte sachliche Notwendigkeit und politische wie moralische Nützlichkeit eng miteinander verwoben sind. Was ein „Aufreger" im Wahlkampf ist, versuchen Parteien für sich oder gegen die Konkurrenz zu „triggern".[185] Das kann gelingen oder nicht. Es gibt politische Strategien, die auch jenseits des Wahlkampfs versuchen, ein „Meinungsklima" offen oder subkutan herzustellen oder ein bestehendes zu verändern und es sich dienstbar zu machen.

„Weiche" Themen – und ihre harten Konsequenzen

Im politischen Alltag wird gerade das angeblich „weiche" Thema des kulturellen Fundaments unterschätzt. Als die linksorientierte Studentenbewegung der 1960er Jahre allmählich abebbte, entschloss man sich zum „Marsch durch die Institutionen" und verlegte den Kampf von Straßenschlachten auf die Gleise eines sich längst abzeichnenden kulturellen Wandels der Gesellschaft in Lebensstil, Habitus und Rollenverständnissen.[186] Manche träumten von einer kulturellen *Hegemonie*, die dem politischen Gegner buchstäblich das Wasser abgräbt, wie sich das der italienische Marxist Antonio Gramsci vorstellte.[187]

Seit den siebziger Jahren war zu beobachten, wie das konservative Lager allmählich seine Meinungsführerschaft verlor, die in den fünfziger Jahren in den USA oder in Deutschland noch dominant schien. Als *Helmut Kohl* 1982 die geistig-moralische Wende ausrief, wurde rasch klar, dass man von der Regierungsbank oder aus einer Parteizentrale heraus nicht einfach den Zeitgeist umdrehen kann. Die Regierung *Kohl/Genscher* konnte die sogenannte weltweite 68er-Kultur gar nicht mehr erreichen. Es passierte in den folgenden Jahrzehnten etwas anderes: Viele haben eine Linksverschiebung des deutschen Konservatismus gesehen, eine Sozialdemokratisierung oder Ökologisierung der Union. Die bürgerliche Programmatik werde schrittweise entkernt, weil sie nicht mehr zu den Einstellungen großstädtischer Eliten passe. Das führte zu einer „Entkonservatisierung" von CDU und CSU, die in der Regierungszeit *Angela Merkels* dann geradezu ihren programmatischen Ersatz in einer *Kaskade fortgesetzter Krisenbewältigung* und des „Auf-Sicht-Fahrens" fand.[188] Das Problem lag allerdings nicht in der Modernisierung der politischen Mitte, sondern im Verzicht auf eigene konzeptionell überzeugende Angebote.

II. Die Rolle der Rechtsprechung bei der Bestimmung des Gemeinwohls

Heuristik ist der Versuch, mit begrenztem Wissen zu vernünftigen Einsichten zu gelangen.[189] Das klingt etwas unbestimmt, hat aber seinen Wert. Wir können beispielsweise nicht exakt bestimmen, welches Gemeinwohlziel, zumal in Zeiten knapper Mittel, vorrangig zu verfolgen ist. Das klassische Verfassungsrecht hat es sich an dieser Stelle mit gutem Grund einfach gemacht. Es weist auf die *Gestaltungsfreiheit* des demokratischen Gesetzgebers hin. Den Parlamenten als erster Gewalt im Staate stehe das Recht zur Beurteilung der Lage und die politische Gestaltungsmacht zu – das gilt bei der Auswahl und bei der Gewichtsverteilung der Gemeinwohlziele und auch für die Wahl der zu ergreifenden Maßnahmen.[190]

In jüngerer Zeit macht die Rechtsprechung sich (und der Politik) allerdings das Leben dadurch schwer, wenn sie Staatsziele, die in der Verfassung mit einem hohen Allgemeinheitsgrad stehen, konkreter interpretiert als das bislang üblicherweise der Fall war. Das soziale Staatsziel wurde lange Zeit so verstanden, dass daraus keine konkreten Ansprüche auf Leistungen abgeleitet werden können; jüngere Entscheidungen lesen sich an diesem Punkt anders.[191] Ein anderes Beispiel: Was genau zum Schutz der natürlichen Lebensgrundlagen (Art. 20a GG) erforderlich ist, steht nicht in der Verfassung, bleibt der Mehrheit im Parlament überlassen. An die Einklagbarkeit einer konkreten Politik ist bei einem Staatsziel eigentlich gar nicht gedacht, weil sonst die Gerichte das Heft der Gemeinwohlbestimmung autoritativ in die Hand nähmen. Nur wenn der Gesetzgeber gar nichts tut oder ganz offenbar ungenügende „Maßnahmen" ergreift, wirkt das Staatsziel als objektive verfassungsrechtliche Grenze, und auch dieser Verstoß muss nicht (subjektivrechtlich) von jedem einklagbar sein.

Es gibt inzwischen aber vermehrt Entscheidungen, auch übernationaler Gerichte, die den Gesetzgeber sehr stark an einen einmal gewählten politischen Weg binden und Klagerechte etwa über grundrechtliche Schutzpflichten (unter Umständen sogar weltweit) eröffnen. So werden die Gerichte zu einem stärkeren Mitspieler bei der politischen Frage der Vorrangentscheidung. Dies gilt sowohl bei der Auswahl des überragenden Gemeinwohls als auch bei der Priorisierung des Mitteleinsatzes.

III. Der Krisenbegriff mit seinem Vorranganspruch

Eine Kennzeichnung des Knappheitsproblems tritt auf, wenn von einer „Krise" die Rede ist und damit signalisiert wird, dass ein Handlungsbedarf so dringend ist, dass er alles andere (zumindest für den Augenblick) an den Rand drängt. Insofern ist der Krisenbegriff bereits für sich genommen ein Begriff mit einem heuristischen Anspruch, weil er mit der Behauptung einer Krise eine Priorisierung, eine Rangfolge nahelegt. Das Problem liegt dann allerdings darin, dass nicht jede Krisendiagnose allgemeine Zustimmung und Billigung findet. Der Fall der Coronakrise 2020 bis 2022 hat vorgeführt, was möglich ist, wenn eine ganz überwiegende oder sogar dominante Krisenwahrnehmung besteht. Dann kann über Monate hinweg eine ganze Gesellschaft, so offen und individualistisch sie sein mag, stillgestellt werden mitsamt dem Eindruck, dass alle Grundrechte und Menschenrechte im Angesicht der drängenden Krise zu Randfiguren schrumpfen. Doch der Normalfall sieht anders aus, wenn Klimakrise, Infrastrukturkrise, geopolitische, demokratische, wirtschaftliche oder fiskalische Krisen zusammenkommen und die Zielkonflikte nicht mehr rational in einer alle überzeugenden Weise lösbar scheinen. Welche Krise ist dann die „große" Krise, die den Vorrang in der Priorisierung der Maßnahmen beanspruchen darf?

Die agonale Konstellation als Veränderungen der Krisenkommunikation

Wenn es stimmt, dass mit dem offenen Überfall auf die Ukraine ein Zeitalter der Gewalt gegen Demokratien begonnen hat, gibt es jedenfalls seit 2022 eine Krise mehr, die als große, weil existentielle Krise wahrgenommen werden kann. Hier wird die Zäsur der internationalen Machtlage sogar besonders scharfkantig sichtbar. Wenn eine Gesellschaft, die ihre Priorität bislang im universellen Menschenrechts- und Klimaschutz gesehen hat (wer wollte das kritisieren?), plötzlich mit so etwas Profanem wie der Unterstützung eines Landes mit wirksamen Kriegswaffen konfrontiert wird, stoßen die Priorisierungen aus der Zeit vor und die nach der Zäsur hart aneinander.

Sowohl die nationale Politik wie die der EU haben der Wirtschaft in der Schönwetterphase einer geglaubten Überlegenheit des Westens Schritt für Schritt Auflagen zu einer Nachhaltigkeit politisch definierter Gemeinwohlbelange gemacht. So will die EU-Taxonomie Investitionsverhalten und Finanzströme so lenken, dass Gutes gefördert und Schlechtes finanziell ausgetrocknet wird. Umstritten war dabei schon, ob die Finanzierung von Atomkraftwerken klimapolitisch nachhaltig, also gut ist oder (wie Deutschland meinte) nicht. Vor dem 24. Februar 2022 wurde allerdings nicht darüber gestritten, ob die Verteidigungsindustrie nachhaltig ist oder nicht: Denn sie galt definitiv nicht als nachhaltig.

> „Die deutsche Sicherheits- und Verteidigungsindustrie hat immer noch das Problem der teilweisen Ächtung von Rüstung und Waffen aller Art durch Banken und Fonds. Die am 5.3.2024 publizierte European Defence Industrial Strategy sagt dazu: ‚the defence industry enhances sustainability, given its contribution to resilience, security and peace.' Jedoch fehlt nach wie vor eine Übersetzung dieser Aussage in die Kategorien der für Banken und Investmentfonds maßgeblichen EU-Finanzmarktregulatorik, insbesondere in Gestalt einer Aufnahme in die Sustainable Finance Disclosure Regulation (SFDR – 2019/20288)."[192]

In dem aus Jahr 2020 stammenden „Green-Bond-Rahmenwerk" des deutschen Bundesfinanzministeriums (damals unter der Leitung von *Olaf Scholz*) hieß es, das Geld aus einer grünen Anleihe nicht für „Rüstung, Verteidigung, Tabak, Alkohol und Glücksspiel verwendet werden darf".[193]

Immerhin: Waffen für EU- und NATO Zwecke durften gleichwohl als nachhaltig gelten. Doch was war dann mit Waffen für die Ukraine, die mit EU und NATO nicht unmittelbar im Zusammenhang stehen? Nun darf man beruhigend einwenden, dass solche Steuerungsimpulse rasch verändert werden können. Was allerdings nicht so einfach verändert werden kann, ist die Entscheidung über die fiskalische Mittelverwendung: mehr Geld in die eigene Verteidigungskraft und mehr Hilfe für die schwankende Ukraine? Wo nimmt man solche im Umfang erheblichen Mittel her, wenn nichts in Bereichen gekürzt werden darf, wo der Zusammenhalt der Gesellschaft („Krise der sozialen Gleichheit") bedroht ist oder mehr Geld für die Erhaltung der Infrastruktur („Krise der Infrastruktur") benötigt wird? Wo kommt das Geld her für die Erhaltung der wirtschaftlichen Wettbewerbsfähigkeit im Zeitalter der klimapolitischen Transformation mit ihrer eklatanten Verteuerung der Energiepreise? Oder soll die Bekämpfung der Klimakrise bis auf weiteres aufgeschoben werden? Ginge das denn überhaupt, wenn der Umbau der Energieversorgung bereits in vollem Gange ist?

Es sind diese *Zielkonflikte*, die die Ampel-Koalition Ende 2024 zu Fall gebracht haben, weil man sich nicht auf eine neue Priorisierung und auch nicht auf eine stärkere Staatsverschuldung als vorübergehenden Ausweg einigen konnte.

IV. Umgang mit Krisen: Die Zeit und das Komplexitätsproblem

Kann hier eine Heuristik der Krisen ein Schiedsrichter mit der Autorität des vernünftigen Arguments sein? Oder müssen wir uns dem Dezisionismus (sprich: dem Zufall oder der „Willkür") der politischen Entscheidungsträger in Brüssel oder Berlin überlassen? Oder soll man verstärkt auf die Weisheit von Richtern und Richterinnen am EuGH oder am BVerfG oder auf den Ratschluss von Wissenschaftlern setzen?

Was ist denn eigentlich die große Krise unserer Zeit? Wenn nicht nur eine Gefahr droht, sondern derer viele, gilt es zu entscheiden, welcher Gefahr zuerst und mit welchen Mitteln zu begegnen ist. Eine tödliche Bedrohung muss sofort und mit vollem Einsatz bekämpft werden. Anderes hat zurückzustehen. Das erzeugt zuerst ein Problem auf der Zeitachse. Das kurzfristig Drängende hat Vorrang. Das erst langfristig sich auswirkende Geschehen wird dagegen gerne auf die „lange Bank" geschoben.[194]

Schon hier könnte eine erste Vermutung angestellt werden: Die sich erst zeitlich verschoben auswirkenden Schadensursachen könnten die gefährlichsten sein, weil das Kurzfristige im Alltag sich stets vor die Bewältigung der langfristigen Bedrohungslage schiebt. Man müsste folglich ganz allgemein damit rechnen, dass eine auf der langen Zeitachse drohende (womöglich tödliche) Gefahr hintangestellt wird, gerade dann, wenn viele kleinere akute Bedrohungslagen sich ständig auf der Tagesordnung nach vorne schieben.

So musste es die ökologische Diskussion seit den frühen 70er Jahren erleben, weil der Mensch dazu neigt, die langfristige Belastbarkeit des Planeten immer wieder auszublenden. Doch das Prinzip der Vordringlichkeit des Kurzfristigen ist im politischen Raum keineswegs eine Gesetzmäßigkeit. Denn gerade im Hinblick auf Umwelt- und Klimaschutz konnte durch internationale Abstimmung und Vereinbarungen ein in den Wirkungen auch *langfristig prägendes* Thema erzeugt werden. Das Ziel einer Verminderung der globalen Erwärmung kann es beispielsweise durch völkerrechtliche Verträge und eine rechtliche Verfestigung im europäischen Mehrebenensystem schaffen, in der Priorisierung der Maßnahmen ganz nach vorne zu gelangen und diese Position auch dann zu behaupten, wenn die öffentliche Aufmerksamkeit sich anderen Themen stärker zuwendet.

Die Zukunft bleibt unbestimmt, ob es uns gefällt oder nicht

Doch auch wenn eine solche Etablierung von Langzeitaufmerksamkeit im Recht und in eigens dafür geschaffenen Organisationen gelingt, gilt es zwei Faktoren zu berücksichtigen. Der erste Gesichtspunkt betrifft die (Un-)Möglichkeit des sicheren Wissens über die Zukunft. Das gilt auf der Zeitachse ebenso wie beim Maß der zu erfassenden Komplexität. Je weiter die Zukunft entfernt ist, desto geringer die Treffgenauigkeit. Das betrifft häufig nicht so sehr bestimmte, vergleichsweise feststehende Grundannahmen wie im Fall der Demografie oder bei der CO_2-Freisetzung als Faktum der anthropogenen Klimaerwärmung. Es geht vielmehr um das Komplexitätsproblem bei der Abschätzung der *Wirksamkeit* von Maßnahmen. Es geht um die Kenntnis und die Einschätzung von konkurrierenden, aber nicht genau voraussehbaren Entwicklungen. Es geht um Nebenwirkungen der ergriffenen Maßnahmen und den dadurch ausgelösten Wechselwirkungen oder Interferenzen. Wir stoßen auf das Problem einer unentrinnbaren Komplexität, die sichere Voraussagen eines künftigen Zustandes der Welt unmöglich macht.

Die andere Überlegung besteht darin, dass die Konzentration auf eine *langfristig* drohende Gefahr nicht nur Zeit beansprucht, sondern auch Mittel bindet, die dann für die Bekämpfung einer unerwarteten kurzfristigen Bedrohung nicht mehr zur Verfügung stehen. Zu den Rationalitätsproblemen auf der Zeitachse tritt ein weiteres der sachlichen Urteilsfähigkeit. Wann ist eine Krise dermaßen existenziell, dass ihre Bekämpfung eine alles überlagernde Kraftanstrengung erfordert, die andere Belange hintanstehen lassen darf oder muss? Selbst wenn man sich nur auf eine Krise konzentriert, beispielsweise auf die Klimakrise, so muss man entscheiden, welche Mittel ein Land in die Hand nimmt, um einen möglicherweise im globalen Maßstab „kleinen" Beitrag zur Verminderung der Klimaerwärmung zu leisten oder mit demselben Geld anderes zu tun, was mittelbar Klimaeffekte haben kann oder in Schutzvorrichtungen gegen die Folgen der Klimaerwärmung zu investieren.

Krisensemantik gegen Sprache des Wandels

Bevor man sich aufmacht, über die Rangfolge von Krisen und ihre Gewichtung nachzudenken, sollte man sich einen Augenblick nehmen für die Reflexion dessen, was die Rede über Krisen eigentlich gesellschaftlich bedeutet, in welche Kontexte sie eingebettet ist und welche Wirkungen sie hervorruft.

Die Krisendiagnose verwendet die Sprache des Alarmrufs. Ihre Dramaturgie ist die des drohenden Unheils. Ihre Semantik zielt auf (nicht notwendig nahe, so doch) nahende Gefahren. Sie will aufrütteln, ruft nach Maßnahmen: sofort und effektiv, unterbindet aber auch den Widerspruch als eine Gefahr für die rettende Tat. Doch nicht jedes wichtige Thema muss als Krise ausgeflaggt werden. In der Wissenschaft und auch im politischen Jargon der Mitte existiert dazu eine gegenläufige Richtung. Sie zielt mit betont sachlicher Redeweise auf Handeln in einem Ambiente des kühlen Blutes. Es fordert Vertrauen in das Management einer Regierung, es zielt bei aller Veränderung der Lage auf die Herstellung von Normalitätsanschlüssen. Die Rede ist dort von (immer üblichen) Wandlungsprozessen und stets neuen Herausforderungen, von Übergängen, von besserer Resilienz, Anpassung oder Transformation. In dieser Begriffswelt wird die *Machbarkeit* betont. Das Kommende mag zwar unentrinnbares Schicksal sein, aber es bleibt handhabbar, und zwar als Teil einer alltäglichen Veränderung, für die gerade die moderne Gesellschaft bestens gerüstet ist. Die Erfahrung – so die Vertreter des Wandels – zeige es doch: In den großen Problemen schlummerten schließlich immer auch Chancen, sonst wären wir nicht da, wo wir sind.

V. Der unterschätzte Raum der Freiheit

Priorisierung der Themen als Notwendigkeit

Die Menschen neigen auf der Grundlage von wissenschaftlich aufbereiteten Tatsachen dazu, den Raum der Freiheit zu unterschätzen. Man hat immer eine Wahl, ist „verurteilt zur Freiheit" (*Jean-Paul Sartre*)[195]. Das sagt nicht nur der Existentialismus. Gleich, ob wir uns als Menschen entscheiden müssen, was wir tun und was wir durch Unterlassen werden wollen oder ob eine Republik, eine politische Gemeinschaft, bestimmte Dinge aufgreift oder liegenlässt: Es gilt immer zu wählen, es ist nichts determiniert oder jedenfalls viel weniger, als wir denken wollen.

„Notwendige Selektivität der Themen" heißt der Umstand, auswählen zu müssen. Die Selektivität, also die Möglichkeit und die Notwendigkeit auszuwählen, ist viel größer als ein beliebiger Blick auf eine jeweils aktuelle Nachrichtenlage zeigt. Denn hier – bei einer Nachrichtensendung, einer Reportage, dem Blick in eine Tageszeitung oder auf einen Videoclip – ist alles vorsortiert. Irgendjemand hat schon ausgewählt, bevor wir lesen, sehen oder hören. Das meiste ist vom jeweiligen Trend der täglich wechselnden Aufmerksamkeiten geprägt und gelenkt, durch Algorithmen verstärkt. Bei solcher

Priorisierung der Themen, der Art ihrer Darbietung und Wertung, kann selbstredend immer auch eine politische oder wirtschaftliche Interessenlage im Spiel sein, möglicherweise sogar handfeste Manipulation. Doch selbst wenn man sich alle Manipulation wegdenkt, bleibt die *Tatsache der stets sozialen Konstruktion von Tatsachen*[196], die in einer komplexen Welt unausweichlich ist.

Themenwahl als Machtfrage

Vor jeder Absicht der Verfälschung und Manipulation ist die Auswahl der Themen, die Heranziehung oder das Beiseitelassen bestimmter Fakten, die Darstellung statistischer Zusammenhänge, Illustrationen und Wertungen als Mittel für die Konstruktion von Zukunft eine *Machtfrage erster Ordnung*. Der Entwurf einer bestimmten Zukunft – sei es als Verheißung des guten Lebens oder umgekehrt als seine Bedrohung – ist immer auch ein Entwurf des „Ganzen", zielt auf Gestaltung des Gemeinwesens, das heißt: Es ist Politik.

Diese einfache Beobachtung ist weder ein Grund zur Entspannung noch zum Fatalismus. Und es sollte auch nicht der Nährboden für „alternative Tatsachen" sein: nach dem Motto: „Wenn alles beliebig ist, könnte doch auch jeder Unfug wahr sein". Es könnte aber einen Zusammenhang zwischen dem kruden und nicht selten buchstäblich „verlogenen" Populismus auf der einen Seite und einem überzogenen Glauben an die vollständige wissenschaftliche Erkennbarkeit der Welt geben – mitsamt der vorgeblichen Fähigkeit zur exakten Planbarkeit eben dieser Welt. Denn der letztgenannte Glaube ist ebenso falsch wie frei erfundene Behauptungen über die Ernährungsgewohnheiten von Einwanderern in die USA.[197]

Der umgekehrte Kassandra-Effekt

Wer ein breites Publikum erreichen will, sollte einen wirksamen Reiz setzen. Einen mächtigen Reiz verspricht das Vexierbild der *Kassandra*, jener Gestalt der griechischen Mythologie, die Unheil voraussagte.

Kassandra gilt als tragisch, weil sie die Zukunft sieht, aber kein Gehör fand. Heute dagegen erlangt (in womöglich ebenso tragischer Weise) Aufmerksamkeit, wer Unheil voraussagt, auch wenn das drohende Unheil weit übertrieben ist oder die Propheten – anders als *Kassandra* – schon im Ansatz falsch liegen. Vieles, was als große Krise in den letzten Jahrhunderten der Neuzeit prophezeit worden ist, hat sich als Irrtum oder als gewaltige Übertreibung erwiesen.

Dabei stößt man auf etwas Merkwürdiges. Jede Krise besteht weniger „objektiv" als allgemein im Augenblick ihrer Entdeckung und im Laufe ihrer Bewältigung angenommen wird: Manch drohender Schaden ist übertrieben – oder aber auch untertrieben. Manches Krisenszenario ist bei Lichte betrachtet gar nicht so dramatisch. Andere schwelende oder für den Moment im Bewusstsein aufblitzende Krisen sind existentiell, aber sie werden womöglich gar nicht als solche mit dem nötigen Ernst thematisiert.

Plastizität der Krisenwahrnehmung und Selbstüberschätzung der wissenschaftlichen Zivilisation

Fest steht: Jede Krisenwahrnehmung ist sozial formbar. Sie ist das Ergebnis eines sozialen Kommunikationsgeschehens, einer Art von Verständigung. Die Themenauswahl, die weiterführenden Anschlüsse und der wahrscheinliche Diskussionsverlauf kann durch Nachrichten und Bilder gesteuert werden und gerade auch durch eine moralisch grundierte Erregungswelle. Vieles bleibt abhängig von persönlichen Einstellungen und den öffentlich beglaubigten Weltdeutungen.

In einer Zeit, die sich für vernünftig hält, für wissenschaftlich gut beraten, bleibt das Irrationale dennoch der ungebetene Gast an der Tafel der Aufgeklärten und der Wissenden. Eklatante Fehleinschätzungen sind immer möglich, ebenso wie der falsche Umgang mit Schadenserfahrungen oder mit widerlegten Prognosen der Vergangenheit. Eine Zivilisation, die sich auf wissenschaftliche Erkenntnisse besonders verlässt, kann sich leicht überschätzen in der Möglichkeit des Wissens über sich selbst. Das hat etwas zu tun mit der notwendigen Beschränktheit eines jeden Wissens, das mit der Zunahme des Wissens ebenso wächst wie seine Lücken und neue Fragen. Im Kreise von Fachleuten weiß man das, ist aber dennoch geschmeichelt, wenn Politik und Gesellschaft einen auf den Thron der Philosophenkönige heben wollen. Natürlich wussten auch Virologen nicht genau, wie sich das Virus im Laufe seiner Mutationen entwickeln wird, sie wussten nicht genau, welche Erkrankungen mit welchen Folgen entstehen und sie wussten nicht, wie die Medizin mit bestimmten Erkrankungen umgehen kann. Sie konnten nicht genau wissen, wann im Verlauf der Pandemie Impfstoffe zur Verfügung stehen und welche Wirkungen oder auch Nebenwirkungen diese Impfstoffe haben würden. Erst recht konnten sie nicht wissen, welche Folgen Maßnahmen zur Bekämpfung der Ausbreitung des Virus in der Gesellschaft, sei es für die Gesundheit, sei es für andere existenziell bedeutsame Zusammenhänge, haben werden. Das alles kann auch nicht von einer wissenschaftlich arbeitenden Disziplin beantwortet werden: Schon die Erwartung ist falsch. Die Komplexität ist viel höher, als vom Vertrauen in Wissenschaft angenommen wird.

Das ist kein Plädoyer gegen den Wert wissenschaftlich gewonnener Erkenntnisse, wohl aber eines für die Einsicht einer sachlich notwendigen Begrenztheit selbst des „raffiniertesten" Wissens. Das gilt auch für die Priorisierung von Krisen und die Ratschläge zum Umgang mit solchen Krisen. Hier kommt es für die Wissenschaft auch zu einem nicht unwesentlichen Teil darauf an, was das Publikum hören will und was nicht. Der wissenschaftliche Prozess wird durch zwei mächtige Trends beeinflusst, den einer inneren Selbstverstärkung und den äußerer Verwertungserwartungen. Im Inneren jeder wissenschaftlichen Disziplin gibt es einen Mechanismus der Schwerpunktbildung, der nicht nur im fachlich-methodischen Setting einem bestimmten Paradigma folgt, sondern der auch allerlei modische Trends hervorbringen kann, die manchmal aus der Sicht der außenstehenden Gesellschaft (insbesondere im Fall der Geisteswissenschaften) wie Verirrungen wirken können. Aber letztlich bleibt jede Wissenschaft auch von Dotierungen abhängig, die aus der

Wirtschaft und vor allem aus dem staatlichen Bereich stammen. Über die öffentliche Meinungsbildung gesteuert entscheidet die Politik so maßgeblich über die Verteilung finanzieller Mittel und Stellen, die den Universitäten und Forschungseinrichtungen zur Verfügung gestellt werden. Was heißt das für den Umgang mit Krisen?

VI. Prognosen zwischen Dystopie und Utopie

Ein großer Teil des Publikums liebt bestimmte Krisenprognosen auch dann noch, wenn sie längst widerlegt sind. Es herrscht eine Art hartnäckige Zuneigung zu bestimmten Szenarien. Diese Zuneigung zu bestimmten Erzählungen hat etwas zu tun mit der Kraft von *Dystopien* und *Utopien*, die aus dem Quell eines mythischen Zaubers gespeist sind. Uralte Zukunftserwartungen stammen aus religiösen Erzählungen, sei es in der Furcht vor dem *Weltstrafgericht* oder in der Hoffnung auf Erlösung mit der *Rückkehr ins Paradies*. Es geht um Himmel und Hölle. Die Erwartung von Untergang und Strafe für die Sünde der babylonischen Vermessenheit im Diesseits stehen in Verbindung mit der Höllenfurcht und Erlösungshoffnung im Jenseits.

Die neuzeitliche Utopie seit *Thomas Morus* im Jahr 1516 erschienene Schrift „Utopia“[198] bedient in säkularer Handschrift die hoffnungsfrohe Seite religiöser Erzählungen. Es geht um das verlorene Paradies, um Erlösung bereits in der diesseitigen Welt durch vernunftgeleitete Aufhebung aller Entfremdung und Entzweiung, um die Vorwegnahme des im Jenseits versprochenen Himmels.[199]

Was heißt das für den Umgang mit den „großen“ Prognosen? Prognosen mögen noch so rational sein, noch so gut empirisch oder theoretisch belegt. Immer besteht die Gefahr, dass sie Opfer einer solchen transzendenten Tendenz werden, jener religiösen oder quasireligiösen Sehnsucht nach Verstehen und Deutung menschlicher Existenz. Die wissenschaftliche Forschung mag nüchtern distanziert ihre Fragen stellen und streng methodisch nach Antworten suchen. Doch die Voreinstellungen von Wissenschaftlerinnen und Forschern darf man nicht unterschätzen. Kritisch beobachten wird man auch die Bedingungen der gesellschaftlichen Rezeption und die Nachfrage nach bestimmten Erkenntnissen. Was gilt als interessant? Welche Ergebnisse taugen für ein breites Publikum, mit welcher plakativen Aussage?

Die *Bedingungen notwendiger Selektivität* gelten innerhalb wie außerhalb des Wissenschaftsbetriebes. Eine Prognose wird durch die (regelmäßig unbeabsichtigte und unbewusste) Nähe zu religiösen Deutungsmustern und Erwartungshaltungen gewiss nicht automatisch falsch. Doch eine wirklich aufgeklärte Wissenschaft wird immer einen Schritt zurücktreten und die Frage stellen: Warum verfängt gerade eine bestimmte dystopisch anmutende Prognose? Warum neigt man zu utopisch erscheinenden Lösungsstrategien und Hoffnungen, selbst wenn sie bereits empirisch messbar gescheitert sind?

Beispiel für die hartnäckige Dystopie

Thomas Robert Malthus hatte um das Jahr 1800 herum den Hungertod einer ständig wachsenden Gesellschaft vorausgesagt, deren Überbevölkerung nicht ernährt werden könnte und die Erde hoffnungslos überlaste. Sein damaliges Erschrecken über eine Milliarde Menschen mit anhaltenden Geburtenüberschüssen verbreitete sich im 19. Jahrhundert im viktorianischen England bis hin zu der Einstellung, eine Hungersnot habe auch ihr Gutes als Regulativ.[200] Die Fortschritte der landwirtschaftlichen Bodennutzung und die Entwicklung von industriell hergestellten Düngemitteln erlaubte jedoch die Ernährung von weit mehr Menschen als zu Beginn des 19. Jahrhunderts erwartet. Insofern galt Malthus lange Zeit als eklatant widerlegt. Doch die *malthusische* Annahme von zu vielen Menschen auf einem geplünderten Planeten ist weiter präsent, ein Blick auf hanebüchen verdichtete Ballungsräume und im Meer versinkende Großstädte scheint das auch anschaulich zu illustrieren. Und doch ist auffällig, dass heute nicht (jedenfalls nicht unmittelbar) die weltweite Hungerkatastrophe als unmittelbar drohende Gefahr angenommen wird, sondern der ökologische Gesamtkontext im Vordergrund steht, mit Klima, Ressourcen, Wasser, Böden und Artenvielfalt.

Beispiel für die hartnäckige Utopie

Karl Marx war im 19. Jahrhundert überzeugt davon, dass der Kapitalismus mit gesetzmäßiger Sicherheit sich selbst zerstöre und ungeheures Massenelend verursache, während die Enteignung und Vergemeinschaftung der Produktionsmittel in eine geradezu paradiesische Überflussgesellschaft mit nie gekanntem Wohlstand und nie gekannten individuellen Freiheiten führen würden. Wenn die ewige Klassenherrschaft erst einmal ende, wenn die Produktionsmittel in den Händen der Arbeiter lägen und das Privateigentum beseitigt sei, gebe es keine Notwendigkeit von (politischer und sozialer) Herrschaft mehr und es gäbe auch keine Entfremdung mehr im Verhältnis von Mensch und Natur. Der Mensch kehrt im Kommunismus der (gesetzmäßig feststehenden) Zukunft zurück in den Schoß einer Natur, die er dann als ihr bewusst gewordener Teil umsichtig gestaltet.

Selten wurde eine sich als Wissenschaft bezeichnende Annahme so deutlich im politischen Großexperiment (des sowjetischen Kommunismus) widerlegt. Die sukzessive Auszehrung der Sowjetunion bis zu ihrer Implosion unter *Gorbatschow* und zugleich der Aufstieg und die globale Dominanz der kapitalistischen USA belegten eindrucksvoll den Systemunterschied: Armut und Unterdrückung auf der einen Seite, Wohlstand und Freiheit auf der anderen Seite. Doch der Irrglaube der Möglichkeit von Freiheit ohne Markt ist erstaunlich beständig. Schon *Dolf Sternberger*, der Urheber der Nachkriegsidee des „Verfassungspatriotismus“[201] hatte sich im Angesicht der Studentenrevolte von 1968 und des beginnenden Linksterrorismus der 1970er-Jahre verwundert gezeigt, dass dieses utopische Moment durch das Desaster aller totalitären und repressiven Herrschaftssysteme auf marxistischer Grundlage sich nicht enttäuschen lasse in der „Schwarmgeisterei“: für *Sternberger* ein Element der geistigen „Ungestalt Europas“.[202] Immer wieder versuchen bis zum heutigen Tag einzelne Regierungen wie im Venezuela von *Chávez* und *Maduro* oder die in Kuba und Nordkorea in ihrer Erfolglosigkeit und Unterdrückungsmechanik das nur noch dahinsiechende Experiment mit

Demagogie und Gewalt zu erneuern, mit immer denselben katastrophalen Ergebnissen in Richtung Armut und einer systembedingten Diktatur.

Auch einige Intellektuelle und Aktivisten glauben nach wie vor mit *Rousseau* und *Marx* – und in deutlich religiöser Adaption –, der Kapitalismus und das Privateigentum seien der eigentliche Grund, die Ursünde für alles Unheil der Welt. Seine Überwindung habe erlösenden Charakter.

Falsche Technikvoraussagen

Ein auf den ersten Blick weniger ideologisch imprägniertes, aber doch wirkmächtiges Feld sind Technikvoraussagen, die einigermaßen richtig sein können – oder aber auch gänzlich falsch. Dabei geht es weniger um die Abschätzung, ob einer neuen Technik ein Durchbruch gelingt, sondern welche gesellschaftlichen Folgen mit einer bereits absehbar erfolgreichen technischen Innovation verbunden sein werden. Bei jeder technischen Innovation, von der Dampfmaschine und dem Webstuhl, der Mechanisierung[203], über den Fordismus des Fließbandes bis zur Künstlichen Intelligenz unserer Zeit, wurde beispielsweise der massive Verlust des Bedarfs an Arbeitskräften vorausgesagt. Verblüffenderweise wuchs dieser Bedarf in der Perspektive längerer Zeiträume und verschob sich lediglich qualitativ.

Als sich in den zwanziger und dreißiger Jahren des 19. Jahrhunderts in England die Eisenbahn als Transportmittel für Personen und Güter entwickelte, konnte man voraussagen, dass traditionelle Transportkapazitäten wie Pferdefuhrwerke jedenfalls für die Landwege an Bedeutung verlieren würden. Was man jedoch regelmäßig nicht erkannte – und aus Komplexitätsgründen auch gar nicht erkennen konnte – war, wie viele neue Tätigkeiten mit dem Siegeszug der Eisenbahn entstehen würden und was sie in Verbindung zu anderen Branchen der übrigen Wirtschaft stimulieren würden.[204] Das Erkennen und Abschätzen einer technischen Disruption ist das eine. Die Voraussage der gesellschaftlichen Folgewirkungen ist jedoch etwas ganz anderes – schon, weil die Folgen angesichts multifaktorischer, trendverstärkender und gegenläufiger Effekte sowie alltagskulturell bestimmter Verhaltensweisen nie sicher abgeschätzt werden können.[205] Der Glaube an die Erkennbarkeit und Gestaltbarkeit der Welt hat selbst Ursprünge in einer Utopie: „Die theoretische Utopie einer voll rationalisierbaren Welt, die keine Unberechenbarkeiten enthält, verbündet sich mit der praktischen Utopie einer restlosen Souveränität des Daseins, das zur Gänze über die Bedingungen seiner selbst verfügt."[206]

Warum die Rede von Krisensemantik und Fehlprognosen?

Warum wird hier eigentlich über die Sprache der Krisen oder die des Wandels oder über Prognosen gesprochen? Dieses Buch folgt der Auffassung, dass eine Gesellschaft, die (ihr) Wissen überschätzt, sich selbst gefährdet. Die sokratische Einsicht, dass Weisheit immer das Nichtwissen gerade auf den Feldern der Tugendlehre voraussetzt, kann in jeder Epoche aufs Neue verloren gehen. Die Weisheit, im Meer des Wissens die Klippen des Irrtums nicht zu übersehen und die Kontinente des Nichtwissens zu kartographieren: Sie ist hier und dort einer wissenschaftsgläubigen Überheblichkeit gewichen. Wer vernünftig handeln will, wird die Wissenschaft aufmerksam anhören. Doch er wird auch ihre notwendigen Grenzen erkennen und verstehen, dass die Politik nicht umstandslos einer hochspezialisierten Fachwissenschaft blindlings folgen darf und folgen kann.

Dasselbe gilt für andere Rationalitätszugänge der modernen Gesellschaft, wie dem Recht oder der Logik des Marktes als Entdeckungsverfahren. Weder Gerichtsurteile noch gut abgesicherte wissenschaftliche Erkenntnisse oder betriebswirtschaftliches Controlling taugen als Erlösung vom immerwährenden Zwang zu einer politischen Abwägungs- und Gestaltungsentscheidung. Die Gewichtung von Sachproblemen, der Kampf um die Akzeptanz des Souveräns, der nur in Wahlen und Abstimmungen verbindlich spricht (Art. 20 Abs. 2 Satz 2 GG), macht das Wesen der Demokratie aus, ist Kennzeichen einer offenen Gesellschaft. Gegen das simple Prinzip der

Demokratie, wonach die Bürger mit gleichem Recht und mit Mehrheit frei entscheiden, sind seit Platons Idee der Philosophenkönige immer aufs Neue Argumente vorgebracht worden. Immer wieder waren Versuche (zunächst) erfolgreich, Aristokraten des Kampfes, der Noblesse und des Besitzes oder des Geistes (etwa im Klerus) herrschen zu lassen oder charismatische Anführer als Könige und Fürsten zu mandatieren. Ist das alles längst verwehte Vergangenheit? Oder sind die Menschen verurteilt, bestimmte Fehler immer wieder aufs Neue zu begehen und bestimmte Experimente immer wieder neu, in immer wieder neuen Gewändern zu versuchen, weil dahinter uralte Sehnsüchte oder sogar anthropologische Konstanten stehen?

VII. Die Lernfähigkeit der offenen Gesellschaft

Die offene Gesellschaft ist anderen Systemen überlegen, weil und solange sie lernfähig ist. Diktaturen dagegen scheitern zumindest auf längere Sicht an ihrer mangelnden Elastizität und Innovationsfähigkeit. Theoretisch gut begründet und durch historische Erfahrung bestätigt, gilt: Wenn die liberale Demokratie in eine Krise gerät, kann sie rasch reagieren und auch bei komplexen Herausforderungen auf längere Sicht umsteuern. Das offene und lernfähige System ist besser als seine Konkurrenten: die Oligarchien, die Diktaturen und Theokratien. So lauten jedenfalls die theoretisch stimmigen Überzeugungen und auch die bisherige historische Erfahrung. Aber das allein gibt noch keine Sicherheit für die Zukunft. Es kann nicht ausgeschlossen werden, dass die weltweit vernetzte offene Gesellschaft gemeinsam eine falsche Krisendiagnose anstellt und ihre Gegner – jedenfalls für einen entscheidenden Augenblick – eine bessere. Es kann auch nicht ausgeschlossen werden, dass die innere Entwicklung der liberalen Demokratien das Maß der Lernfähigkeit herabsetzt durch eine Art dezentrale Selbst-Autokratisierung.

Umgang mit Kontingenz

Wenn gesagt wird, dass die Schwerpunkte der Gemeinwohlbestimmung politisch „frei“ gesetzt werden können und dass auch die „Wahl“ der Krise mehr politische Entscheidung ist, als die jeweiligen Krisenprotagonisten einräumen wollen, so bedarf das der Einschränkung. Die Freiheit zur Konzentration der Kräfte auf eine große oder vordringliche Krise ist nur dann relativ groß, wenn die Rahmenbedingungen intakt sind. Der Mensch, der von einer tödlichen, aber heilbaren Krankheit befallen ist, wird nicht seinen nächsten Karriereschritt planen oder die Vergrößerung seiner Familie: Er wird sich in die Hände der Medizin begeben und genau das befolgen, was zur Lösung der Existenzkrise geboten ist.

Vor der agonalen Zäsur entsprach die westlich dominierte Welt einem jungen, gesunden Menschen. Kapitalismuskritiker, De-Growth-Anhänger und postkoloniale Dekonstruktivisten werden das gewiss anders sehen. Aber die in der Zeit von 1990 bis 2022 global erzielten Wohlstandsgewinne für Milliarden von Menschen, die Möglichkeit, weniger Geld für Rüstung ausgeben zu müssen als im Kalten Krieg und auch die relative Zurückhaltung aggressiver Gewaltherrscher wie in Nordkorea oder im Iran bestätigen die Einschätzung einer gesunden Konstitution.

Wenn die Existenz nicht unmittelbar gefährdet ist, wenn die Weichen auf Wachstum und Stabilität gestellt sind, dann können sich Nationen auf Themen konzentrieren, die im Augenblick nicht auf den Nägeln brennen, aber im langen Zeitablauf und bei weltweiter Interdependenz irgendwann existentiell bedeutsam werden können: Innenpolitisch können das Investitionen in Bildung und Forschung sein. International waren das Abrüstungskonferenzen, die das Risiko eines Atomkrieges vermindern sollten. Dann traten der Kampf gegen die Klimaerwärmung, die Pandemiebekämpfung oder der Artenschutz hinzu.

Aus dem Blickwinkel eines nationalen Parlaments sind solche Menschheitsprobleme gewiss alles andere als kontingent, sondern rational zwingende Themen. „Kontingenz“ ist ein vor allem in der Philosophie bekannter Begriff, der für das Mitdenken anderer Möglichkeiten steht: Es kann sein wie angenommen, es könnte aber auch anders sein.[207] Damit ist nicht allein Zufälligkeit und Unberechenbarkeit gemeint. Es geht mehr um den menschlichen Hang, das Bestehende für das notwendigerweise so Entstandene zu halten und eine bestehende Wirklichkeit in die Zukunft fortzuschreiben, ohne die Möglichkeit von Brüchen, tektonischen Verschiebungen oder schlicht von Überraschungen ausreichend mitzudenken. Die menschliche Erkenntnis sucht schließlich nach Wissen um der Gewissheit willen und nicht, um am Ende verwirrt dazustehen. Solche überlebensnotwendigen Muster einer „Kontingenzabwehr“ können zu einer Überforderung der Wissenschaft beitragen, vor allem bei der ständigen Erwartung von Eindeutigkeit.

„Alternativlosigkeit“ als Formel der Macht

In der Politik lautet die Abwehrformel gegen Kontingenz: Der eingeschlagene (gewählte) Handlungsweg sei *alternativlos*.[208] Das ist vor allem Rhetorik. Die in der Sache gleichwohl fortbestehende Kontingenz jeder Krisendiagnose liegt in dem Risiko, eine Krise unter Einsatz großer Ressourcen zu bewältigen, während einer anderen konkurrierenden oder einer überlagernden krisenhaften Entwicklung zu wenig Aufmerksamkeit geschenkt wird. Das Erkennen einer Krise ist vielleicht untrennbar mit dem *Verkennen* anderer Krisen verbunden. Das ist nicht nur ein Erkenntnisproblem, sondern hat im internationalen politischen System eine eminent machtpolitische Bedeutung. In einer Weltgesellschaft kann jede innenpolitisch bevorzugte Handlungsoption internationale Auswirkungen haben. Umgekehrt wird die Innenpolitik immer stärker durch außenpolitische Vorprägungen und Entscheidungen sowie durch kooperativ oder konfrontativ ausgerichtete Rücksichtnahmen bestimmt.

Die agonale Verschiebung der internationalen Matrix lässt Wahlmöglichkeiten schrumpfen

Dieses allgemein bekannte Problem ist von führenden Demokratien so lange geringgeschätzt worden, wie ihre G7 oder G20-Konferenzen die entscheidende Mächtegruppe darstellte und ihr Konsens der Themenauswahl maßgeblich war. Aber was geschieht, wenn das westliche, das liberale System die Bestimmungsmacht über die politische Richtung und über die Auswahl der vorrangigen Maßnahmen verliert, weil sein geopolitischer Einfluss schwindet?

Um es deutlich zu sagen: In einer Welt, in der zwei Drittel des globalen Bruttoinlandsprodukts von westlichen Demokratien erzielt wurden, drängte den USA und der EU niemand von außen die Themen auf. Wenn aber der Anteil an der Weltwirtschaftsleistung dieser beiden Räume auf unter 50% sinkt und die Entwicklungsdynamik sich nach Asien verlagert, dann ist es wahrscheinlich, dass auch die politischen Schwerpunkte beginnen sich zu verschieben. Dann würde der Westen nicht länger mehr aktiv gestalten können, sondern defensiv reagieren müssen. Wie sind die bereits heute erkennbaren Relationen? Der Anteil Asiens am globalen BIP stieg zwischen 1992 und 2022 von 25,1 auf 35,7 Prozent. Der Anteil der USA liegt bei etwa 25% und der Anteil Europas am Welt-BIP fiel von 35,3 Prozent im Jahr 1992 auf 21,4 Prozent 2022.[209] Im Ranking der schlagkräftigsten Armeen stehen dicht hinter den USA sowohl China als auch Russland, während Deutschland sehr weit unten rangiert.[210]

Wenn der Westen der (gut begründeten) Ansicht ist, er müsse in soziale und ökologische Themen massiv investieren, während seine Gegner die Geldströme entweder in die Rüstung oder in die Verbesserung ihrer technologischen Wirtschaftsbasis lenken, so wird der Westen in eine Lage geraten, in der er *nolens volens* die Themensetzung der Gegner entweder klug parieren oder notfalls zu seiner eigenen machen muss.

Genau das bedeutet die Begriffsbildung der neuen „agonalen Konstellation“: Nicht der Westen wird plötzlich kriegerisch, sondern seine

Umwelt wird es. Und diese „Umwelt" könnte ökonomisch, politisch, militärisch und auch kulturell kräftig genug werden, um das System der universell begründeten Freiheit ernsthaft herauszufordern. Wenn das so kommt, muss vieles, vielleicht alles neu taxiert und einiges in der Liste der Dringlichkeit zurückgestellt werden, weil es dann zuerst einmal um die Selbstbehauptung im internationalen Machtspiel geht. Denn wenn dieser Kampf verloren geht, verschwinden auch die Fähigkeiten zur Bestimmung von Themen wie beim Menschenrechtsschutz oder beim Klimaschutz.

Offenheit allein schützt noch nicht vor Irrtum. Der Irrtum wird wahrscheinlicher, wenn mehrere Krisen auftreten oder wenn eine ganze Kette von akuten Gefahrenlagen auf einen schon länger schwingenden Strukturwandel wie Demografie oder technologische Veränderungsprozesse trifft. Mit dem nachfolgenden Abschnitt soll eine Frage erörtert werden: Ist der westliche Umgang mit Krisen *noch* der richtige? Oder hat sich die Matrix des Politischen zwar gravierend verschoben, aber noch nicht das Themensetting gerade im Europa der EU? Könnte es sogar sein, dass der Umgang mit Krisen inzwischen irrationale und gefährliche Züge annimmt, weil ein kohärenter Begriff des Politischen verloren gegangen ist? Die These wäre: Die westlichen Demokratien gefährden sich mit einer wenig durchdachten Kaskade von Ad-hoc-Maßnahmen, wenn sie das langfristige Ziel der wirksamen Selbstbehauptung aus dem Auge verlieren.

G. Ist die Klimakrise die Große Krise des 21. Jahrhunderts?

I. Klimapolitik

Globale Erwärmung

Eines ragt in der Heuristik der Krisenkommunikation hervor: Die Konzentration auf eine Krise prägt den öffentlichen Meinungsraum. Und was hier thematisch auftritt, geschieht zumindest im Vorfeld politischen Handelns, es ist ein ganzes Stück bereits „Machtausübung“[211]. Das gilt für die Auswahl eines Themas als „Mega-Thema“. Die Auswahl und die Präferenzen setzen sich dann in der näheren Qualifizierung eines Problems als „elementar“, „fundamental“ oder als „akut“ fort. Wenn man von großer Krise, gar von „*der* Großen Krise“ spricht, denken nicht nur Vertreter der „Letzten Generation“ an die globale Erwärmung. Die Klimakrise ist nur unbestreitbar eine elementare Krise, sie ist zugleich ein Beispiel für die Krisenkommunikation.

Das maßgebliche Gremium der Vereinten Nationen, das die wissenschaftlichen Erkenntnisse zum Klimawandel bewertet, ist das *IPCC* (Intergovernmental Panel on Climate Change). Die Emission treibhausfördernder Gase seit der Industrialisierung, insbesondere CO_2, aber etwa auch Methan,[212] hat inzwischen ganz maßgeblich zu einer Erwärmung des Weltklimas beigetragen und droht ein Ausmaß zu erreichen, dass das bislang bekannte Gleichgewicht des Klimas irreversibel zerstören könnte. Eine solche signifikante Erwärmung würde regional deutlich spürbare, insgesamt weltweit auftretende katastrophische Effekte erzeugen und im Einzelnen noch unvorhersehbare Auswirkungen nach sich ziehen.

Der globale Anstieg von klimaschädlichen Emissionen ist real und er ist noch nicht gestoppt. Der Anteil von Treibhausgasen lag weltweit 2019 um 54% höher als 1990, wobei indes die Kurve des Anstiegs flacher wird oder jedenfalls vorübergehend flacher wurde.[213] Klimaforscher nehmen an, dass jenseits einer Erhöhung der globalen Temperatur zwischen 1,5 und 2 Grad ein „Kipppunkt" erreicht werden könne, wodurch das bislang bekannte Klimagleichgewicht massiv gefährdet oder bereits unumkehrbar zerstört werden könnte. Extremwetterlagen, Abschmelzen der Polkappen, Erhöhung des Meeresspiegels, Überflutungen, Versteppung, Trinkwasser- und Nahrungsmangel gelten als von Klimaforschern sicher anzunehmende kurzfristige Folgen, während auf längere Sicht mit einer von menschlichem Verhalten nicht mehr erreichbaren und somit nicht mehr steuerbaren Selbstverstärkungsdynamik zu rechnen sei. Gemeint sind beispielsweise weitere Erwärmungseffekte, die etwa durch den Verlust reflektierender Eismassen entstehen könnten.

CO_2-Budgetierung und Restmengenverwaltung

Das IPCC schätzt vor diesem Hintergrund ab, wieviel CO_2 die Menschheit und der Planet (z.B. über die sonstige Biosphäre oder Vulkanismus) noch ausstoßen dürften, um bestimmte Ziele wie eine Begrenzung der Erderwärmung auf 1,5 Grad oder zumindest auf 2 Grad zu erreichen und spricht insofern von einem noch zur Verfügung stehenden restlichen „Kohlenstoffbudget". Nimmt man das 1,5 Grad-Ziel auf der Basis von 2020, so sind allerdings vier Fünftel des globalen Budgets bereits verbraucht.[214] Es entspricht deshalb einer Vernunft, die sich als globale Verantwortungsgemeinschaft versteht, dass die rund 200 Staaten der Welt über internationale Abkommen einen Pfad betreten, der die Reduktion des Ausstoßes klimaschädlicher Gase zum gemeinsamen Ziel macht. Dafür steht das Pariser Klimaschutzabkommen.

Diese völkervertragliche Vereinbarung vom 12. Dezember 2015 wurde auf der UN-Klimakonferenz in Paris von 194 Staaten (Vertragsparteien der UNFCCC) und der EU verabschiedet. Sie strebt an, die globale Erwärmung auf deutlich unter zwei Grad Celsius gegenüber der vorindustriellen Zeit zu begrenzen und möglichst sogar eine Begrenzung auf 1,5 Grad Celsius zu erreichen. Die Frage ist, wie? Ein überzeugendes Modell scheint es zu sein, alle Nationen zu verpflichten, bis zu einem bestimmten Zeitpunkt klimaneutral zu werden. Deutschland will das bis 2045 erreichen, die EU bis 2050.

Länder wie China und Indien mit zusammen beinah 3 Milliarden Menschen verpflichten sich hier in einem solchen Zeitrahmen nicht, obwohl sie mit Abstand den größten Zuwachs und bereits gegenwärtig den größten Anteil an klimaschädlichen Emissionen in Anspruch nehmen.[215] China hat lediglich sein Bemühen erklärt, bis 2060 klimaneutral zu werden und will immerhin schon vor 2030 vom bisherigen Zuwachs auf allmähliche Absenkung der klimaschädlichen Emissionen umschalten.[216] Ob das eingehalten wird, ist ebenso unsicher wie die erklärte Absicht der USA, klimaneutral bis 2050 zu werden. Für die Amtsperiode Donald Trumps von 2025-2029 darf für die USA (gelinde gesagt) mit keinen übermäßig ehrgeizigen Anstrengungen gerechnet werden. Vielmehr gilt: Fossil weitermachen oder regenerative Entwicklungen zulassen, wenn es dem Wettbewerbsinteresse des eigenen Landes dient. Hier ähneln die USA zur Zeit mehr China als ihren europäischen Verbündeten.

Weder China noch die USA und schon gar nicht Indien haben sich das vom Weltklimarat konzipierte Restmengen-Denken als bindende Rechtspflicht auferlegt, anders als beispielsweise Deutschland. Länder des sogenannten globalen Südens bemühen Gerechtigkeitsargumente einer vergangenen Kolonialgeschichte mit Hinweisen auf den hohen Verbrauch der zuerst industrialisierten Mächte, die sich allerdings im Verhältnis zum heutigen CO_2-Ausstoß allein Chinas doch eher marginal ausnehmen.[217] China ist heute nicht nur der mit Abstand größte CO_2-Emittent der Welt, sondern auch in der bereits ausgestoßenen historischen Summierung soll das Land diejenige der Europäischen Union erreicht haben.[218]

Die republikanische Administration der USA wird sich auf diese Argumentation ohnehin nicht einlassen. Doch auch Europa sollte sich weniger auf seine koloniale Vergangenheit fokussieren lassen als kritisch auf den handfesten Gegenwarts-Kolonialismus antiwestlicher Mächte zu schauen, die sich als Verbündete der Unterdrückten gerieren, während sie tatsächlich häufig nur die Verbündeten von korrupten Oligarchien sind oder gar aktiv Demokratien untergraben.[219]

Das EU-Klimarecht: ein komplizierter Rechtsrahmen

Verbindlich werden die an Restmengen orientierten Reduktionsziele erst durch nationale (gesetzliche) Selbstverpflichtungen oder speziell im Fall der EU durch supranationale europäische Vorgaben an die Mitgliedstaaten. Hier werden schon seit einigen Jahren für die inzwischen sehr knapp bemessene Zeit bis 2030 mehrere Zielwerte präsentiert:

> „Auf EU-Ebene wurde heftig diskutiert, ob die Emissionsreduktion bis 2030 (gegenüber 1990) bei -40% (bisher gültiger Wert), -55% (Vorschlag der Kommission), -60% (EU Parlamentsbeschluss) oder -80% (Forderung der Fridays For Future) liegen sollte."[220]

Die EU hat sich dazu verpflichtet, bis 2050 klimaneutral zu werden.[221] Das Emissionsreduktionsziel der EU für 2030 wurde von 40 Prozent auf mindestens 55 Prozent angehoben („Fit für 55"). Doch die Tücke liegt im Regelungsansatz. Dieses Ziel ist zwar für die EU formuliert, jedoch nicht in starrer Verbindlichkeit den Mitgliedstaaten vorgegeben. Das wichtigste Instrument der Umsetzung dieser Ziele ist die Erweiterung der Emissionshandelssysteme bei gleichzeitiger Verknappung der Mengen (Verteuerung), sowie ordnungsrechtliche Regeln wie das Verbot von Verbrennungsmotoren für PKW ab 2035 sowie Lenkungsmaßnahmen wie die EU-Taxonomie und Anreize. Hinzu treten Ausgleichssysteme wie der Klima-Sozialfond und handelspolitische Instrumente wie die Grenzausgleichsabgabe (CO_2-Grenzausgleichssystem CBAM) oder die Auferlegung von Energiesteuern.

Musterschüler Deutschland

Deutschland zeigt noch mehr Ehrgeiz als die EU und deutlich mehr als die Gruppe der großen Industriemächte. Die Bundesrepublik schreibt mit ihrem Klimaschutzgesetz (KSchG) die Klimaneutralität bereits für das Jahr 2045 zwingend vor, während bereits heute das Land für 2050 eine negative Emissionsbilanz verbindlich vorgibt.[222] Im deutschen Klimaschutzgesetz ist nicht die Rede von wohlklingenden, aber unverbindlichen Zielvorgaben. Hier ist ein enges Korsett für jede aktuelle wie künftige Politik geschnürt, ein Korsett, das keinen Weg der Lockerung eröffnen will. Nur enger ist noch möglich! So lautet § 3 Abs. 4 KSchG:

> „Sollten zur Erfüllung europäischer oder internationaler Klimaschutzziele höhere nationale Klimaschutzziele erforderlich werden, so leitet die Bundesregierung die zur Erhöhung der Zielwerte nach Absatz 1 notwendigen Schritte ein. Klimaschutzziele können erhöht, aber nicht abgesenkt werden."

Nach dieser geltenden Rechtslage könnte Deutschland sich sogar verpflichtet haben, *noch früher als 2045* klimaneutral zu werden. Das könnte dann der Fall sein, wenn China und Indien auch nach 2030 mehr fossile Energien verbrauchen als eingeplant und angekündigt, dann soll „unser" Budget womöglich schneller schrumpfen. Wer sich mit einer eindimensionalen globalen Gerechtigkeitsargumentation anfreundet, der kann darin ein Stück Selbstkasteiung oder Selbstbestrafung von einstmals reichen Nationen sehen, die jetzt den aufstrebenden Mächten buchstäblich mehr Luft zur Entwicklung geben wollen. Aber unter den neuen agonalen Bedingungen kann das auch als Versuch gelten, einen weltrepublikanischen Traum zu verlängern, obwohl das Erwachen in der neuen geopolitischen Realität unabweisbar ist. Das Gebot wäre dann nicht etwa, den Klimaschutz als Ziel aufzugeben, sondern in Rechnung zu stellen, dass Feinde der westlichen Demokratien das Thema auch nutzen, um den Westen zu schwächen und seine öffentliche Meinungslage für die Stärkung ihrer Interessen auszunutzen.

II. Agonal geprägte Zielkonflikte: Der verfassungsrechtliche Rang des Klimaschutzes und der Verteidigung

Die Klimapolitik ist ein riesiges Thema und es ist ein globales. Längst ist der Kampf um die neue internationale Ordnung entbrannt und keine Sache bleibt im strategischen Ringen der Mächte ausgenommen. Unter dem Schutzschirm der „Pax americana“ glaubte man an die Kraft der regelbasierten Ordnung, Menschheitsprobleme rational zu lösen – mit ausgehandelten Regelwerken und Kooperation.

Die entscheidende Frage unter agonalen Bedingungen lautet für jede Macht: Wie kann der Klimaschutz global gefördert und dabei die eigene Stärke gewahrt oder vermehrt werden. In Europa gibt es zwei Meinungslager. Die einen schauen monothematisch auf das Restmengenbudget, weil sie in allem anderen eine gefährliche Aufweichung der Klimapolitik sehen:

> „Der Rückbau des fossilen bzw. emissionsintensiven Kapitalstocks verläuft nach wie vor zu langsam, um die sektoralen Emissionsziele zu erreichen. Im Gebäudesektor sind die Austauschquoten von Gas- und Ölheizungen niedrig und der Absatz von neuen fossilen Heizungen bleibt hoch. Auch im Verkehrssektor wird weiterhin eine hohe Anzahl an fossilen Pkw neu zugelassen, bei denen davon auszugehen ist, dass sie ohne Gegenmaßnahmen lange im Bestand bleiben werden. Damit sind sowohl im Gebäude- als auch im Verkehrssektor im Jahr 2030 weiterhin hohe THG-Emissionen zu erwarten. Dies macht das Erreichen der gesetzlichen Zielvorgaben in den beiden Sektoren aus heutiger Sicht unwahrscheinlich.“[223]

Das in einem Land wie Deutschland inzwischen vernehmlicher werdende Lager bestreitet nicht die Gefahren der globalen Erwärmung, fragt aber nach Effizienz und Folgen einer in ihren Augen dirigistischen Politik:

> „Mit dem doppelten Verbrennerverbot prescht Deutschland voran, und beim Atomausstieg ist es der Geisterfahrer auf der Autobahn. Mit seinem Sonderweg will es der Welt zeigen, wie es geht. Angesichts des Rückgangs der Industrieproduktion und der Sinnlosigkeit

unilateraler Maßnahmen, die dem Klima nichts bringen, doch den Konkurrenten zu billigen Brennstoffen verhelfen, ist allerdings eher das Gegenteil zu befürchten, nämlich dass Deutschland der Welt zeigt, wie es nicht geht."[224]

Gibt es eine verfassungsrechtliche Priorisierung der Krisen?

Doch was darf die Politik in Richtung mehr Effizienz und anderer Strategien zur Bewältigung neuer Zielkonflikte überhaupt tun? Welchen Rang hat die Klimapolitik verfassungsrechtlich? Die deutsche Verfassung kann zu jeder Krise um Auskunft gebeten werden. Die Bekämpfung einer Pandemie wird als Erfüllung der staatlichen Schutzpflicht für Leben und Gesundheit von Bürgern thematisiert. Gegen die Klimakrise wird ebenso geklagt und zusätzlich auch noch für Freiheit und Lebensrecht noch ungeborener Menschen oder für Betroffene aus anderen Erdteilen. Der Verfassungsauftrag der Verteidigungsfähigkeit der Bundesrepublik Deutschland (Art. 87a GG) und ein damit korrespondierendes Grundrecht auf Sicherheit sind auf der anderen Seite ebenfalls schon einmal ins Spiel gebracht worden. Damit wollte man bis dahin bestehende Begrenzungen der Schuldenbremse relativieren, weil ja hier zwei Verfassungsaufträge (Haushaltsstabilität und Verteidigung) gleichrangig nebeneinander stünden.[225] Der verfassungsändernde Gesetzgeber hat 2025 dieses Argument durch die Ausnahmeregelung für Verteidigung innerhalb der Schuldenbremse verfestigt.[226]

Für jedes Politikfeld wie sichere und bezahlbare Energieversorgung oder wirksamen Gesundheitsschutz findet sich eine verfassungsrechtliche Anknüpfung, doch es gibt nur eine Krise, der das Grundgesetz vor allen anderen tatsächlich und eindeutig Priorität einräumt: Es ist die Krise der freiheitlichen Demokratie selbst, wenn man unter Krise eine unmittelbare Existenzbedrohung versteht.

Das Recht auf Widerstand

Gegen jeden, der es unternimmt, die freiheitliche und rechtsstaatliche Ordnung zu beseitigen, haben alle Deutschen das Recht zum Widerstand, wenn andere Abhilfe nicht möglich ist (Art. 20 Abs. 4 GG). Mit diesem einzigen und einzigartigen Widerstandsrecht wird dem aus den Fugen der Demokratie geratenen Staat das Gewaltmonopol entzogen und wieder in die Hand der Bürger zurückgelegt. Gemeint sind Taten des Widerstandes wie die Attentate auf *Hitler* durch *Georg Elser* (1939) oder *Graf Stauffenberg* (1944). Nur hier ist der Begriff Widerstand im strengen Sinne erlaubt. Im freiheitlichen Rechtsstaat ist gewalttätiger und das Recht brechender Widerstand denknotwendig ausgeschlossen, hier offenbart er vor allem Feindschaft gegen die regelkonforme Demokratie.

Aus der unmittelbar zurückliegenden historischen Erfahrung war bereits für die Mütter und Väter des Grundgesetzes eines völlig klar: eine größere Krise als die Abschaffung der Demokratie und ihre Ersetzung durch eine Diktatur kann es nicht geben. Mit der Verfassungsänderung von 1968 im Zuge der Notstandsgesetzgebung wird normativ ein klarer Rang hergestellt: Solange die rechtsstaatliche Demokratie funktioniert, besitzt niemand ein Widerstandsrecht. Er oder sie dürfen protestieren, demonstrieren und lamentieren, aber sie dürfen keinen Widerstand gegen Vollstreckungsbeamte leisten, ohne die Härte des demokratischen Gesetzes zu spüren. Widerstand sowohl im philosophischen wie im verfassungsrechtlichen Sinne ist erst dann erlaubt, wenn die Diktatur unmittelbar drohend vor der Tür steht, wenn ihr Sieg gegen die Demokratie ausgemachte Sache ist: „wenn andere Abhilfe nicht möglich ist".

Weder Pandemien, noch Klimaschutz, selbst nicht die Sicherung des Friedens im Verteidigungsfall kann eine Lage begründen, in der folgenlos das Recht gebrochen werden oder gar jenseits individueller gesetzlich erlaubter Notwehrlagen Gewalt angewendet werden dürfte. Das hieße in einer Systematik der Krisen, dass die Bewahrung freier Wahlen, Demokratie, Gewaltenteilung und Gesetzmäßigkeit die höchsten Güter unserer Verfassungsordnung wären. Schließlich haben die Deutschen bereits in der Zeit nach 1933 erlebt, dass jedes andere Thema zurückzustehen hat, wenn die Freiheit auf dem Spiel steht, weil die Diktatur das größte Risiko von allen ist.

III. Wirkungen und Nebenwirkungen der EU-Klimapolitik

Im historischen Vergleich ist die Transformationsanstrengung in Richtung Klimaneutralität – wenn man die Kriegswirtschaften der Weltkriege außer Acht lässt – gewaltig, vielleicht präzedenzlos. Sie wird ganz gewiss Erfolge zeigen. Sie wird indes auch ungeplante und womöglich überraschende Wirkungen erzeugen, Nebenwirkungen. Vielleicht nur vorübergehend, aber jedenfalls für einen längeren Zeitraum wird vor allem der deutsche Weg teuer werden und volkswirtschaftliche Kosten deutlich in die Höhe schnellen lassen.[227]

Der planwirtschaftlich anmutende Ansatz zielt darauf, klimaschädliche Emissionen zu verknappen und letztlich die „Nullemission" zu erreichen. Die schrumpfenden Restmengen werden, je kleiner das Budget für den Ausstoß klimaschädlicher Gase ausfällt, desto größere Wirkungen nicht nur ökologisch – und insofern gewünscht – , sondern auch im Wirtschafts- und Sozialsystem der Gesellschaft hervorrufen. Viele meinen, es sei damit getan, sich ein Elektroauto anzuschaffen, Solarpanels aufs Dach zu schrauben oder intelligente Heizungsideen zu nutzen. Das kann die gewünschten Wirkungen erzeugen, aber es könnte zugleich auch in anderen Weltregionen den CO_2-Ausstoß erhöhen.[228] Doch Effekte im Sinne unerwünschter Nebenwirkungen können sich auch in Gestalt eines nachlassenden volkswirtschaftlichen Wachstums zeigen oder in der Notwendigkeit erhöhter staatlicher Kompensationsleistungen oder auch als Ursache für immer neue Regulierungsvorschriften.

Markt und Plan

Die Klimapolitik stößt – wie andere große Transformationsprojekte auch – auf ein grundlegendes Steuerungsproblem, auf eine Komplexitätsschwelle, die ständig unterschätzt wird: „Zwar sammeln wir mehr und mehr ökologisches Wissen. Gerade das führt aber zum Nichtwissen über die Beziehungen zwischen der Gesellschaft und ihrer ökologischen Umwelt. Wir können ganz gut Destruktionen voraussagen und auch bewirken“,[229] nur einen gesellschaftlichen Zielzustand fristgemäß herbeiregulieren können wir nicht. Das geht nicht, weil dabei die Einhaltung differierender und zum Teil konfligierender Ziele (Reduktion von Klimagasen, Erhöhung der Wettbewerbsstärke, gesunde Staatsfinanzen, soziale Ausgewogenheit, Deregulierung) entweder auf eine unmögliche Leistung gerichtet ist oder aber ein solch dirigistisches Projekt schlicht von der Woge der Komplexität einer offenen Gesellschaft unter sich begraben werden wird.

Jede Planwirtschaft ist bislang Opfer einer Komplexität geworden, für die das politisch-administrative System keine Antworten wissen kann. Wer bei Knappheitslagen die freie Preisbildung als Regulativ außer Kraft setzt, handelt sich ein Zuteilungsproblem ein, das ineffizient ist und auf Dauer korrumpierend wirkt. Das kann bei der ökologischen Transformation, wenn sie auf starre Restmengen-Verwaltung setzt, ebenso eintreten. Es geht dabei nicht um die unzutreffende Behauptung, Klimamaßnahmen würden gar nichts bringen, sondern es geht um die Möglichkeit der Abschätzung der Wirkungsintensität in einem globalen dynamischen Markt.

Kann sich die EU eine ökologische Planwirtschaft leisten?

Die Umsteuerung großer Volkswirtschaften auf das Ziel der Klimaneutralität ist eine außergewöhnlich anspruchsvolle und vom Gewicht wie auch von der Sachkomplexität her exzeptionelle Aufgabe. Der immer noch bedeutsamste Regelungsansatz des Emissionshandelssystems will die Klimaziele der EU unter Nutzung von Marktmechanismen erreichen, indem der Umgang mit kollektiv verstandenen Umweltgütern (Ausstoß von klimaschädlichem CO_2) einen Preis bekommt, dann aber auch solche rationierten Rechte in der Menge sukzessive abgeschmolzen werden. Durch den Handel mit zugeteilten Zertifikaten kann eine Allokation im Binnenmarkt bei allmählich künstlich verknappten Gesamtmengen innerhalb einer Branche unter Ausnutzung von erwarteten Effizienzwirkungen des Marktes erfolgen, ohne dass es dafür europaweiter Planungs- und Verteilungsentscheidungen bedürfte. Solche Bepreisungs- und Verknappungsstrategien stehen im Verhältnis zu generellen Planzielen wie „Fit for 55“[230] oder noch markanter im Hinblick auf die Fixierung nationaler Restbudgets, um die von Klimaforschern (IPPC) definierten Erwärmungsgrenzen (1,5- oder 2-Grad-Ziel) nicht zu überschreiten.[231]

IV. Hat sich die deutsche Politik klimapolitisch übernommen?

Das Ziel der Klimaneutralität

Das Ziel der Klimaneutralität Deutschlands bis 2045 fällt selbst bei optimalen internationalen Bedingungen und einem gleichmäßigen Wirtschaftswachstum ehrgeizig aus. Es wird vermutlich kaum zu erreichen sein. Unter den herrschenden multiplen Krisenherausforderungen nach Eröffnung des Krieges gegen die Demokratien droht die Gefahr einer erheblichen Selbstbeschädigung des Landes.

§ 4 des deutschen Bundesklimaschutzgesetzes macht Planvorgaben, die gewiss nicht gleich an den Stil der alten Planwirtschaft erinnern, aber doch im Duktus einer bürokratisch anmutenden Vorstellung von Wirtschaftssteuerung gefasst sind. Ob starre Vermeidungsziele in einer die Wirtschaftskraft und die Wettbewerbsfähigkeit förderlichen

Weise tatsächlich erreicht werden können, muss leider als eine der Wetten auf die Zukunft[232] betrachtet werden.

Falsch gewichtete oder übersehene Interdependenzen, überraschend auftretende Ereignisse oder unterschätzte Folgewirkungen können, ja müssen im Grunde genommen zu Störungen und Abweichungen führen. Hier ist der Weg zu einem klimapolitischen Dirigismus doch recht deutlich beschritten. Diesen ökologisch motivierten, über einzelne Sektoren schrittweise die ganze Volkswirtschaft erfassenden dirigierenden Ansatz dokumentiert etwa § 4 Abs. 6 Satz 1 Bundesklimaschutzgesetz 2024 mit einer eher technischen Verordnungsermächtigung:

> „Durch Rechtsverordnungen, die nicht der Zustimmung des Bundesrates bedürfen, wird die Bundesregierung die jährlichen Minderungsziele im Jahr 2024 für die Jahre 2031 bis einschließlich 2040 und im Jahr 2034 für die Jahre 2041 bis einschließlich 2045 in Jahresemissionsgesamtmengen überführen, die in grundsätzlich gleichmäßigen Schritten absinken. Die Jahresemissionsgesamtmengen müssen im Einklang stehen mit der Erreichung der nationalen Klimaschutzziele dieses Gesetzes und den unionsrechtlichen Anforderungen."

Der vor der Neufassung des Klimaschutzgesetzes enthaltene weitere Satz der strengen Sektorenbindung wurde gestrichen, um das eng geschnürte Korsett wenigstens etwas zu lockern. Er lautete ursprünglich:

> „Dabei ist sicherzustellen, dass in jedem Sektor deutliche Reduzierungen der Treibhausgase erreicht werden. Die zulässigen Jahresemissionsmengen gelten, soweit nicht auf der Grundlage des § 4 Absatz 7 eine abweichende Reglung getroffen wird."

Die Weichen der deutschen Politik sind seit zwei Jahrzehnten dahingehend gestellt, Energie zu verteuern. Ob am Ende des Tages der massive Einsatz regenerativer Energie sich rechnet, sollte nicht als ausgeschlossen gelten. Der *Draghi*-Bericht sieht hier eine Chance:

> „Die Dekarbonisierung des Energiesystems ist eine Chance für die EU, ihre Abhängigkeit von fossilen Brennstoffen zu verringern, um ihre Wettbewerbsfähigkeit, die Bezahlbarkeit und die Versorgungssicherheit zu gewährleisten."[233]

Energiewende: gut geplante Energieversorgung?

Entscheidend in der agonalen Konstellation ist allerdings der Nachsatz im Draghi-Report: „Es wird jedoch einige Zeit dauern, bis die Vorteile der Energiewende voll zum Tragen kommen." Was bedeutet „einige Zeit"? Sind es fünf Jahre, zehn Jahre oder dreißig Jahre? Was ist, wenn der Weg viel zu weit in eine wenig bekannte Zukunft reicht und dieser Weg bis dahin immens kostspielig ist? Man braucht gar nicht an Kriegsdrohungen und Stabilitätsprobleme der Demokratien zu denken. Es reicht völlig, sich die Möglichkeit überraschender technischer Entwicklungen bei der Energienachfrage vor Augen zu führen. Ein Beispiel dafür ist der bis vor kurzem völlig unterschätzte Energiehunger Künstlicher Intelligenz. Allein Microsoft verdoppelte bereits im Jahr 2024 die Kapazität seiner Rechenzentren.

> „Dem Unternehmen stehen jetzt fünf Gigawatt (GW) Anschlusskapazität zur Verfügung. Für das erste Halbjahr 2025 ist die Anschlussleistung von 1,5 GW geplant, was in etwa einem mittleren Atomkraftwerk entspricht. In den nächsten Jahren sollen Dutzende neue Rechenzentren weltweit gebaut werden."[234]

Wer hat denn vor, sagen wir, nur fünf Jahren ernsthaft darüber nachgedacht, was die Entwicklung künstlicher Intelligenz für den Energieverbrauch bedeutet? Im Deutschland der Energiewende konnte man sich nur vorstellen, welchen Nutzen der Einsatz von KI für die Effizienz regenerativer Stromnetze haben wird.[235] In den USA dagegen wird diskutiert, neue Kernkraftwerke in die Nähe der Server zu bauen, um den Stromhunger zu befriedigen. *Google* will klimaneutral werden und deshalb bei extrem steigendem Strombedarf ab 2030 Energie aus neuartigen kleinen Nuklearreaktoren des Entwicklers *Kairos Power* einkaufen, bis 2035 soll die jährliche Leistung 500 Megawatt erreichen.[236] Welche Antwort soll wohl die bundesdeutsche Energiepolitik auf einen solch neuen und überraschend hohen Strombedarf geben: mehr Windräder? Die Erfordernisse der Zukunft können wir nicht genau kennen. Die Transformations- und

Energiepolitik bleibt eine nicht durchgerechnete Konzeption, eine Wette auf die Zukunft. Wenn die Wirtschaftskraft zurückgeht oder sogar ihre bislang so beeindruckende Leistungskraft verliert, dann sind massive Folgewirkungen zu erwarten, und zwar in Gestalt sozial ungleich verteilter Wohlstandsverluste, zunehmender Staatsverschuldung, Schwächung der Verteidigungsfähigkeit, Zunahme radikaler politischer Kräfte.

Wettbewerb und Abhängigkeit unter agonalen Bedingungen

Die Karten im Spiel um Wirtschaftsmacht werden bei Gewaltanwendung und Gewaltandrohung neu gemischt. Denn ohne Bestehen einer agonalen Konstellation wäre beispielsweise die globale Verlagerung von Wertschöpfung nicht per se ein Problem, weil es sich hier nicht notwendig um ein Nullsummenspiel handelt. Wenn andere Regionen der Welt reicher werden, nimmt das den entwickelten Regionen nicht einfach Wohlstand weg, sondern eröffnet ihnen auch neue Chancen, vom Reichtum der Newcomer zu profitieren. Damit ist nicht (nur) Europa als Tourismusziel für Chinesen und Amerikaner gemeint, sondern im Sinne einer Partnerschaft bei der technologischen Entwicklung und arbeitsteiligen Vernetzung.

Doch eine solche „Win-Win"-Situation setzt eine nicht-kriegerische Welt des stabilen offenen Handels voraus, damit solche Verstärkungseffekte einer global günstigen Entwicklung auch eintreten können. Wenn dagegen die Erwartung zutrifft, dass wir eine geopolitische Zäsur erleben, uns womöglich auf eine Zeit des Neo-Protektionismus zubewegen, müsste an der negativen Einschätzung festgehalten werden. Diese Einschätzung besagt, dass die gegenwärtige Restmengenpolitik einen Wertschöpfungsverlust für Deutschland (und die EU) herbeiführt – und das ohne auf der Habenseite einen sicher vorhersehbaren (globalen) klimapolitischen Gewinn zu erzielen.

Selbstschwächung der EU?

Europa will Vorreiter sein. Der alte Kontinent will immer noch sein Projekt der Weltzivilisierung auf anderen Wegen verfolgen als zu imperialen Kolonialzeiten. Heute möchte man auf freiwilliger und kooperativer Basis für eine Politik der Vernunft werben und Anreize geben, dem guten Vorbild zu folgen. Doch die Welt hat sich im Vergleich zu der von 1990 gravierend verändert. Für den EU-Binnenmarkt kann und wird der ohnehin etwas planwirtschaftlich anmutende Budgetansatz der strengen Restmengenschrumpfung Handlungsspielräume beschränken, Kosten verursachen und nachteilige Effekte auslösen, etwa in Form eines weiteren erheblichen Bürokratisierungsschubs. Das wird wiederum Kosten erhöhen, die nur dann als sinnvolle Investitionen wettbewerbsneutral ausfallen können, wenn es gelänge, über ein regelbasiertes globales Handelssystem solche Kosten in fairer Weise zu verallgemeinern.

Verlust westlicher Dominanz

Ob das tatsächlich gelingt, muss bei einer robuster oder sogar aggressiver werdenden, nicht mehr westlich dominierten Weltordnung bezweifelt werden. Denn der Westen verliert seine alte Dominanz. Neben ihm wächst die neue agonale Konstellation, in der Russland und China im BRICS plus etwa die Hälfte der Weltbevölkerung (wenngleich lose) organisieren. Es handelt sich um ein Bündnis, das sich als Konkurrenz gegen den Westen, mit Tendenzen zur Feindschaft versteht und jedenfalls auf nationale Interessenbehauptung ausgerichtet ist. Auch wenn hier kein schlagkräftiger kohärenter Block entsteht, sollte man sich in Paris oder Berlin keinen Illusionen hingeben: Länder wie Saudi-Arabien, Indien, der Iran, Russland, Venezuela oder Südafrika werden keineswegs so zügig aus fossilen Energien aussteigen wollen oder können, wie das den Geboten klimapolitischer Vernunft entspricht und die ganz großen Spieler wie China und die USA werden entweder internationale Bindungen meiden oder zu ihren Gunsten nutzen.

Nur wer stark ist, kann auch globale Gemeinwohlziele durchsetzen

Wenn der Westen an Gewicht und an Einigkeit verliert, wird er seine Ausstiegsziele aus der fossilen Energiewirtschaft schlechter durchsetzen können, als wenn er technologisch, wirtschaftlich und militärisch eine Führungsposition einnimmt. Wenn die EU dagegen von den USA klimapolitisch verlassen wird, läuft vieles an der europäischen Politik auf eine Selbstschädigung bei ungewissen Erfolgsaussichten zu. Die EU gerät mit dem sich in den USA abzeichnenden Richtungswechsel oder gar dem länger währenden Verlust innenpolitischer Stabilität in eine strategisch prekäre Lage, die eine globale Durchsetzung eigener ordnungspolitischer Vorstellungen unwahrscheinlicher macht.

Es kommt hinzu, dass der klimapolitisch ausgelöste regulatorische Transformationsdruck auch nach innen auf die Mitgliedstaaten mit politischen Folgen wirkt. Das EU-rechtliche Korsett für die Staaten, etwa das Emissionshandelssystem, ist so angelegt, dass es immer enger geschnürt wird. Bei manchen Ländern hat das noch gar nicht zu sonderlichen Druckstellen geführt, das kann aber bei notwendigen Preiserhöhungen oder Verlusten an wirtschaftlicher Wettbewerbsfähigkeit rasch ganz nach oben auf die nationale Tagesordnung geraten, wenn etwa populistische Parteien nach einem Aufschnüren des Korsetts rufen. Hier ist zu erwarten, dass mit fiskalischen Transfersystemen wie dem Klimageld die Stimmung wieder aufgehellt werden soll. Aber dafür fehlt den Staaten das Geld, so dass die Umverteilungsforderung auch auf EU-Ebene lauter werden wird. Das Vorbild ist hier für einige der Corona-Wiederaufbaufond (Next Generation EU), der vor allem mit Blick auf Italien die pro-europäische Stimmung im Übergang von *Draghi* zu *Meloni* unterstützt hat. Aber die Mittel für solche Subventionen wachsen (anders als der Bedarf) nicht in den Himmel und eine weitere Verschuldung auch über die EU enthält langsam wirkende Gifte einer institutionellen Destabilisierung.

V. Ökologische Transformation und agonale Konstellation

Notwendiges Wissen für die große Transformation

Zu Beginn des Krieges gegen die Ukraine wurde plötzlich die Frage virulent, welchen Anteil russische Energieimporte eigentlich am Bedarf wichtiger Länder decken. Für Deutschland konnte Bundeswirtschaftsminister *Habeck* nur auf Quellen des BP-Konzerns zugreifen, weil die Politik keine verlässlichen Daten zur Hand hatte. Das kommentierte der Ökonom *Georg Zachmann* von der Brüsseler Denkfabrik *Bruegel* mit drastischen Worten, weil ein Projekt der gewaltigen volkswirtschaftlichen Umsteuerung offenbar ohne verlässliche Datenbasis in Angriff genommen worden war. Die größte Energiewende aller Zeiten, politisch gesteuert mit riesigen Umverteilungseffekten: „Und wir sind nicht in der Lage, die darunterliegenden Daten zu verstehen."[237]

Sowohl die damals aktuelle, teils überzeichnete Notlage wie auch die Einsicht in Wissensdefizite, sind mit der relativen Entspannung der Energiemärkte längst wieder in den Hintergrund getreten. Doch zeigt die partielle Unkenntnis über komplexe Versorgungs- und Lieferketten, wie stark sich die Politik zumindest vor 2020 auf das geschmeidige Funktionieren globalisierter Märkte und auf eine stabile offene Handelswelt verlassen hatte. Die Naivität hat abgenommen, aber man darf bezweifeln, dass die neue agonale Konstellation schon hinreichend verstanden und in eine neue politische Programmatik umgesetzt worden ist.

Die Idee der „Großen Transformation"

Die Begriffswelt ist immer noch beherrscht von einem Szenario, das die antikapitalistische und ökologische Linke im Vertrauen auf die Überlegenheit der westlichen Welt entworfen hat. Der Begriff der Transformation hat in der EU längst Eingang in die Alltagssprache gefunden, wird gerade in der Wirtschaft als Nachweis der Modernität verstanden für diejenigen, die die Zeichen der Zeit richtig deuten. Der Begriff selbst ist wertungsneutral, weil er nur eine grundlegende strukturelle Veränderung, eine Umformung beschreibt. Die „Große Transformation" ist indes eine Begriffsbildung des marxistischen ungarisch-österreichischen Ökonomen *Karl Polanyi*. Der Markt wird bei ihm in einer (heute ökologisch anmutenden) Eigentumskritik als Quelle der Entfremdung von Mensch und Natur angeklagt:

> „Was wir als Grund und Boden bezeichnen, ist ein mit den Lebensumständen des Menschen untrennbar verbundenes Stück Natur. Dieses Stück Natur herauszunehmen und einen Markt daraus zu machen, war das vielleicht absurdeste Unterfangen unserer Vorfahren."[238]

Die moderne antikapitalistische Theorie und auch die politische Ökonomie von *Karl Marx*, die *Polanyis* Denken zugrunde liegt, hat ihren geistigen Vater in *Jean-Jacques Rousseau*, der im Grunde genommen alle Übel der Menschheit auf die Erfindung des Privateigentums und damit der Grundvoraussetzung des Marktes als System des Tausches von Gütern und Dienstleistungen zurückführt.

Die Frage ist, ob eine solche Aversion gegen die Institution des Marktes ein guter Ratgeber bei der Auswahl der richtigen Methode zur Klimaneutralität ist oder ob dieser ideologisch gespeiste Impact ein möglicher Grund für das Scheitern von ökologisch sinnvollen Zielen sein könnte. Nach allen Erfahrungen verwirklicht ein politisches Gemeinwesen seine Ziele am besten *mit* dem Markt und gewiss nicht *gegen* den offenen Weltmarkt. Niemand im kontinentalen Europa will einen anarchisch ungezügelten Markt, aber die tiefsitzenden Ressentiments des Antikapitalismus werden Europa nach außen schwächen und im Innern radikalisieren.

Zielkonflikt zwischen geopolitischer Selbstbehauptung und ökologischer Transformation?

Zwischen der ökologischen Transformation mit dem Ziel der Klimaneutralität und einer Begrenzung der Dynamik globaler Erwärmung auf der einen Seite und der neuen geopolitischen Konstellation, die hier als agonal beschrieben wird, auf der anderen Seite, besteht ein deutlicher Zielkonflikt. Man würde es sich allzu einfach machen, nähme man die veränderten Rahmenbedingungen zum Anlass, jetzt einfach „etwas weniger" Klimaschutz zu fordern und zu glauben, dass damit die inzwischen drängenden Zielkonflikte entschärft wären. In Wirklichkeit steht die EU vor der Notwendigkeit einer grundlegenden Neukonzeption, um ihre technologische und ökonomische Wettbewerbsfähigkeit bei Beibehaltung der klimapolitischen Orientierung zu verteidigen oder wiederherzustellen. Die bisherigen Transformationsgleise führen womöglich nicht zu diesem Ziel.

Die EU hat Weichen in Richtung einer Verlagerung industrieller Wertschöpfung vor allem nach Asien und in die USA gestellt. Europa verliert dabei Chancen für Wohlstand und ein Stück der Kontrolle über globale Triebhausgasemissionen. Das verschärft die Risiken eines Abstieges des alten Kontinents, der bei Digitalisierung und künstlicher Intelligenz sowie anderen Fragen der globalen Wettbewerbsfähigkeit ohnehin nicht länger wie gewohnt vorne mitspielt. Die Richtung der Wirtschafts- und Klimapolitik mag – bei erheblichen Zweifeln – gestimmt haben *vor 2022*. Die vor der geopolitischen Zäsur herrschenden Bedingungen ließen es aussichtsreich erscheinen, in einer regelbasierten Ordnung über internationale Absprachen und völkerrechtliche Verträge, das eigene Vorbild und die Beeinflussung der Willensbildung internationaler Organisationen zu einer ernsthaften Umsteuerung der globalen Volkswirtschaften zu gelangen. Die neue kriegerische Anmutung der Weltlage hat das selbstverständlich nicht alles zur Makulatur werden lassen, doch in der inneren Mechanik der überstaatlichen Willensbildung sind erhebliche Veränderungen spürbar. Das zeigt nicht nur die Richtungsänderung der USA, sondern auch die UN-Klimakonferenzen in Dubai 2023 und Baku 2024, die schon recht unverhohlen wieder stärker die Interessen der Öl- und Gasförderländer zur Geltung brachten.

Das Beispiel der Automobilindustrie

Nirgendwo in Deutschland ist der Zielkonflikt stärker hervorgetreten als beim politisch mit herbeigeführten Niedergang der Automobilindustrie. Die politische Entscheidung ist gefallen, den Straßenverkehr möglichst vollständig zu elektrifizieren. Zwar kann sicher gesagt werden, dass auch Mitte des Jahrhunderts in erheblichem Umfang global gesehen Verbrennungsmotoren insbesondere für den Güterverkehr eingesetzt werden, doch in der EU, im Vereinigten Königreich und in China sind die Weichen auf Elektromobilität gestellt, in den USA vermutlich weniger deutlich. Die Elektrifizierung des Straßenverkehrs bedeutet zwar in der Ökobilanz alles andere als eine Nulloption, wird aber umso günstiger, je mehr Elektrizität klimaneutral erzeugt und desto mehr die Produktion und Distribution von Fahrzeugen in Richtung Klimaneutralität entwickelt wird.

Ein Beispiel: Die Ökobilanz eines Elektroautos liegt selbstverständlich nicht bei einem Null-CO_2-Ausstoß, auch wenn das politisch so festgelegt wird. Ein Elektroauto der Kompaktklasse stößt nach Angaben der Bundesregierung über seinen Lebensweg von etwa 150.000 gefahrenen Kilometern nur etwa 30 Prozent weniger Klimagase aus als ein vergleichbarer Benziner.[239] Das Ziel der Minderung von klimaschädlichen Emissionen hätte man jedenfalls auf eine mittlere Sicht mit Verbrauchsvorgaben für Verbrenner ebenso erreichen können, ohne China globale Wettbewerbsvorteile zu eröffnen und sich in strategische Abhängigkeit von asiatischer Batterieproduktion zu bringen.

Wenn die aufwendige Batteriefertigung, ihre Verwertung und Entsorgung im Ausland stattfindet oder wenn am Ende des Tages überhaupt weniger deutsche, sondern chinesische (Elektro)Autos gekauft werden, verlagern sich CO_2-Lasten lediglich von Deutschland weg. Das kann global für die Klimaneutralität weit weniger bringen als Transformationstheoretiker glauben. Bei einem solchen Szenario ist indes die Abwanderung der Wertschöpfung von Deutschland weg in andere Teile der Welt sicher zu erwarten.

Klimapolitik unter den Bedingungen globaler Selbstbehauptung

Jede Bundesregierung und jeder Parlamentarier im Europaparlament hätte aber auch schon vor Jahren erkennen müssen, dass China sich die strategischen Voraussetzungen für Wettbewerbsvorteile nicht nur im Mobilitätssektor in einer sehr robusten Weise verschafft, und damit den Weltmarkt ebenso aufrollen will wie *Elon Musk* mit seiner amerikanischen Firma Tesla, die inzwischen auf dem amerikanischen Markt fast 50 % aller Elektrofahrzeuge verkauft und am Aktienmarkt zeitweise (je nach Kursentwicklung) so wertvoll ist wie alle anderen Automobilunternehmen zusammen.[240]

Wenn es um die Durchsetzung der Elektromobilität geht, hat China gar keine Probleme, den Strom aus rasch zugebauten Kohlekraftwerken an die Netze zu geben, entscheidend ist hier eben Verfügbarkeit und Preis – nicht die absolute Priorisierung des Klimaschutzes.[241] Nur so ist zu erklären, dass China einerseits Vorreiter im Ausbau regenerativer Energien ist – auch weil das Land teilhaben will an der Wertschöpfung der Transformation – und gleichzeitig immer noch einen erheblichen Zuwachs am Verbrauch fossiler Energien verursacht. China hat sich längst auf die agonalen Bedingungen der Geopolitik eingestellt, schließlich hat es sie entscheidend mitverursacht. Die deutschen Automobilunternehmen mit ihrer hohen Abhängigkeit vom Weltmarkt haben im Kern keineswegs eine Entwicklung „verschlafen", denn der Markt drängt nicht zum Elektrofahrzeug vom Kunden aus, sondern der Staat oder sehr potentes Risikokapital drängen in diese Richtung.

Ökologische Imprägnierung der kritischen Öffentlichkeit?

Man kann sich des Eindrucks schwer verschließen, dass die Debatte über einen langen Zeitraum mit einer starken Imprägnierung politischer Moral und weniger in nüchterner Interessenabwägung geführt worden ist. Die sehr starke Priorisierung der Klimakrise war die kommunikative Weichenstellung dafür. Wenn ein Thema positiv gerahmt ist, spielen häufig Effizienzgesichtspunkte eine untergeordnete Rolle, anders als bei kritisch hinterfragten Themen.

Auffällig ist jedenfalls, wie großzügig die öffentliche Meinung ist, wenn für den guten ökologischen Zweck Steuergeld verschwendet wird. Seit den 1960iger Jahren war klar, dass elektrische Oberleitungsbusse und entsprechende Lkws sich nicht in skalierbarer Weise wirtschaftlich und technisch betriebssicher betreiben lassen, weswegen sie mit wenigen Ausnahmen abgeschafft wurden. Das hinderte das Bundesumweltministerium – hier wurde bezeichnenderweise kein Ministername damit in Verbindung gebracht[242] – nicht, den Ideen der Agora-Denkfabrik zu folgen[243] und 190 Millionen Euro für ein Pilotprojekt zu investieren, das von vorneherein nicht flächendeckend realisierbar war.[244]

Dass auf bestimmten Themenfeldern Diskussionen nicht ernsthaft und nicht pragmatisch nüchtern – auch nach gut begründeten Standortinteressen – geführt wurden, hängt mit den mitunter vorschnellen Verengungen der politischen Debatte zusammen, die in der Notstandsrhetorik kein Abwarten duldet und manchmal Kritiker, zumal wenn sie an einem perhorreszierten „Verbrenner-Modell" festhalten wollen, als lobbyistisch motivierte „Verhinderer" moralisch abwertet. Über die Gefahr von Blickverengungen des Gutgemeinten lohnt es sich schon deshalb nachzudenken, weil ein zu starker Mainstream mit einer übermäßigen moralischen Imprägnierung von Sachpositionen die Lernfähigkeit der offenen Gesellschaft herabsetzt und damit ihre Fähigkeit zur Selbstbehauptung schwächt.

Sehenden Auges in neue strategische Abhängigkeiten?

Unter den neuen geostrategischen Bedingungen der agonalen Konstellation tritt etwas Weiteres hinzu, was die Gefahrenlage mangelnder Effizienz und die Bedingungen für eine Kalkulation im Sinne von Folgenrationalität verändert.

In einer agonalen Konstellation gilt es nicht nur die Frage zu stellen, welche Wettbewerbs- und Standorteffekte eintreten, sondern auch welche neuen Abhängigkeiten im geostrategischen Umfeld dadurch entstehen oder besser vermieden werden sollten. Hier ist es bezeichnend, mit welchem verengten Blickwinkel, vielleicht sogar mit welch Naivität[245], vor allem die EU und Deutschland einen neuen Mobilitätspfad beschreiten, ohne genau zu analysieren, was das für die Strukturen der globalen Wertschöpfung und im Hinblick auf politische Abhängigkeiten oder Nötigungspotentiale bedeutet.

Das chinesische Kalkül

Ganz anders verhält sich der Konkurrent China, der seinem geostrategischen Machtinteresse erkennbar Priorität einräumt. Wenn China Elektromobilität entwickelt, kann das durchaus auch aus denselben ökologischen oder gesundheitspolitischen Motiven heraus geschehen wie in den USA oder Europa. Man darf der Regierung durchaus glauben, dass sie im Zuge der wirtschaftlichen und technologischen Entwicklung des eigenen Landes wichtige Beiträge in Richtung Nachhaltigkeit leisten will und bereit ist, dafür zu investieren. Gleichzeitig müssen die westlichen Demokratien aber ein waches Bewusstsein dafür pflegen, dass China *zugleich* eine antiwestliche Stoßrichtung verfolgt.

Diese Strategie richtet sich auf die Vermehrung politischer Macht durch den stärkeren Zugriff auf Märkte, Rohstoffe und Technologien. Ökonomische Potenz ist ein Mittel zur Steigerung des weltweiten machtpolitischen Einflusses. Aus diesem Blickwinkel bedeutet die hier als Beispiel behandelte Elektrifizierung der Mobilität eine für China günstige und lange strategisch vorbereitete Neuverteilung von Chancen. China war jahrzehntelang nicht in der Lage, der japanischen und europäischen (hier vor allem der deutschen) Autoindustrie Paroli zu bieten, weil es den technologischen Vorsprung nicht rasch und effizient genug einholen konnte. Mit dem Technologiewandel hat sich nicht nur für Tesla (und damit für die USA) das Blatt gewendet, sondern auch für China. Und man darf gewiss sein: Die Elektromobilität war für China ein Hebel, um in den Weltmarkt zu gelangen und um die ausländische Konkurrenz im eigenen Markt klein zu machen.

Wer jedoch die gegenwärtige Technologie von Elektroautos und die Entwicklung potenter KI-Technologien zugrunde legt, kommt angesichts einer gerade einsetzenden breiten Skalierung zu einem steil steigenden Bedarf an bestimmten Rohstoffen. Seit 2010 unterhält die deutsche Bundesregierung im Geschäftsbereich des Bundesministeriums für Wirtschaft und Klimaschutz die Deutsche Rohstoffagentur (DERA). Sie dient dazu, die deutsche Industrie, aber auch politische Entscheider in Sachen nachhaltiger und sicherer Rohstoffsicherung zu beraten. Im Hinblick auf die immer noch auf Lithium-Ionen-Akkus gestützte Batterietechnik wird etwa durch die DERA anlässlich der Vorstellung einer Studie ausgeführt:

> „Die globale Nachfrage nach Lithium wird, je nach Nachfrageszenario auf ca. 316.300-558.800 t Li-Inh. bis zum Jahr 2030 steigen. Die Nachfrage wird im Jahr 2030 darüber hinaus vom Batteriesektor, speziell der E-Mobilität, dominiert werden (ca. 90%). Die Lithiumförderung muss in den kommenden Jahren um den Faktor 4-7 ausgebaut werden, um die prognostizierten Bedarfe decken zu können."

Der Studienautor wird zitiert:

> „Selbst wenn alle aktuell geplanten und im Bau befindlichen Projekte im Zeitplan umgesetzt werden und wir von einem mittleren Nachfragewachstum ausgehen, werden wir nicht genug Lithium haben, um die erwartete weltweite Nachfrage 2030 zu decken. (...) Die Ergebnisse der Studie zeigen, dass eine Selbstversorgung Europas aus Europa 2030 im aufgeworfenen Szenario nur zu etwa 27-34% mög-

lich wäre. Das Recycling könnte lediglich ca. 3-10% des Bedarfs in Europa im Jahr 2030 decken.“[246]

Nicht nur bei Lithium, sondern auch bei mineralischen Rohstoffen (Nickel, Mangan, Kobalt) und seltenen Erden (etwa Neodym) ist die EU von Rohstoffversorgungsketten abhängig, die China längst für sich günstig gestaltet hat. Bis weit nach Afrika hinein hat das Land sich in erheblichem Umfang ein Ausbeutungsoligopol gesichert, sodass soeben eine neue und intensive Abhängigkeit der EU von China entsteht, die Wertschöpfungsvorteile nach Asien verlagern wird.[247] Leider steht dieses Beispiel nicht für sich allein. Im Feld der Flugzeugproduktion versucht China ebenfalls einen Entwicklungsrückstand aufzuholen und bei der Entwicklung künstlicher Intelligenz versucht das Land, die USA zu überholen.

VI. Wie die Klimapolitik neu kalibrieren?

Der Überfall auf die Ukraine hat in der Tat eine Zeitenwende eingeleitet. Jedes Politikfeld muss auf diese Zäsur reagieren, muss auf diese Veränderung der geopolitischen Matrix eingerichtet werden, natürlich auch die Klimapolitik. Ein stumpfer Verzicht auf Klimapolitik kann nicht die Lösung sein. Es kommt vielmehr darauf an, die Klimapolitik neu zu denken und so zu kalibrieren, dass die EU sowohl ihre Wettbewerbsfähigkeit stärkt als auch ihre Verteidigungsfähigkeit.

Wie können Wettbewerbsnachteile verhindert werden?

Wer für sein eigenes Land die Energiepreise im Zuge der Transformation erhöht, schafft für seine Industrie handfeste Wettbewerbsnachteile – mit negativen Folgen für die Möglichkeit von Wertschöpfung, die Erhaltung von gewerblichen Arbeitsplätzen und unter Inkaufnahme wachsender Abhängigkeit von Importen. Dabei sollten im ersten Schritt die klimapolitischen Beurteilungen ihre nationale Brille ablegen oder die der EU. Denn der planwirtschaftlich anmutende strikte Restmengenansatz feiert einen nationalen Rückgang der CO_2-Emissionen, ohne zu berücksichtigen, ob nach einer dadurch ausgelösten relativen Deindustrialisierung über die Wirkungsketten steigender Importe nicht in anderen Regionen der Welt das Maß der (immer nur global relevanten) ausgestoßenen klimaschädlichen Gase dann doch erhöht worden ist.

> „Die EU ist im Zeitraum 1990–2019 bei der Dekarbonisierung ihrer Wirtschaft schneller vorangekommen als andere große Volkswirtschaften. Die weltweite Berichterstattung beruht derzeit jedoch auf einem „produktionsbasierten" Ansatz, bei dem Emissionen dort erfasst werden, wo Produkte hergestellt und Emissionen erzeugt werden. Die ‚Verlagerung von CO_2-Emissionen', d. h. die Verlegung der Produktion von Unternehmen in Länder, in denen beispielsweise weniger strenge Emissionsvorschriften gelten, wird bei diesem Ansatz nicht berücksichtigt."[248]

CO_2-Grenzausgleichsabgabe (CBAM)

Dort, wo wichtige Staaten oder Staatenverbindungen ein erhebliches Gewicht im Welthandel auf die Waage bringen, können sie versuchen, Bedingungen so zu formulieren, dass die Emission von Treibhausgasen beim Handel von Produkten und Dienstleistungen – sanktioniert oder dekarbonisierte Verfahren gefördert werden. Ein inzwischen wohl unrealistisch anmutender Vorschlag geht dahin, dass die ganz großen Emittenten China, USA und EU einen Klimaclub bilden und sie sich (und möglicherweise auch andere) mit Zahlungspflichten belegen, wenn zu viel CO_2 verbraucht wird.[249] Damit würden sowohl Ziele des Klimaschutzes gefördert als auch die eigene Wettbewerbsfähigkeit in einer fairen Weise gewahrt. Da die Bedingungen für einen solchen idealen Klimaclub nicht gerade günstiger geworden sind, wird in der EU der Weg einseitiger Maßnahmen wie die Grenzausgleichsabgabe für CO_2-Emissionen in Angriff genommen. Die CO_2-Grenzausgleichsabgabe soll Wettbewerbsvorteile, die sich ein fossil wirtschaftendes Land verschafft, abschöpfen. Die EU hat entsprechend 2023 einen sogenannten *Carbon Border Adjustment Mechanism* (CBAM) beschlossen. Doch damit gelangt man sofort in ein neues kompliziertes geopolitisches Kraftfeld, wo es um Macht, Einfluss und Sicherheitsbelange geht:

> „Mit dem Grenzausgleich geht es um Emissionen von Drittstaaten, die Güter nach Europa importieren. Das kann durchaus als souveränitätsverletzend und somit als Fehdehandschuh wahrgenommen werden. Die EU hat lange gezögert. Dabei war allen Beteiligten klar: Soll es ernstlich um Industriepolitik nach dem Muster des 19. Jahrhunderts gehen, ist dieser Schritt unausweichlich. Auf die Machtprobe muss Europa sich einlassen."[250]

Schon aus diesem Votum für eine CO_2-Grenzausgleichsabgabe wird der außen- und handelspolitische Zielkonflikt sichtbar, der sich durch die Fokussierung auf primär die ökologische Zwecksetzung ergibt. Das wird noch deutlicher, wenn man die Kritik an diesem für die Schaltstelle zwischen Innen und Außen zentralen Mechanismus zur Kenntnis nimmt:

> „Eine solche Abgabe könnte zwar theoretisch den europäischen Markt schützen. Allerdings könnten auch Handelskonflikte drohen, wenn diese Grenzsteuer nicht mit dem Welthandelsrecht im Einklang steht."[251]

Wer über die Bürokratisierung der Wirtschaft klagt, sollte sich darüber im Klaren sein, dass auch ein solcher Schutzmechanismus für die europäischen Industrien diese zunächst einmal belastet.

> „Wie können etwa die Behörden kontrollieren, ob importierter Stahl mit grünem Strom hergestellt wurde und wie hoch der CO_2-Anteil im Produkt ist? Europäische Unternehmen konkurrieren auch auf den Weltmärkten etwa mit chinesischen Herstellern. Dort hätten sie dann wegen der höheren Erzeugungskosten in Europa trotzdem einen Wettbewerbsnachteil. Es gibt eine weitere Schwierigkeit: Was würden wir beispielsweise mit Produkten von Unternehmen aus dem US-Bundesstaat Kalifornien machen, der bereits mit der EU vergleichbare Klimaauflagen hat, obgleich die USA insgesamt aber auf der Liste der Staaten stehen, für die eine Grenzsteuer gilt, da es keinen einheitlichen CO_2-Preis gibt?"[252]

Mit der Fortsetzung eines „voragonalen" Steuerungsansatzes wird man eine weitere Zunahme rechtlicher Regulierung, mehr Überwachung und höhere Kosten verursachen. Das Gewicht des Staates als lenkender Wirtschaftsakteur wird auch auf diesem Pfad zunehmen.

Emissionshandelssysteme und politische Folgewirkungen

Blickt man weniger auf den Außenhandel, sondern sucht marktwirtschaftlich kluge Lenkungsmaßnahmen im Innern, so fällt der Blick auf die bereits für einige Sektoren geltenden Emissionshandelssysteme. Die auf den ersten Blick marktwirtschaftlich wirkenden Emissionshandelssysteme verknappen schrittweise die Berechtigungen, CO_2 auszustoßen, halten diese Berechtigungen aber für einen Übergangszeitraum handelbar. Sie gelten als wirksame Instrumente, um ein politisch definiertes Reduktionsziel sicher zu erreichen. Was aber, wenn sie – wie konzeptionell bedingt – ernsthaft den Preis in die Höhe treiben, wie das bei einer systematischen und raschen Verknappung unausweichlich wäre? Die meisten Abgeordneten, die den Emissionshandelssystemen mit einer langen Laufzeit zustimmten, wussten vermutlich nicht oder wollten nicht wissen, was das an politischen Folgeproblemen in der Zukunft nach sich zieht. Denn wenn die Preise steil ansteigen, werden bestehende Anlagen so rasch entwertet, dass die Alternativen (etwa mit elektrisch betriebenen Wärmpumpen) zwar lohnender werden, aber vorübergehend noch nicht oder nicht rasch genug vorhanden sind. Das ist der Grund, warum Kommunen jetzt schon bekanntgeben, wann sie Gasnetze abschalten, weil man nicht darauf warten will, dass Preissteigerungen Investitionen entwerten. Im Hinblick auf die Infrastruktur der Energieversorgung wird der marktwirtschaftliche Ansatz des Emissionshandelssystems allenfalls eingeschränkt werden, die Planungsentscheidungen staatlicher und kommunaler Entscheidungsträger bleiben maßgeblich. Es bedarf keiner allzu großen Fantasie, sich mögliche oder sogar sachnotwendige unausweichliche Folgeprobleme durch Versorgungsunsicherheiten und vor allem durch Kostensteigerungen auszumalen. Das alles wird die politische Arena erreichen und nach Gegenmaßnahmen rufen wie einem in Deutschland diskutierten staatlich gelenkten oder subventionierten Industriestrompreis[253] oder dem Klimageld.

Klimaneutralität auch gegen den Markt?

Obwohl niemand die Zukunft kennt, darf man zweierlei Szenarien als möglich prognostizieren:

- Entweder das Ziel der Klimaneutralität für die EU wird weiter forciert und fristgerecht erreicht. Dann wird sich die Gesellschaft nicht nur an neuen nachhaltigen Stoffwechselprozessen und neuen Technologien freuen können, sondern auch ganz erhebliche Zielkonflikte hinter sich haben, womöglich aber auch nicht unerhebliche Wohlstandsverluste. Soziale Unruhen, politisch-kulturelle Spaltungen und eine spürbare Tendenz zur Verstaatlichung und Politisierung der Gesellschaft könnten die Folge sein.
- Oder aber das Aufbrechen von Zielkonflikten zwingt dazu, vom eingeschlagenen Weg zur Klimaneutralität zumindest zeitweise abzuweichen. Das Auftreten von Versorgungsengpässen, neue geopolitische Krisen und internationaler Wettbewerbsdruck können jederzeit den unter günstigeren geopolitischen Bedingungen betretenen Weg zur Klimaneutralität verzögern, so dass Aushilfen, Abschwächungen und Kompromisse die Folge wären.

Angesichts der Komplexität gesellschaftlicher Prozesse und demokratischer Reaktionen ist das zweite Szenario jedenfalls nicht unwahrscheinlicher als das erste. Der Optimist würde darauf hinweisen, dass eine Marktwirtschaft über eine ganz erhebliche Anpassungsfähigkeit verfügt und politisch ehrgeizige Projekte geradezu braucht, um im Wettbewerb zu zeigen, wer erfindungsreich, elastisch und innovativ ist. Auf den Markt vertrauen, heißt auch, auf die Überlegenheit der liberalen Demokratie zu vertrauen. Aber das setzt Rücksichtnahme auf Marktmechanismen voraus. Etwas Unmögliches zu verlangen, könnte dagegen Marktkräfte schwächen und Investitionen entwerten.

Klimapolitik und Demokratie

Wenn die Gesellschaft den Weg zur Klimaneutralität nicht nur als ein hochrangiges politisches Ziel, sondern als das alles beherrschende, absolute Ziel setzt, könnte man geneigt sein, auch über Marktgesetze hinweg politische Vorgaben zu machen. Aber was ist mit der Demokratie? Dürfte man sie auch institutionell gefährden? Oder wäre eine Krise der Demokratie nicht noch gravierender als eine Krise des Klimas? Für manche Klimaaktivisten steht die Reihenfolge fest. Eine Demokratie, die in ihrer parlamentarisch-repräsentativen Form das Ziel der raschen Klimaneutralität aufweicht, wäre nicht sakrosankt.

Doch ist nicht die agonale Konstellation gerade dadurch gekennzeichnet, dass wichtige Großmächte sich offenbar zur offenen Konfrontation mit den Demokratien entschlossen haben, gerade weil sie die Demokratie als Herrschaftsform ablehnen? Und würde man sich damit nicht (ungewollt) zum Verbündeten der Feinde der Demokratie machen, wenn man hier eine falsche Reihenfolge der Prioritäten wählt?

Vierter Teil

Komplementäre der Freiheit: Wirtschaft und Recht

H. Die Wirtschaft im Zeitalter der agonalen Konstellation

„Auch wer den Ausbau der geopolitischen Stellung Europas fordert, sollte immer bedenken, dass diese Stellung nur aus wirtschaftlicher Macht erwachsen kann.“[254]

I. Die Wirtschaft der Demokratie

Ist die Marktwirtschaft eine unentbehrliche Stütze der Demokratie oder gefährdet die Dynamik des globalen Kapitalismus die demokratischen Fundamente? Wenn jemand behauptet, es gebe keine Unterscheidungsmöglichkeit zwischen einer politischen Position der Mitte und derjenigen der Linken: Entlang dieser Frage wird er sie finden. Die radikale Linke schreibt der Marktwirtschaft und dem Privateigentum nicht nur alle soziale Ungleichheit zu, sondern auch eine Demokratiegefährdung. Sie verliert kein Wort darüber, dass jeder historisch bekannte Versuch, die Marktwirtschaft abzuschaffen und durch irgendeine Form von sozialistischer Verwaltung der Produktivkräfte zu ersetzen, in einer Diktatur endete und vermutlich auch aus konzeptionellen Gründen enden muss.

Demgegenüber begann nach 1949 in Deutschland unter der Führung des Wirtschaftsministers *Ludwig Erhard* ein Experiment auf Grundlage einer völlig anderen Analyse der Wirklichkeit. Die erste Generation demokratischer Politiker nach dem Zweiten Weltkrieg in Deutschland war durch die Erfahrungen des Untergangs der Weimarer Republik geprägt. Sie wussten, dass nicht nur die Verschwörungstheorien von rechts und links (Dolchstoßlegende, Legende des

Revolutionsverrats) die Demokratie kulturell im Ansehen untergraben hatten, sondern vor allem die verheerende Wirtschaftskrise (Weltwirtschaftskrise) zwischen 1930 und 1933 die Radikalisierung breiter Wählerschichten befeuerte. Das eingelöste Wohlstandsversprechen einer wachsenden offenen Marktwirtschaft in den 1950er Jahren erzeugte hingegen eine erstaunliche Systemloyalität.[255] Soziale Marktwirtschaft und parlamentarische Demokratie bildeten seitdem eine überaus stabile Einheit. Die Entwicklung zur Internationalisierung der Wirtschaft über den europäischen Binnenmarkt oder die Öffnung des Welthandels wurden von einer breiten Mehrheit getragen und nicht als Auslieferung an anonyme ausländische Mächte interpretiert.[256]

Doch die stabile Symbiose von Demokratie und Wirtschaft hält nur solange, wie die Leistungen der Wirtschaft zu Wohlstand und sozial einigermaßen ausgewogenen Ergebnissen führen und umgekehrt die demokratische Regulierung und ihre Sozialordnung die Kräfte des Marktes, wenn nicht fördern, dann jedenfalls nicht gravierend behindern. Doch genau hier mehren sich die Zweifel.

II. Verlorene Wetten gegen die Wirklichkeit?

Neo-Dirigismus als Zug der Zeit

Die USA unter Trump wirken wie jemand, der die Zeichen der neuen Zeit sieht, aber sie nicht richtig begreift. Bei Europa scheint es dagegen so, als ob man zwar die Gefahren des Trumpschen „Erratismus“ und agonale Bedrohungen sieht – und dennoch die Zeichen der neuen Zeit noch gar nicht richtig zur Kenntnis genommen hat. Man muss die Diagnose ernst nehmen, dass in einer geopolitisch erschütterten Weltwirtschaft die deregulierten Märkte nicht mehr so tragfähig sind wie vormals angenommen,[257] doch erhöhter Dirigismus und Protektionismus die falschen Antworten sind.

Die erratische Zollpolitik der USA und der Weg in eine immer höhere Staatsverschuldung werden die amerikanische Wirtschaft vermutlich nicht stärker machen. Für die EU bedeutet das aber keineswegs einen kompetitiven Vorteil. Vieles spricht dafür, dass die EU und Deutschland ihre eigene wirtschaftliche Potenz überschätzt haben. Der gesamte Westen lebte im Glauben an die ökonomisch fundierte Macht der atlantischen Ordnung, der regelbasierten Welt offener Staaten und starker internationaler Organisationen. In der Schönwetterphase der Globalisierung hat Europa sich allmählich in einen teuren Dirigismus hineinbewegt. Die EU hat sich dadurch von einem klugen ordnungspolitischen Rahmen der Wirtschaft entfernt, der in der Logik der europäischen Verträge immer noch aufzufinden ist.

Der Markt braucht eine gute Ordnung, kann aber nicht durch Politik ersetzt werden

Die Wirtschaftswissenschaft versteht unter dem Begriff des Dirigismus eine übermäßige politische Lenkung von Marktprozessen. Für den Präsidenten des Münchner IFO-Instituts *Clemens Fuest* zeigt das Begriffspaar Neo-Liberalismus und Neo-Dirigismus zwei unterschiedliche Stimmungslagen oder grundlegende ordnungspolitische Ausrichtungen an: Unter dem viel gescholtenen „Neoliberalismus" kann man danach eine Haltung verstehen, „die staatliche Eingriffe in den Wirtschaftsprozess eher kritisch sieht, und tendenziell Marktkräften vertraut."[258] Demgegenüber habe in den letzten Jahren nach der Beobachtung von *Fuest* der Neodirigismus an Popularität gewonnen – „verstanden als eine politische Richtung, die verstärkte staatliche Eingriffe in den Wirtschaftsprozess favorisiert und Marktprozesse zurückdrängen will".[259] Während die EU jahrzehntelang dem engstirnigen Handelsprotektionismus und der Überregulierung ihrer Mitgliedstaaten den (deregulativen) Kampf ansagte, ist Brüssel inzwischen selbst Vorreiter einer immer mehr als drückend empfundenen Regulierungsmaschinerie geworden. Die klimapolitischen und sozialen Transformationsziele sowie industriepolitische oder digitalwirtschaftliche Ziele führten zu stetig wachsender Gesetzesproduktion.

Wem folgt die Welt auf dem Pfad der Transformation?

Die Ziele sind sympathisch: Im Kampf gegen die Klimaerwärmung soll die EU weltweiter Vorreiter sein. Dasselbe gilt bei der Wahrung von Menschenrechten entlang der Lieferketten global vernetzter Unternehmen. Nicht die Ziele sind falsch und noch nicht einmal per se die Methode ihrer Durchsetzung, wenn man an den regulativen Ansatz einer Rationierung von Emissionsrechten denkt. Ein Problem ist die Implementierung über den häufig aufwändigen Apparat von Dokumentations- und Berichtspflichten, der als Bürokratieexport von der Politik in die Wirtschaft kritisch gesehen wird.[260]

Das eigentliche Problem liegt indes darin, dass dieser ganze regulative Ansatz nur dann als *gelingende Vorwegnahme der Zukunft* angesehen werden kann, wenn er im internationalen Wettbewerb Erfolg verspricht. In einer prinzipiell harmonischen Ordnung des freien Welthandels lassen sich solche Ansätze gut verallgemeinern, wenn sie von den Technologie- und Marktführern stammen und somit attraktiv für die Anderen sind, die dann vom Erfolg eingeladen werden, zu kopieren, was stark macht. Ein wirtschaftlich starker Westen kann die Adaption sogar politisch oder über wirtschaftliche Anpassungsnotwendigkeiten erzwingen. Wenn die USA ihren Unternehmen oder Produkten, die als Importe ins Land kommen, den Nachweis abverlangen, dass bei der Produktion keine verbotene Kinderarbeit im Spiel war, steigt die Chance auch für die EU enorm an, entsprechende Regulierungen weltweit durchzusetzen. Wenn China Wert darauf legt, den freien Zugang zum Welthandel mit den USA und der EU zu behalten, dann wird am Ende des Tages auch dem Reich der Mitte nichts anderes bleiben, als hier für Transparenz zu sorgen oder sich CO_2-Reduktionszielen irgendwie anzupassen.

Bleibt die EU mit ihrer Klima- und Sozialpolitik am Ende allein?

Die Probleme einer transformativen politischen Steuerung der Wirtschaft werden nicht nur beim Thema Klimapolitik[261] scharfkantiger, wenn geopolitisch die Weichen auf Machtpolitik gestellt sind. In einer wieder rücksichtsloseren Welt, die auch vor dem Einsatz von Waffengewalt nicht zurückschreckt, muss damit gerechnet werden, dass Konzepte, die große Wirtschaftsräume wie die EU verfolgen, allenfalls auf der Schauseite der eigenen Selbstdarstellung übernommen, aber ansonsten eher unterlaufen oder zur Förderung der eigenen Position ausgenutzt werden.

Mit anderen Worten: Die von der EU und Deutschland betriebene neodirigistische Wirtschaftspolitik mag (zumindest in einem gewissen Ausmaß) vor dem 24. Februar 2022 zweckrational im Sinne von politisch vernünftig und wirtschaftlich erfolgversprechend gewesen sein. Nach der agonalen Zäsur erweist sie sich als eine in den Erfolgsaussichten ungewisse Wette auf die Zukunft. Gleichgültig, was China auf internationalen Konferenzen verspricht: Im Kern unterstützt die asiatische Großmacht Russlands aggressive Politik gegen den Westen, gegen Europa. Die USA wollen zumindest nach der Vorstellung der republikanischen Partei den Kampf vor allem gegen China mit härteren Bandagen führen und sich so auf die Bedingungen der neuen agonalen Welt einstellen. Die USA sehen sich in einem geopolitischen Systemkonflikt zwischen China und dem Westen, der in seinem Kern gewiss ein normativer Konflikt ist.[262] Es ist der Konflikt zwischen dem Prinzip individueller Entfaltungsfreiheit und dem autoritären Prinzip politischer Bevormundung – ausgetragen aber wird er in den internationalen Beziehungen wirtschaftlich, technologisch und militärisch. Im Innern der Demokratien schwelt der Kulturkampf der Verfeindlichung[263] und macht eine strategisch kluge Politik nicht leichter.

Der Draghi-Report sagt zur Transformation in Beziehung der EU zu China folgendes:

> „Dank eines hohen Innovationstempos, niedriger Herstellungskosten und staatlicher Subventionen, die viermal höher sind als in anderen großen Wirtschaftsnationen, dominiert das Land heute die weltweiten Exporte sauberer Technologien. Es wird mit erheblichen Überkapazitäten gerechnet: Spätestens 2030 wird Chinas jährliche Produktionskapazität für Photovoltaik (PV) doppelt so hoch sein wie die weltweite Nachfrage, und bei Batteriezellen dürfte sie mindestens die weltweite Nachfrage decken. Die Produktion von Elektrofahrzeugen wächst in einem ähnlichen Tempo. Die EU verzeichnet bereits jetzt eine deutliche Verschlechterung ihrer Handelsbilanz mit China, was insbesondere auf die Einfuhren von Elektrofahrzeugen, Batterien und Solar-PV-Produkten zurückzuführen ist.“[264]

Dass die von Europa und speziell von Deutschland betriebene Politik gleichsam aus einer anderen Zeit stammt, wird gerade in Deutschland deutlich, wo man sich jahrzehntelang auf preisgünstiges russisches Gas als Ausgleichsmechanismus ebenso verlassen hat wie auf die Vitalität der industriellen gewerblichen Basis des Landes. Nirgendwo wird das deutlicher als in der teilweise romantisch angetriebenen deutschen Energie- und Transformationspolitik, die zu enormen Kostenbelastungen führt und vermutlich ohne den europäischen Binnenmarkt für Energie hohe Versorgungrisiken mit sich bringen würde.

Die Frage wird immer dringlicher, ob solche Wetten auf die Zukunft im Hinblick auf die Stabilität der Demokratie und die Resilienz des freien Europas verantwortbar sind.

Idee und Wirkung der sozialen Marktwirtschaft

Die Wirtschaft war bislang der starke Posten auf der Haben-Seite in der globalen Bilanz der Demokratien. Nicht nur die Wirtschaftsgeschichte weiß um den Zusammenhang zwischen der Weltwirtschaftskrise seit Ende der Zwanzigerjahre des letzten Jahrhunderts und dem Erstarken brandgefährlicher Diktaturen. Als in Bonn 1948 bis 1949 das Grundgesetz beraten wurde, wussten die Mütter und Väter der Verfassung im Parlamentarischen Rat ganz genau, dass die künftige Stabilität der neuen deutschen Demokratie entscheidend davon abhängen würde, ob nicht nur die unmittelbar drückende Nachkriegsnot gelindert werden konnte, sondern auch dauerhaft die Weichen in Richtung eines sozial gerechten Wohlstandes gestellt wurden. Niemand hat das besser verstanden als der politische Vater der sozialen Marktwirtschaft *Ludwig Erhard*. Er kalkulierte richtig, dass unter dem Schutzschirm der USA mit gesicherten, offenen Handelsbeziehungen die Bundesrepublik nicht nur ein Wiederaufbauprogramm mit dem Schub des Nachholbedarfs auf die Beine stellen würde, sondern dass die Prozesse der Arbeitsorganisation, das Bildungsniveaus die leistungshungrige Mentalität und die technischen Fertigkeiten das Land wieder ganz nach vorne bringen könnten, wenn man nur die Marktkräfte in einem stabilen politischen und rechtlichen Rahmen zur Entfaltung brächte.

Marktkräfte zur Entfaltung bringen: Das hieß alle Behinderungen des Marktes zu beseitigen, gleich, ob sie aus der politischen Sphäre stammten oder auch aus der Tendenz des Marktes selbst, Monopole, Oligopole oder Preiskartelle zu bilden, die den Wettbewerb behindern. Der Wohlstand für alle sollte aus dem wirtschaftlichen Erfolg der Unternehmen stammen, sollte aus dem Anreiz der Belohnung unternehmerischer Initiative kommen. Das Modell einer sozialen Marktwirtschaft sollte aber auch getragen werden aus einer organisierten Vertretung von konträren Wirtschaftsinteressen der Arbeitnehmer gegen die Arbeitgeber. Im Rahmen der Tarifautonomie und der Koalitionsfreiheit sollten die Arbeitnehmer an der Wertschöpfung durch faire Aushandlungsprozesse beteiligt werden, im Geist eines kooperativen Widerstreits mit einem zurückhaltenden Einsatz des Arbeitskampfes und durch den Abschluss konstruktiver Tarifverträge. Vom Erfolg dieses Modells lebt Deutschland und ein Großteil der EU noch heute. Die mittelständische Wirtschaft, Gewerbe und Dienstleistungen haben sich bis weit nach der Wiedervereinigung bislang als äußerst robust erwiesen.

Geopolitische Wetteränderung: Ist Deutschland auf dem Weg in die Deindustrialisierung?

Solange die Weltwirtschaft auf dem Prinzip offenen Handels und stetigen Wirtschaftswachstums basierte, konnten Deutschland und die EU einen erheblichen Anteil des steigenden weltweiten Wohlstands für sich nutzen. Die wachsende Gefahr des Neoprotektionismus, die Entwicklungsprobleme der stark politisch regulierten chinesischen Wirtschaft, die inzwischen keine globale Wachstumslokomotive mehr zu sein scheint, und die interkontinental wechselseitigen Anstrengungen, mehr Resilienz für künftige Konflikte zu gewinnen, *haben die geopolitische Lage für die EU erheblich eingetrübt.* Es spricht zurzeit noch wenig dafür, dass die Wirtschaftspolitik in Deutschland oder der EU es bereits verstanden hätte, dass durch diese internationale Eintrübung und durch hausgemachte Strukturprobleme ein Erlahmen der kompetitiven Wirtschaftskräfte droht. Das Schlagwort von der Deindustrialisierung Deutschlands sollte nicht wieder einmal dem politisch rechten Rand überlassen werden, sondern als ernste Gefahr verstanden werden für ein wohlstandsbasiertes Demokratiemodell in der Mitte Europas.

Rückgang industrieller Arbeitsplätze

Ein Indikator ist der Rückgang von gut bezahlten Industriearbeitsplätzen, die von gut ausgebildeten Fachkräften besetzt sind, auf der einen Seite und die Steigerung der Nachfrage von qualifiziertem Personal bei Gesundheit, Pflege, Erziehung und Schule auf der anderen Seite. Hier verschieben sich die Proportionen in einer für die Wertschöpfung unvorteilhaften Weise. So wird aktuell deutlich, dass in der deutschen Industrie das Beschäftigungsbarometer für 2024 und 2025 weiter und tiefer ins Minus gefallen ist. „Immer mehr Unternehmen denken über einen Abbau von Arbeitsplätzen nach", berichtet das Münchener ifo-Institut.[265] Die Unternehmen verlagern die Produktion weg aus Deutschland, weil die Arbeits- und Energiekosten, die Abgaben- und Bürokratielasten zu hoch seien.

Die Kurve der gewerblichen Beschäftigungsverhältnisse weist nach unten, gerade auch wenn man die Proportionen in der Entwicklung von gewerblichen und öffentlichen Arbeitsplätzen vergleicht. Auch wer kein Freund der Marktwirtschaft ist, sondern zum Lager der Kapitalismuskritik gehört, wird einräumen müssen, dass auf einem Weltmarkt die eigentliche Wertschöpfung und damit die Basis des Wohlstands nicht im öffentlichen Dienst stattfindet, sondern in der Produktion und Distribution von Gütern sowie der darauf bezogenen Dienstleistungen. Markt heißt, dass man etwas anbietet, kaufen und verkaufen kann, um einen Gewinn dabei zu erzielen. Für die volkswirtschaftliche Wertschöpfung kommt es in der globalisierten Ökonomie darauf an, dass Güter und Dienstleistungen auf eine weltweite Nachfrage treffen und Renditen erlauben. Viele öffentliche Dienstleistungen wie in der Altenpflege oder im Gesundheitssektor werden zwar auch „verkauft" und können sogar sehr teuer sein. In der volkswirtschaftlichen Bilanz fließen sie in die Berechnung des Bruttoinlandsprodukts ein, sie steigern aber regelmäßig nicht unmittelbar die Wettbewerbsfähigkeit des Landes.

Steigende Staatsquote und sinkende Wettbewerbsfähigkeit?

Innerstaatliche soziale Dienstleistungen müssen mit Geld bezahlt werden, das an anderer Stelle erwirtschaftet und dort abgeschöpft wird. Wenn der Staat indes beginnt, durch übermäßige Abschöpfung von Finanzkraft aus der gewerblichen Wirtschaft einen immer größeren öffentlichen Dienstleistungssektor zu bezahlen, entwickelt sich die Marktwirtschaft schon deshalb von einer sozialen Marktwirtschaft zu einer stärker interventionistischen, zu einer politisch gelenkten Marktwirtschaft wegen einer immer höheren Staatsquote. Nach allen wirtschaftshistorischen Erfahrungen schwächen sich Wirtschaftskräfte ab, wenn die Balance von öffentlichem Sektor und gewerblicher Wirtschaft verloren geht. Das hat nichts mit Sozialismus oder der

Planwirtschaft des untergegangenen Ostblocks zu tun. Die komplette Ausschaltung des Marktes wie heute noch auf Kuba oder in Nordkorea führt sachnotwendig zu einem politisch diktatorischen Regiment über Mangel und Armut. Doch auch eine fortgesetzte, nur graduelle Verschiebung der Proportionen von Markt und Staat zugunsten eines immer größer werdenden öffentlichen Sektors würde jedenfalls mit erheblichen Strukturproblemen bezahlt werden müssen, die sich zuerst (und vermutlich auch zuletzt) in einem stetig steigenden Finanzbedarf der öffentlichen Hand zeigen würden. Die Ausdehnung des Staates zu Lasten des Marktes ist auch bei Beibehaltung grundlegender marktwirtschaftlicher Wirkprinzipien ab einem bestimmten Niveau mit Effizienzverlusten, übermäßigen Staatsschulden und letztlich mit der Gefahr einer volkswirtschaftlichen Verarmung verbunden.

Die Zeitenwende verlangt die Stärkung der Wettbewerbskräfte

Gerade in Frankreich besteht traditionell ein starkes Vertrauen in die wirtschaftliche Steuerungsfähigkeit des Staates, ebenso wie in einer „marktmisstrauischen" politischen Linken, die davon überzeugt ist, der Markt brauche in seiner Anarchie und sozialen Kälte unaufhörlich politische Richtungsvorgaben, um nicht aus dem Ruder zu laufen. Natürlich entspricht das in Deutschland gesetzlich geregelte soziale Mietrecht auch der Idee einer sozialen Marktwirtschaft, die nicht jedes Ergebnis des Marktes als „gottgegeben" hinnimmt. Nur müssen sich die Befürworter weitaus strengerer Mietpreisbremsen immer auch fragen lassen, ob dadurch Knappheitslagen verringert oder vergrößert werden. Man kann da, wo ein günstiges Investitionsklima herrscht, besser sozialpolitisch steuern als dort, wo ein zu hermetisch schließender Preisdeckel die Investitionsfreude zum Erliegen bringt.

Stagnation ist gefährlich

In der agonalen Konstellation nach der Zeitenwende bedeutet die Begrenzung der Investitions- und Wachstumskräfte aber auch zugleich: Investitionsmittel für den technologischen Wettbewerb und die Finanzmittel für eine wirksame Verteidigung stehen weniger sprudelnd zur Verfügung, wenn die Wirtschaft stagniert. Die zusätzlich erforderlichen Mittel für Verteidigung und Zivilschutz könnten dann nicht – wie bisher die Sozialleistungen – aus einer wachsenden Wirtschaft vergleichsweise sanft entnommen werden. Diese Mittel müssten bei Stagnation oder Schrumpfung durch Kürzungen in anderen Bereichen gewonnen werden.

Doch nicht nur die Staatsquote, im Sinne des Anteils des Staates an der marktwirtschaftlichen Wertschöpfung oder das Verhältnis von Arbeitsplätzen im öffentlichen Dienst und in der gewerblichen Wirtschaft kann zu einer Leistungsgefährdung des Modells der sozialen Marktwirtschaft führen: Es ist der Dirigismus, der politische Entscheidungen an die Stelle des Marktes setzt. Dabei muss man immer den Unterschied beachten zwischen einem sinnvollen und notwendigen ordnungspolitischen Rahmen für die Wirtschaft und staatlichen Eingriffen in den eigentlichen Marktablauf. Politisch muss beispielsweise entschieden werden, wie stark die europäische Wirtschaft eigentlich mit der chinesischen in Zukunft noch verflochten sein soll, wenn man von einer Kriegsgefahr ausgeht. Das hat mehr mit außenwirtschaftlicher Konzeptklarheit zu tun als mit Dirigismus. Politischer Dirigismus zeichnet sich aus durch Eingriffe in die Unternehmensstruktur, durch Produktions- oder Investitionsvorgaben sowie durch eine politische Festsetzung oder Begrenzung von Preisen.

Industriepolitik: Beispiel EU-Chips-Act

Sowohl die nationalen Industriestrategien als auch ihre europäischen Entsprechungen: sie reagieren auf externe Wandlungsprozesse, gerade nach der agonalen Zäsur. Die Frage ist nur, ob es eine die eigene Leistungskraft befördernde oder doch eher eine hemmende Reaktion ist. Die EU-Kommission registriert drohende Verluste der Wettbewerbsfähigkeit,[266] zudem auch empfindliche Abhängigkeiten im System internationaler Arbeitsteilung und Versorgung.[267] Es geht dabei um die Entwicklung künstlicher Intelligenz oder die Rolle digitaler Plattformen. Es geht aber auch um Autonomie in einer „robuster" werdenden geopolitischen Rahmenordnung.

Die Forderung des früheren Binnenmarktkommissars *Thierry Breton* im Zusammenhang mit dem Entwurf eines EU-Chips-Act zielt beispielsweise darauf, die EU bei der Chipherstellung unabhängiger zu machen.[268] Es geht um die staatlich initiierte Errichtung von Megafabriken. Immerhin handelt es sich um die Mobilisierung von 45 Milliarden Euro, um Europa wieder zu einem Schwergewicht der Chipherstellung zu machen.[269] Neben der Errichtung von Halbleiterfabriken geht es flankierend auch um Ausfuhrverbote in Krisenfällen nach dem Vorbild des US-amerikanischen *Defence Production Act*. Das Problem solcher, die private Initiative verdrängender staatlicher Investitionen, liegt darin, dass zunächst auf einen wirklichen oder vermuteten Bedarf hin geplant wird, der später womöglich so gar nicht entsteht. Der Staat gerät stärker in die Gefahr mangelnder Rentabilität als marktorientierte Unternehmen, die dann wieder neue politische Interventionen verursachen oder „Abschreibungen" nötig machen. Angesichts der Zunahme neoprotektionistischer Tendenzen wird auch schnell an handelspolitische Vorgaben gedacht, wenn sich deutlicher abzeichnet, dass maßgebliche Produktionsstätten für Endprodukte – und damit Nachfrager – in Asien liegen und vielleicht anders als erhofft dort auch in Zukunft bleiben.[270]

Die strategische Entscheidung der EU und Deutschlands zu einer stärkeren politischen Lenkung, nicht nur auf dem Weg zur Klimaneutralität, ist mit erheblichen Risiken belastet. In einer naiv anmutenden Weise wurde lange die Erzählung gestreut, wenn die Techniknation Deutschland in regenerative Energien investiere, würde sie der *Exportweltmeister von morgen* werden. Eine solche unterkomplexe Erwartung hat die komplizierten Bedingungen des Weltmarktes weitgehend ignoriert, ebenso wie die Bedeutung von jahrzehntelang herausgearbeiteter technologischer Verbundkompetenz im eigenen Land. In vielen industriellen Bereichen werden Unternehmen bei steigenden Energiepreisen und dichteren Produktionsauflagen für energieintensive Industrien das Land verlassen – mit dem wenig kontrollierbaren Effekt, ob dann nicht dasselbe Unternehmen in einem anderen Land die CO_2-Menge ausstößt, die in Deutschland „eingespart" wird – das globale Klima also nichts gewönne, doch die Bundesrepublik einen industriellen Arbeitgeber mit seiner inländischen Wertschöpfung verlöre.

Heute beklagt sich die Wirtschaft über hohe Kosten in allen relevanten Bereichen; sie ächzt aber auch wegen der Schwierigkeiten, die unter dem Schlagwort der „Bürokratie" abgearbeitet werden. In einer Studie von Datev aus dem Jahr 2024, die den Ursachen zunehmender Insolvenzen und gewerblicher Abwanderungen nachgeht, wird besonders hervorgehoben, dass „mangelnde Planungssicherheit durch politische Entscheidungen, die jeder Vernunft widersprechen", dazu führt, dass viele Unternehmen den Standort wechseln, das Land verlassen.[271] Dass dies nicht noch mehr tun, hängt auch damit zusammen, dass Deutschland mit einer hohen Wegzugsbesteuerung die „Flucht" erschwert.[272]

Man würde es sich zu einfach machen, wenn man unter Bürokratisierung einfach nur ein Heer von Beamten mit Federkiel und Ärmelschonern im Blick hätte. Eine gute, moderne und vor allem verlässlich funktionierende Verwaltung ist nicht der Schrecken der Wirtschaft, sondern eine ordnungspolitische Voraussetzung für unternehmerisches Handeln. Was heute unter der Last der Bürokratie gemeint ist, bezieht sich zwar zum einen – und nach klassischen Vorstellungen – auf die Länge und unvorhersehbare Ergebnisse von Verwaltungsverfahren, die mit großzügigen Bürgerbeteiligungs- oder Verbandsklagerechten sowie mit aufwändigen ineinander verschachtelten Umweltprüfungsverfahren belastet sind. In der Schönwetterphase einer prosperierenden deutschen Wirtschaft hat es gelegentlich Stimmen aus dem Verwaltungsrecht gegeben, die nicht die *Ermöglichung* von wirtschaftlichem Handeln als das Ziel eines Verwaltungsverfahrens bezeichnet haben, sondern ihm die Funktion einer *Verlangsamung* von Verwaltungsentscheidungen zuschrieben, die kuriose „katechontische Funktion des Verwaltungsrechts“[273].

III. Wer treibt die technische Entwicklung: Staat oder Markt?

Die historische Stunde der EU

In dem Augenblick, in dem die Front der seit fast vier Jahren kämpfenden ukrainischen Soldaten gegen Russland wankt und in den USA unter *Trump* ungewiss ist, welche Hilfe die westliche Vormacht noch leisten wird, scheinen sich einige europäische Politiker der Gefahr bewusst und versuchen, Europa stärker auf eigene Füße zu stellen: militärisch und technologisch.

Wenn es stimmt, dass die westlichen Demokratien politisch, militärisch, wirtschaftlich, technologisch und kulturell angegriffen werden, dann könnte das in der Tat die Stunde für die Neuerfindung der europäischen Einheit sein. Man darf nicht vergessen, dass das Europa, aus dem die EU wuchs, gegründet wurde, weil man sich um 1950 herum in einer agonalen Konstellation befand. Am 25. Juni 1950 marschierte die Armee des kommunistischen Nordkoreas in Südkorea (Republik Korea) ein. Stalins Russland und Maos China unterstützten den Angreifer, im Grunde griffen beide Mächte in Asien an einer scheinbar weichen Flanke die westliche Welt an. Auch in Europa wurde klar, dass man sich verteidigen musste und dass dabei das im Zweiten Weltkrieg vollständig geschlagene Deutschland einen großen Anteil haben sollte. Die Bewaffnung der jungen Bundesrepublik sorgte nicht nur bei einem erheblichen Teil der europäischen Nachbarn für Sorgenfalten, auch die Deutschen selbst hatten keinen Ehrgeiz in diese Richtung. Die Montanunion und die bereits ausgehandelte europäische Verteidigungsgemeinschaft (EVG-Vertrag) waren insofern gegen die Stimmungslage in der Bevölkerung auf den Weg gebracht, weil die außenpolitische Situation das erzwang. Unter einem außenpolitischen Druck begann der europäische Weg: Nur die Einheit von Frankreich, Deutschland und Italien, flankiert von England, unterstützt durch die Beneluxstaaten, konnte genügend Gewicht auf die Waage bringen, um zwischen den beiden Supermächten noch eine eigene Rolle zu spielen. Und es ging auch darum, Deutschland einerseits wieder zu bewaffnen, aber es andererseits unter europäischer, unter überstaatlicher Kontrolle zu halten. Aus der militärischen Integration ist wegen des französischen Widerstandes nichts geworden, so nahm die Einheit ihren wirtschaftlichen und späteren politischen Lauf, ohne je jenseits der NATO eine wirkliche militärische Rolle zu spielen.

Heute ist der Moment gekommen, die EU neu zu erfinden. Die Europäische Union müsste dazu allerdings ihre politischen Proportionen grundlegend verändern. Sie müsste außen- und sicherheitspolitisch viel stärker handlungsfähig werden, sie müsste ihr wirtschaftliches Rüstungspotenzial zentralisieren und sie müsste ihren eigenen Wust an dirigistischen Vorschriften dringend deregulieren. Um wirtschaftlich schlagkräftig zu werden, müsste der Binnenmarkt – vor allem auch der digitale Binnenmarkt – ernsthaft vollendet werden, müssten Konzepte für eine starke Investitionskultur und einen starken Finanzmarkt mutig entwickelt werden.

Die Europäische Union müsste bei der Technikentwicklung mehr auf die Investitionsmöglichkeiten und die Skalierbarkeit, als auf schwerfällige Industriepolitik setzen. Es kommt viel eher darauf an, für die Infrastruktur, aber auch für die Verteidigung klar definierte Aufträge zu erteilen und die dafür nötigen Finanzmittel bereitzustellen. Vieles davon hat der Draghi Bericht 2024 bereits zu Papier gebracht, wobei noch unklar ist, ob die neue Kommission, die im Herbst 2024 gebildet worden ist, die historische Herausforderung wirklich annimmt und ob die Mitgliedstaaten eine solche Richtungsänderung dann auch tatsächlich mittragen.

IV. Die KI-Revolution

Die Entwicklung von Künstlicher Intelligenz hat das Zeug zur erneuten Umwälzung wirtschaftlicher und kultureller Verhältnisse, wie dies die Digitalisierung und Vernetzung bereits vorgeführt haben.

> „Die vom Menschen ersonnene Maschinerie konkurriert mit ihrem Schöpfer, weil sie schöpferisch wird. Die technische Verstärkung menschlichen Vermögens hat seit James Watts Dampfmaschine zunächst den Körper, seine Kraftentfaltung, seine Bewegungsfähigkeit und die Herstellungsbedingungen für Produkte betroffen. Das löste die industrielle Revolution aus. Seit den ersten Rechnern Mitte des letzten Jahrhunderts sind die kognitiven Fähigkeiten an der Reihe. Gut rechnen konnten schon die IBM-Computer als die ersten Menschen den Mond betraten. Das war aber wenig im Vergleich zu der seit der Jahrtausendwende stattfindenden digitalen Verwandlung der Welt. Selbst das allerdings könnte nur das Vorspiel zu etwas Größerem gewesen sein. Das Netz der Rechner ist nur Voraussetzung dafür, gewaltige Datenmengen verfügbar zu haben. Damit lassen sich artifizielle Systeme trainieren und von diesem Boden verfügbarer Daten aus gelingt der Sprung in die kreative Sphäre. Heute wachsen Textgeneratoren wie ChatGPT, generative Tools für Bilder, Videos und Musik wie Pilze aus dem Boden.“[274]

Bei technischen Umwälzungen drohen regelmäßig drei falsche Zukunftsfixierungen. Die einen malen eine sich abzeichnende Entwicklung in einem tiefen Schwarz möglicher Zerstörungen des Vertrauten, andere erwarten gewaltige postive Impulse, manchmal die Lösung der großen Weltprobleme. Und eine dritte Gruppe lässt sich von einer der beiden Übertreibungen zunächst anstecken, um dann zur Tagesordnung überzugehen und die sich abzeichnende Zäsur gewaltig zu unterschätzen.

Die negative Einstellung, die Überbetonung der Risiken gegenüber neuen Techniken ist eine inzwischen geradezu gemeineuropäische, die häufig markt- oder kulturkritisch unterlegt ist. Deshalb finden die frühen Warner großes Gehör. *Yuval Noah Harari* glaubt, dass wegen der rasanten Entwicklung auf dem Gebiet der künstlichen Intelligenz bald Millionen Menschen überflüssig werden.[275] Solche Prognosen sind regelmäßig wie ein Thriller zu lesen, aber unterkomplex. Sie lassen um des guten Drehbuchs willen gegenläufige Faktoren ebenso außer Acht wie schwer vorhersehbare interdependente Entwicklungszusammenhänge. Am Ende handelt es sich nur um die halbe Wahrheit und die ist als solche von begrenztem Wert. Die Geschichte von der baldigen Arbeitslosigkeit der Menschheit hat man seit dem Heraufziehen der industriellen Revolution schon mehrfach gehört, ohne dass der gesamtgesellschaftliche Arbeitsbedarf wirklich weniger geworden wäre.

Die Automatisierung industrieller Fertigung ist vor allem seit dem Fordismus vor über einem Jahrhundert immer wieder Stoff für Dystopien und Utopien geworden. Für die 1950er Jahre wird diagnostiziert:

> „Doch hat es solche Zukunftsszenarien auch schon früher gegeben, erinnert sei an die Bücher aus den 50er Jahren von Norbert Wiener „Mensch und Menschmaschine“[276] oder von Louis Emrich „Fabriken ohne Menschen“.“[277]

Der „Spiegel“ kam 1978 mit einem viel diskutierten Titel heraus: „Die Computer-Revolution – Fortschritt macht arbeitslos“.[278] Zwar arbeiten inzwischen in immer mehr Fabriken immer weniger Menschen. Aber: Die Arbeitsplätze haben sich verlagert, sie sind nicht weniger, sondern mehr geworden. Die digitale Technik lässt menschliche Arbeit produktiver werden, kann sie auch ersetzen. Wegen ihres rasanten Fortschritts und ihrer weiteren Verbreitung werden sich Produktionstechnik, Verwaltungsabläufe und Qualifikationsstrukturen von Unternehmen immer schneller ändern; Wirtschaftszweige werden an einer Stelle wachsen und an einer anderen untergehen.[279] All das ist seit Beginn der Neuzeit und seit der Industrialisierung längst alltäglich geworden, damit können Gesellschaften umgehen. Eine ganz andere Frage liegt auch hier im kulturellen Bereich. Unser ganzes Rechtssystem ruht auf der Vorstellung des Menschen als urteilsfähigem Subjekt, das in dieser herausgehobenen Stellung konkurrenzlos ist. Schon im Jahr 1990 hat der Soziologe *Niklas Luhmann* eine Gesellschaft gesehen, die den Menschen als Subjekt aus seiner zentralen Stellung manövriert, wenn beispielsweise der Vorgang der

Wissensproduktion von der Zurechnung auf das Wissen konkreter Individuen abgelöst wird, und das nicht nur bei „Schwarmintelligenz".

> „Die gesellschaftliche Erzeugung und Verbindung von Wissen im Zuge der Reproduktion von Kommunikation aus Kommunikation kann daher nicht auf Individuen zugerechnet werden, weder auf einzelne, noch auf die Wissenschaftler, noch auf alle."[280]

Künstliche Intelligenz ist keine menschliche. Als ich im Jahr 2017 im Auftrag der Bundesregierung eine Ethik-Kommission zum „autonomen" und vernetzten Fahren leiten durfte,[281] hat die Kommission sich erst einmal umbenannt. „Autonom" im philosophisch-kantianischen Sinne heißt die „Gesetzgebung des vernünftigen Wesens an sich selbst", also die Fähigkeit sich selbst moralische Regeln zu setzen, die Subjektqualität. Die Systeme, die Fahrzeuge lenken, Texte oder andere Artefakte generieren, sind automatisiert, können selbstlernend sein, bleiben aber (bis auf weiteres?) ohne selbstreflexive Vernunft. Eine solche können sie zurzeit nur „vorspiegeln". Wenn wir uns an den Umgang mit der Beratungsleistung von ChatGPT im Alltag ganz selbstverständlich gewöhnen, so dass wir nicht nur eine Art von Vernunft, sondern (uns) überlegene Vernunft dahinter vermuten, dann gefährden wir durch diesen Glauben unsere Subjektstellung und weniger durch den Umstand, dass tatsächlich jenseits des menschlichen Vermögens technische Vernunft entstanden wäre. Das führt zu der Frage, wie in der sich rasant kognitiv verändernden Welt diejenigen sozialen Regeln wirksam gehalten werden, die letztlich dem einzelnen Menschen seine Rolle als Subjekt garantieren. „Es geht dabei für eine Rechtsordnung, die den Menschen in den Mittelpunkt stellt, nicht primär um abstrakte ökonomische Prinzipien, so vernünftig sie sein mögen."[282] Unter agonalen Bedingungen ist diese Frage aber nicht einfach durch Vermehrung europäischer Digitalregeln und schärfere Risikoklassifizierungen zu beantworten. Wer Regeln setzen will, muss technisch und wirtschaftlich vorne mitspielen, sonst bleibt ihm auf längere Sicht nur Abschottung um den Preis eines technologischen „Abgehängt-Werdens".

V. Die sozialpolitische Unwucht

Verblassendes Leistungsethos

Nicht nur wirtschaftsnahe Kritik zielt auf den Verlust pragmatischer Gerechtigkeitsprinzipien: Es sei ein unausgewogenes Verhältnis von Sozialleistungen und Leistungsentlohnung entstanden.[283] Die Politik – und auch die Rechtsprechung – zeige wenig Zurückhaltung, die Leistungskraft der arbeitenden Mitte mit Steuern, Sozialabgaben oder Energiekosten zu belasten, während sie sich scheue, den Mangel an Leistungswillen zu sanktionieren. Auf der anderen Seite der gesellschaftlichen Güterverteilung wächst Reichtum und das treibt die Preise. Im globalen Umfeld nehmen sich die Superreichen der Digitalwirtschaft immer größere Stücke vom Kuchen der Wertschöpfung. Die radikale Linke hat das lange nicht verstanden, sie verlangt jetzt vor allem in Europa die „Abschaffung" von Milliardären.[284] Das würde vermutlich nur die gefährlich aufgerissene Kluft zwischen der EU und den USA, aber auch zu China vergrößern.[285]

Wer tiefer bohrt, gelangt womöglich zu dem Ergebnis, dass im kulturellen Unterbau des europäischen Gesellschaftsmodells das Herz nur noch einen müden Takt schlägt: Demografische Alterung sowie eine lange Wohlstands- und Friedenserfahrung haben zufrieden gemacht und risikoscheu. Auch mitgeschleppte Ressentiments gegen die Marktwirtschaft, gegen den „Kapitalismus und Amerika" und der Etatismus weisen häufig in eine falsche Richtung. Es mag jedenfalls subkutan ein Kulturkampf spürbar sein gegen jenes Ethos, das der Soziologe *Max Weber* einst als den – die moderne Entwicklung antreibenden – Geist des Protestantismus hervorgehoben hatte.[286]

Für die Entwicklung des Binnenmarktes wurde die nationale Erdung sozialer Grundsicherung aufgegeben, die Freizügigkeit gilt nicht nur für Arbeitnehmer, sondern auch für EU-Bürger, die soziale Leistungen als Hilfe in Anspruch nehmen und dazu ihren Wohnsitz in Staaten mit höherem Sozialleistungsniveau verlagern.[287] Der Berliner Finanzsenator *Stefan Evers* spricht im Jahr 2025 für das Land Berlin und für viele Kommunen, wenn er auf die Frage antwortet, ob es stimme, dass die Sozialkosten explodieren würden:

> „Ja, das ist vor allem die steile Entwicklung der so genannten Transferausgaben, die uns wie alle anderen deutschen Kommunen finanziell so massiv belastet. Für das laufende Jahr werden wir voraussichtlich um fast 1 Milliarde oberhalb dessen liegen, womit ursprünglich gerechnet wurde. Im Durchschnitt früherer Jahre steigen Sozialausgaben hier in Berlin um rund 250 Millionen € pro Jahr.“[288]

Die Kosten des gut ausgebauten Sozialstaats nicht nur für Sozialhilfe und Bürgergeld, sondern auch für Renten-, Pflege- und Krankenversicherung laufen längst aus dem Ruder der Nachhaltigkeit. Die Warnung eines Rentenexperten:

> „Berücksichtigt man erwartbare Kostensteigerungen in der Kranken- und Pflegeversicherung ergibt sich bei Fortschreibung des bisherigen Systems ein erwartbarer „Zuwachs der Sozialausgaben um fast 7 % auf knapp 33 % des BIP gerechnet; der Gesamtsozialversicherungsbeitrag läge dann bei über 50 %. Bei einem optimistischen Szenario wären es 45 %, der Zuwachs „nur“ 3 Prozentpunkte und die Summe rund 29 % des BIP.“[289]

Demografische Faktoren, die vor zwei Jahrzehnten in die Rentenversicherung eingefügt wurden, wurden wieder gelockert und neue, nicht durch Beitragsleistungen der Versicherten gerechtfertigte Leistungsansprüche noch draufgesattelt. Der Weg in die Kreditfinanzierung des Sozialstaats ist im Grunde bereits beschritten und es fehlt nicht an Stimmen, die ihn verbreitern wollen. Die Politik der Mitte und der gemäßigten Linken glaubt immer noch, dass Loyalität zur parlamentarischen Demokratie über ein möglichst perfektes System von Sozialleistungen entsteht, während die Bürger allmählich Furcht vor einem teuer errichteten Kartenhaus bekommen, das noch zu ihren Lebzeiten einstürzen könnte.

J. Politik: durch Recht gebändigt oder gefesselt?

„Das Recht muß nie der Politik, wohl aber die Politik jederzeit dem Recht angepaßt werden."
Immanuel Kant, Über ein vermeintes Recht aus Menschenliebe zu Lügen, A 313

„Wer nicht Macht genug hat, einen jeden im Volk gegen einen anderen zu schützen, hat auch nicht das Recht, ihm zu befehlen."
Immanuel Kant, Zum ewigen Frieden

I. Das Recht und der Rechtsstaat

Legitimität und Funktion

Die beiden vorangestellten Aussagen des großen Königsberger Philosophen stehen im Widerspruch zueinander, jedenfalls in einer Spannungslage. Die eine Aussage, wonach alle Politik dem Recht zu weichen habe und die andere, wonach der Staat sein Recht, Gesetze (also „Befehle") zu erlassen, dann verwirke, wenn er keine Sicherheit zu gewährleisten vermag, sind nicht leicht in eins zu bringen. Denn wenn der Staat nicht handlungsfähig ist, um seine Bürger zu schützen, verliert er danach die rechtfertigende Grundlage zur Setzung von Recht. Wenn das so ist, dann wäre jedes Recht prekär, das dem Staat die Handlungsfähigkeit zur Erfüllung seiner Schutzaufgabe nähme: Aus vernünftiger Bindung würde unvernünftige Fesselung.[290] Müsste dann nicht doch solches Gesetzesrecht notfalls

„weichen“, um politisch-praktischen Erfordernissen der inneren und äußeren Friedenswahrung zu genügen? Verliert der Staat, der keinen Frieden zu garantieren vermag, nicht die Möglichkeit zur Setzung legitimen Rechts?

Hinter diesem paradox anmutenden Widerspruch verbirgt sich ein Grundproblem der Gegenwartsgesellschaften. Was wäre, wenn Vorschriften der Verfassung oder des Europarechts es verhindern würden, dass Bundeswehr und Polizei so ausgestattet sind, dass sie einen Angriff von außen oder von innen wirksam abwehren können? Wollen wir mit einem Rechtsverständnis, das ihnen die Handlungsfähigkeit nimmt, notfalls untergehen? Aber anderseits: Wofür kämpfen „wir“? Für ein Leben nur in Frieden und Wohlstand oder auch für ein Leben in Freiheit, mit aufrechtem Gang und frei von Willkür der Mächtigen?

Dass im Notstand das Recht den Erfordernissen des Augenblicks zu weichen habe, ist nicht die Antwort des freiheitlichen Verfassungsrechts. „Not kennt kein Gebot“ oder die Begriffsbildung des „übergesetzlichen Notstandes“ sind Faustregeln, die in existentiellen Situationen des Alltags eine praktische Berechtigung haben mögen, die aber gewiss nicht das Verständnis einer Verfassung zum Ausdruck bringen. Rechtsstaatlich grundierte Juristen denken das Recht nicht vom Ausnahmezustand her.

Zunahme des Gesetzesrechts und richterlicher Aktivismus

Wer an dieser Stelle aufatmet und die Akte schließt, geht indes am eigentlichen Problem vorbei. Es liegt nicht auf dem rechtstheoretischen Gebiet des Grenzfalls, sondern in einer politischen Wirklichkeit, die Gesetze als sozialtechnische Universalwerkzeuge längst inflationiert hat. Das Problem wird mitunter nicht nur beim parlamentarischen Gesetzgeber, sondern auch auf dem Spielfeld der Rechtsprechung verortet. Sie habe, so lautet mancher Vorwurf, über viele Jahrzehnte unter der Herrschaft eines „judicial activism“ eine bestimmte Gattung individueller Rechte immer wieder gestärkt, solange bis andere Rechte in den Schatten traten ebenso wie die Handlungsfähigkeit der Demokratie.[291] Die Wochenzeitschrift „DIE ZEIT" fragt: „Schaden die Gerichte der Demokratie?"[292].

An keinem Punkt wird die Spannungslage aktuell deutlicher als in der Migrationspolitik. In Italien oder in Portugal, im Vereinigten Königreich oder in Deutschland, auch im Luxemburger EuGH scheinen die Gerichte im Bremserhäuschen zu sitzen, wenn Europa beginnt, seine bislang wenig kontrollierte und schlecht gesteuerte Einwanderungspolitik zu begrenzen, auch um den Zulauf zu rechtspopulistischen Kräften einzudämmen. Selbst für Experten ist nicht immer genau zu unterscheiden, wann Gerichte einfach nur ein Gesetz anwenden, dessen politischer Wille aus der Vergangenheit stammt und nicht mehr zu neuen Herausforderungen passt. Gerichte, die an das Gesetz gebunden sind, können es nicht einfach ignorieren, nur weil es nicht mehr in die Zeit zu passen scheint. Doch im Einzelfall ist es auch möglich, dass Gerichte allgemeine Rechtssätze wie die Grundrechte als Argumente gegen den bereits neu bekundeten gesetzgeberischen Willen nutzen und damit ihren eigenen Willen reaktiv gegen eine Politik in Stellung bringen, die den Richtern nicht zusagt. Wie begründet oder unbegründet ein solcher Verdacht auch sein mag, Gerichte kontrollieren nicht nur, sie können auch die Reaktionsfähigkeit demokratischen Regierens erheblich verlangsamen oder gar auf bestimmten Gebieten ausbremsen.

Das Bundesverfassungsgericht zeigt gegenüber Polizei und Nachrichtendiensten eine gehörige Portion Misstrauen. Das ist nicht überraschend für ein Gericht, das über die Einhaltung von Grundrechten zu wachen hat, ein strukturelles Misstrauen gehört zum Auftrag. Und doch fragen Praktiker, ob nicht bei einer veränderten Weltlage Funktionalität und Wirksamkeit der Sicherheitseinrichtungen stärker gewichtet werden müssten. Der EuGH in Luxemburg hat mit seiner Rechtsprechung die Unionskompetenzen und seine eigene Position über die Jahrzehnte immer weiter verstärkt, auch weil man die Integrationsgewalt gegenüber den mitgliedstaatlichen Demokratien stärken wollte.[293] In Deutschland werden Richtersprüche aus Karlsruhe regelmäßig gelobt, aber die Urteile, auf die sich das bezieht, wechseln je nach politischer Voreinstellung: Den einen geht wie erwähnt die Beschränkung von Polizei und Nachrichtendiensten zu weit, den anderen das „Hineinregieren" des Gerichts in das Bundeswahlrecht oder bei europapolitischen Maßnahmen.[294]

Gesetze werden durch Parlamente erlassen, doch was letztlich als Recht gilt, entscheiden die Gerichte. Maßgeblich wird Recht durch eine Verwaltung, die das Gesetz vollzieht und eine Rechtsprechung, die über Geltungsreichweite und womöglich auch die Gültigkeit des Gesetzes im Einzelfall entscheidet.[295] Mit dem Urteil wird nur die eine Rechtssache entschieden. Doch der Richterspruch weist darüber hinaus – nicht nur dann, wenn ein ganzes Gesetz für verfassungswidrig oder als unvereinbar mit Unionsrecht erklärt wird.

Maßstab der Gerichte bleibt das Gesetz.[296] Die richterliche Auslegung des Gesetzes kann zwar abweichen von dem, was sich ursprünglich der Gesetzgeber im Parlament gedacht hat oder sich aktuell denkt. Wenn dem Gesetzgeber das Gerichtsurteil nicht gefällt, kann er indes das Gesetz ändern und verdeutlichen, was er meint. Die Politik der Parlamentsmehrheit hat insofern das letzte Wort. Diese „Wortgewalt" der demokratischen Mehrheit reicht bis hin zur Änderung der Verfassung oder auch zur Abänderung der europäischen oder völkerrechtlichen Verträge. Allerdings bleibt das auf vielen Feldern graue Theorie. Insbesondere die europäische Gesetzgebung ist derart kompliziert und bei der Koordinierung politischen Willens voraussetzungsreich, dass es leichter ist, ein Gesetz zu erlassen, als es wieder abzuschaffen oder in der Richtung zu verändern. So wird Politik zu einem schweren Tanker, der allenfalls allmählich seine Richtung zu ändern vermag. Handlungsfähigkeit wird dann immer wieder mit Ad-hoc-Maßnahmen oder mit vollmundigen Programmen demonstriert und gleichsam ins helle Licht der öffentlichen Bühne gebracht, während das harte Brett der systematischen Kohärenz des Rechts etwa zur Förderung von Wachstumspotentialen noch nicht einmal angebohrt wird.

Ist das Gesetz noch „Freund der Freiheit"?

Im Idealfall sollen die Gesetze der Republik eine vernünftige Ordnung bilden, damit die Entfaltung persönlicher Freiheit gelingt. Das Gesetz, von der Volksvertretung nach offener Debatte verabschiedet, soll die Freiheit schützen, faire und friedliche Entfaltung ermöglichen und begünstigen. Gesetze garantieren eine zivile Friedensordnung – eine Ordnung, die die Grundlagen des Zusammenlebens auf Dauer bewahrt und entwickelt. So ist geschichtlich der *konstitutionelle Parlamentarismus* entstanden, nach den englischen Verfassungskämpfen des 17. Jahrhunderts und der französischen Revolution von 1789, durchaus noch in einer Welt gekrönter Häupter. Zu den Bausteinen des werdenden Verfassungsstaats zählte das Prinzip des Gesetzesvorbehalts, wonach die noch durch Monarchen beherrschte Exekutive nur dann in Eigentum und Freiheit der Bürger eingreifen durfte, wenn das auf der Grundlage eines vom Parlament beschlossenen Gesetzes geschah. Noch im 19. und im frühen 20. Jahrhundert wirkte der Gesetzesvorbehalt wie eine Bremse für ausgabefreudige Monarchen, wenn die Volksvertretungen ihre Zustimmung verweigerten.[297]

Der Gesetzesvorbehalt gilt nach wie vor. Doch heute sind die Parlamente selbst die Motoren für Staatsausgaben geworden und verantwortlich für ein immer dichter werdendes Netz an regulativen Vorgaben. Diese vielen Gesetze ermöglichen nicht nur Freiheit, sondern begrenzen sie auch immer stärker. Wirksame Bremsen für die unaufhörliche Gesetzgebung und die Ausdehnung des Staates gibt es in Kontinentaleuropa kaum. Das Vertrauen in die Gestaltungskraft des Staates ist hier traditionell hoch. Das Vertrauen in die Entfaltungs- und Tatkraft der Bürger eher gering. In den USA pflegt die konservative republikanische Partei demgegenüber ein tiefsitzendes Misstrauen gegen das Washingtoner „Big Government".[298] Doch selbst hier wirken die Kettensägen-Akteure aus der Digitalwirtschaft zwar provokativ, doch ob sie mit ihrem erratischen Aktionismus langfristig den Trend zur wachsenden Regulierung umkehren werden, ist ungewiss.

Schleichende Tendenz zur Bevormundung

Gute Freunde können sich voneinander entfernen, am Ende sogar Gegner werden. Wenn der Umfang gesetzlicher Vorgaben steigt, das Geflecht des Rechts immer enger wird – für Bürger, Wissenschaft, Wirtschaft *und gerade auch für die Politik selbst* – droht eine allmähliche Verwandlung der alten guten Beziehung.[299] Auch eine Rechtsordnung, die sich die Förderung individueller Lebensgestaltung und politische Selbstbestimmung auf die Fahnen geschrieben hat, kann sich im Laufe der Zeit verändern. Es kann schleichend ein Klima des Paternalismus entstehen, wenn es zu einer Überbetonung staatlicher Schutzaufgaben und zu in der Summe unverhältnismäßigen Grundrechtseinschränkungen kommt. Zum politischen Argumentationsarsenal gehört traditionell mehr das Versprechen von Schutz als das von Freiheit, weil im Schutzversprechen eine Rechtfertigung politischer Aktivität liegt, während andernfalls die gebotene Zurückhaltung des Staates auf einen (relativen) Bedeutungsverlust des politischen Systems hinausliefe.

Die Tendenz zur Bevormundung kann auch angetrieben werden durch sozialtechnisch übertriebene Vorstellungen und vor allem die gehegte Hoffnung, eine perfekte Gesellschaft „herbeiregulieren" zu können. Die einen träumen den alten Traum von der *societas perfecta* schon in der diesseitigen Welt, eine Art menschlicher Wiedergründung des Paradieses – „alles wird gut, wenn alles reguliert ist". Manche ihrer Gegner von rechts und links wollen dagegen eine Rückkehr in eine unverletzte Gemeinschaft, die von rechts mit einem ethnischen Volksbegriff und eine Welt ohne „linke Intellektuelle", die von links eine Gemeinschaft ohne Superreiche und ohne kapitalistisches Privateigentum. Doch auch jenseits solch ideologischer Versatzstücke aus den beiden vergangenen Jahrhunderten gibt es eine Mechanik der allmählichen Verstaatlichung und Politisierung der Alltagskultur. Der renommierte Rechtswissenschaftler *Karl-Heinz Ladeur* formuliert es scharf:

> „Der Staat zerstört nicht nur die öffentlichen Institutionen in erheblichem Umfang, indem er immer mehr Ressourcen in Anspruch nimmt und über deren Verwendung nach diffusen Kriterien des

> sozialen Managements entscheidet, er verändert auch das soziale Gedächtnis und das Selbstverständnis der Individuen."[300]

Auch die Pragmatiker klagen inzwischen lauter. Das Murren der Wirtschaft über immer aufwändigere Dokumentations- und Berichtspflichten, so als wären sie Teil einer staatlichen Behörde, nimmt zu.[301] Für viele Bürger scheint es nur um Kleinigkeiten des Alltags zu gehen. Nutzer von Pkw, die ab 2024 neu zugelassen werden, ärgern sich vielleicht nur milde über die von der EU-Kommission erzwungene akustische „Belästigung" der von der EU vorgeschriebenen „Intelligent Speed Adaption (ISA)"[302], die am Ende der Entwicklung die Steuerung des Fahrzeugs auch gegen den Willen des Fahrzeugführers in die Hand nehmen soll, wenn „es" meint, eine Geschwindigkeitsübertretung festgestellt zu haben.

Viele kleine und viele detailverliebte Vorgaben ergeben ein immer dichter werdendes Geflecht. Für Deutschland wird diagnostiziert:

> „Die anfallenden Bürokratiekosten aus bundesrechtlichen Vorgaben für Unternehmen betrugen im Jahr 2024 etwa 65 Milliarden Euro. Das sind knapp 1,5 Prozent des Bruttoinlandsprodukts."[303]

In der Summe – so ein sich ausbreitender Eindruck – entstehe in allen Bereichen der Gesellschaft eine Kultur der Bevormundung, des Misstrauens in die Urteilskraft von Menschen oder Institutionen. Hinter der Regulierungswut könnte ein sozialtechnisch verengtes Verständnis der sozialen Welt stehen, vielleicht auch eben die antiliberale Sehnsucht nach der societas perfecta. Die politische Linke ignoriert die Sprengkraft des Phänomens einer überregulierten Gesellschaft: Sie vermutet in der lauter werdenden Kritik dagegen vor allem Lobbyismus von Industrievertretern.[304]

Überbordendes Gesetzesrecht und blockiertes Regieren

Soweit das von Juristen gezeichnete Bild: Es entspricht der geltenden Rechtslage, doch die Wirklichkeit sieht etwas anders aus. Der Gesetzgeber, der mit Mehrheit angeblich alles kann, er wirkt in einigen

Feldern wie ein Leviathan, der von seiner eigenen Gesetzgebung und von der Rechtsanwendung der Gerichte gefesselt ist. Parlamente und Regierungen handeln als Produzenten der Gesetze in einem verschachtelten System der vielen föderalen, supranationalen und internationalen Ebenen. Sie sind dadurch und durch die Mechanismen der Gewaltenteilung derart eingeschränkt, dass nicht selten die Demokratie unbeweglich wirkt, wie durch anonyme Kräfte getrieben. Das liefert Stoff für Verschwörungstheorien. Gleichzeitig – so die bittere Ironie – läuft die Maschinerie der Gesetzgebung auf allen Ebenen ununterbrochen. Der gefesselte Leviathan seinerseits fesselt die Gesellschaft jedes Jahr mit einer ganzen Kaskade neuer Gesetze. Dabei hat sich ein sozialtechnischer Geist gerade in Europa breitgemacht, der überall zu hohem Aufwand und Kosten führt, der die Klage befördert, dass private Initiative durch Bürokratie erstickt werde. Nicht nur Gewerbe, Industrie oder Startups bemängeln die lähmende Bürokratie der Dokumentations- und Berichtspflichten, die Vorgaben des Arbeits- und Sozialrechts, der Nachhaltigkeitsauflagen. Selbst Alten- und Pflegeheime schließen, weil sie kein geeignetes Personal mehr finden und das dichte Regelwerk ihre Rentabilität gefährdet.

Die Flut der Gesetze wird in Gang gehalten durch eine sozialtechnische Vorstellung von Gesellschaft, die sich von einem Vertrauen auf die kulturelle Kraft der Freiheit Schritt für Schritt entfernt. Als würde man eine Heizung regulieren, werden politische Ziele formuliert, wie die Gesellschaft der Zukunft aussehen soll. Klimaneutralität kann man gewiss für einen bestimmten Zeitpunkt vorschreiben, aber niemand sollte dabei die Komplexität einer international verflochtenen Volkswirtschaft unterschätzen. Die neue agonale Konstellation nimmt einem Land wie Deutschland einige der bislang bestehenden Vorteile und macht die bisherige Richtung einer Steuerung durch intensiv lenkendes Recht gefährlich. „Der Geist des freien Welthandels, dem Deutschland seinen märchenhaften Aufstieg aus den Trümmern des Zweiten Weltkrieges verdankte, ist verflogen. Die Welt denkt wieder in den Kategorien politischer Einflusssphären und militärischer Interessen.“[305]

Vergangene Zukunft als normative Gegenwart: Zeitdifferenz zwischen Gesetz und Debatte

Juristisch kann man unterscheiden zwischen zwei Grundtypen von Gesetzen. Die erste Kategorie legt abstrakte Regeln fest wie das bürgerliche Vertragsrecht, die klassischen Tatbestände des Strafrechts oder die allgemeinen Grundsätze des Verwaltungsrechts. Sie sind offen für alle mögliche Fallkonstellationen und Entwicklungsrichtungen. Sie sind geradezu zeitlos, weil sie in allen möglichen „Zukünften" Fairness, Berechenbarkeit und Vernunft fördern. Doch das liberale Vertrauen in ein Gesetzesrecht, das faire Regeln zur privatautonomen Selbstentfaltung festlegt, ist längst verblasst. Heute will man mit der zweiten Kategorie unmittelbar instrumenteller Gesetzgebung handeln. Dabei handelt es sich um Gesetze, die sozialtechnisch autoritativ bestimmte Zustände in der Zukunft garantieren wollen: Es sind insofern „Maßnahmegesetze", die nicht viele mögliche Zukünfte eröffnen sollen, sondern eine bestimmte Zukunftserwartung normativ festlegen.

Die Rechtsanwendung folgt in diesem Fall dem parlamentarischen Willen von gestern und dieses „Maßnahmegesetz" einer zurückliegenden Zeit entspricht einer Zukunftserwartung, die später womöglich wie ein Tunnelblick wirkt und manchmal im Gesetz die schon vergessene politische Schlachtordnung verfestigt. Gerade ein akzentuierter Rechtsstaat wie Deutschland mit seinem großen Vertrauen in die Unverbrüchlichkeit der Steuerungskraft von Gesetzen läuft Gefahr, den politischen Prozess zu behindern, wenn Gesetze des sozialtechnisch autoritativen Typs zunehmen. Denn dann verliert die Parteiendemokratie und die parlamentarische Willensbildung ihre Elastizität als Resonanzboden für eine lernende und entwicklungsoffene Willensbildung. Es findet so eine Entkopplung von Recht und Politik statt.

Wenn man das Ausmaß der Zäsur im Inneren der Demokratien und in der Verwandlung internationaler Beziehungen besser abschätzen will, kommt es darauf an, die Frage zu klären: Was sind denn die „ganz großen Themen“, die politisch neu angefasst werden müssen? Diese Frage hängt in der offenen Gesellschaft nicht allein von Wahlentscheidungen ab, sondern auch vom öffentlichen Meinungsverlauf, es hängt von wissenschaftlichen Trends und insgesamt von der Wahrnehmung dessen ab, was die maßgeblichen Krisen denn sind, auf die wir uns konzentrieren müssen, wo die Mittel hingelenkt werden sollen.

Zeitenwende in der Rechtsprechung?

Doch Fatalismus ist keine Option. Gesetze kann man ändern oder außer Kraft setzen. Und auch die Rechtsprechung folgt keinem starren „immer weiter“. Der Europäische Gerichtshof für Menschenrechte hatte wenige Monate nach dem russischen Überfall auf die Ukraine einen Fall aus Lettland zu beurteilen, bei dem es um eine Ungleichbehandlung zwischen lettischen Staatsbürgern und Bleibeberechtigten mit russischer Herkunft bei der Berechnung von Rentenansprüchen ging. Angesichts der allgemeinen Tendenz der Rechtsprechung, den Gleichheitssatz stark zu machen und die Differenzierung nach Staatsangehörigkeit oder gar nach Herkunft dabei weniger Gewicht zuzumessen, durfte die Entscheidung als Überraschung gelten. Die baltischen Staaten haben es mit zum Teil nicht unerheblichen russischen Minderheiten zu tun, die unter der Herrschaft der Sowjetunion gezielt dort angesiedelt wurden, um das Nationalbewusstsein der baltischen Staaten zu schwächen („Russifizierung“). Heute, unter Bedingungen akuter Kriegsdrohungen, gelten deshalb russische Minderheiten als ein elementares Sicherheitsrisiko für die baltischen Staaten, weil sie erfahrungsgemäß vom Putin-System als Vorwand für eine Intervention genutzt werden können.

> „Der erste und wichtigste Grund war nach Ansicht der nationalen Behörden die Notwendigkeit, die verfassungsmäßige Identität der Republik Lettland zu schützen, die auf dem Grundsatz der staatlichen Kontinuität beruht, wie in der Erklärung zur Wiederherstellung der Unabhängigkeit und den nachfolgenden verfassungsrechtlichen Bestimmungen und Doktrinen dargelegt.“[306]

Die sachliche Notwendigkeit zur Selbstbehauptung von Demokratien wird zu einem legitimen Rechtfertigungsgrund für Differenzierungen in der Rechtsordnung. Das ist kein Dammbruch gegen den Gleichheitssatz, sondern die Wiederherstellung von Handlungsfähigkeit demokratischer Regierungen in Konfrontation mit Aggressoren.

II. Die Verfassung als Hermeneutik der Freiheit

Doch es geht bei weitem nicht nur um eine solche vorsichtige Berücksichtigung von Verteidigungsbelangen bei der Rechtsanwendung. Es stimmt: Die Zeit der Verfeindlichung verlangt eine Gesetzgebung und eine Rechtsanwendung, die stärker auf Selbstbehauptung nach außen und innen ausgerichtet ist. Doch muss Obacht gegeben werden, nicht das Kind mit dem Bade auszuschütten. Die westlichen Demokratien sind und bleiben stark, wenn sie auf das Prinzip und auf die Kultur der Freiheit vertrauen – und nicht wenn sie das Gesicht ihrer autoritären Gegenspieler annehmen.

> „Ein Verfassungsgericht, mit der Aufgabe, *die* Demokratie zu schützen, vor *den* Anti-Demokraten, ändert damit zugleich diese Demokratie, und nicht notwendigerweise zum Demokratischen. Die wehrhafte Demokratie steht vor dem Problem eines performativen Widerspruchs: demokratische Verfahren zu perfektionieren, indem man demokratische Institutionen lähmt.“[307]

Demokratische Institutionen und die lebendige politische Diskussion dürfen nicht gelähmt, sondern sie sollen wiederbelebt werden. Das gelingt aber nur, wenn die politische Richtung der Gesetzgebung geändert wird von einer Kultur des Misstrauens und der sozialtechnischen Kleinteiligkeit hin zu einer Kultur des stärkeren Vertrauens in die Urteilsfähigkeit und Entscheidungsfreiheit von Menschen. Der ordnungspolitische Ansatz, der die soziale Marktwirtschaft stark gemacht hat, gleicht der Grundidee einer freiheitlichen Verfassung, die letztlich die rationale Entfaltungsordnung für das Gelingen individueller Selbstentwürfe sein will. Das Streben nach Glück ist nicht eine Sache des Kollektivs, sondern jeder einzelnen Person.

Das selbstexpansive Programm persönlicher Freiheit

Demokratien folgen dem Konzept des klassisch modernen Menschenbildes. Das Leitbild von Erziehung und Bildung entsteht seit der Renaissance und mit Beginn der Neuzeit. Es wird später in der Epoche der Aufklärung politisch-programmatisch geformt und verbreitert. Der Mensch, als Wesen mit Verstand zum vernünftigen Urteil befähigt, erwirbt danach Weltwissen und fachliche Kompetenz auf der Basis eines sittlichen Selbstbewusstseins. Jeder Mensch, ungeachtet seiner sozialen Herkunft oder seiner individuellen Fähigkeiten, tritt nach diesem Ideal mit einem Auftrag in die Welt, sich zu dem zu machen, was er wünscht. Der durchdringende Ton klingt selbstbewusst und selbstexpansiv. Ein zu Beginn der Neuzeit noch Gott in den Mund gelegter Auftrag des Humanismus an den Menschen lautet:

> „Du sollst dir deine (Natur) ohne jede Einschränkung und Enge, nach deinem Ermessen, dem ich dich anvertraut habe, selber bestimmen. (…) Weder haben wir dich himmlisch noch irdisch, weder sterblich noch unsterblich geschaffen, damit du wie dein eigener, in Ehre frei entscheidender, schöpferischer Bildhauer, dich selbst zu der Gestalt ausformst, die du bevorzugst.“[308]

Das selbstexpansive Programm als Auftrag und Schicksal eines jeden Menschen: Diese Idee hat „den Westen“, hat die universelle Idee angeborener Freiheit stark und dynamisch gemacht. Sie hat einem Columbus den Mut zur der auf den ersten Blick so völlig vermessenen Unternehmung verliehen, den Seeweg nach Indien westwärts zu suchen – immer unter der Devise: „Erwerbe das Wissen, gestalte Dein Schicksal. Werde, was Du willst. Wachse über Dich hinaus, sei den Künstlern gleich, die neue Werke schaffen!“[309] Man muss kein Anhänger der postkolonialistischen Theorie sein, um jenseits dieser erhabenen Worte „Gier und Gewalt“ zu vermuten. Und doch wurde der lange Prozess der Zivilisation von diesem optimistischen Menschenbild weit mehr befördert als er durch die begleitenden Untaten behindert wurde.

III. Das große Bild von Würde in Freiheit

Für die ursprünglich europäische, seit dem Ende des 19. Jahrhunderts dann westliche Kulturgeschichte wirkmächtig war ein besonderes Menschenbild, das ihrem Sozialmodell seit vielen Jahrhunderten zugrunde liegt, sei es als Leitbild, sei es als Herausforderung des bis dahin Bestehenden. Dieses Bild zeichnet seit dem Zeitalter der Renaissance einen Menschen, der als einzelnes Wesen in seinem Wert heilig[310] ist und der Welt selbstbewusst als gestaltender Architekt gegenübertritt: „als selbstbestimmtes und deshalb unbestimmbares Wesen“[311]. Die besondere Qualität des Menschen als Träger angeborener Rechte kristallisiert sich als unverrückbarer Ausgangspunkt der Rechtsordnung in seiner gleich bemessenen persönlichen Freiheit. Dieses Bild ist nicht verschwunden. Es mobilisiert immer noch den Kampf um Freiheit und Demokratie. Doch es verblasst und wird an den Rändern mit falschen Farben entstellt.

Der historische Weg vom Entwurf des frei geborenen selbstexpansiven Menschen zu einer rechtlich verbürgten Wirklichkeit führte von den frühen Habeas-Corpus-Garantien und den ersten verbrieften Freiheitsrechten über die Gleichheit vor dem Gesetz, die wirtschaftliche Entfaltungsfreiheit mit der Gewährleistung des Privateigentums und die Vertragsfreiheit hin zu den republikanischen Rechten der Meinungs- und Versammlungsfreiheit bis zur Freiheit der Wahl von Vertretungskörperschaften oder Regierungen.

Aus dem Gedanken der Privatautonomie ist seit dem Zeitalter der Aufklärung und seinem großen Vordenker *John Locke* der Anspruch auf Demokratie entstanden – im Sinne einer Selbstregierung des Volkes freier Bürger, handelnd mit Wahlen oder Abstimmungen. Aus diesem Ideensystem abgeleitet entstand eine weltoffene, eine dem Recht verpflichtete Staatlichkeit: der offene Verfassungsstaat.[312] Zu den Grundlagen dieses Modells zählen eine möglichst inklusive soziale Marktwirtschaft und ein sozial ausgleichendes Gemeinwesen. Das System folgt in seinem Aufbau universalistischen Grundprinzipien, die „richtig“ sind, weil sie den einzelnen Menschen in den

Mittelpunkt der gesamten Rechtsordnung stellen und ihn zum Ausgangspunkt wie zum Zweck aller normativen Ableitungen machen.

Die Würde des Menschen als Fundament der Demokratien

„Die Würde des Menschen ist unantastbar." Das ist die große Botschaft von Art. 1 Abs. 1 Satz 1 des deutschen Grundgesetzes. Gemeint ist der Mensch in seiner Idealität ebenso wie in seiner Faktizität: als strahlender Held wie im grauen Alltag. Würde im Sinne einer grundlegenden Prämisse besitzt der Mensch nicht aus dem Verdienst seiner Leistungen, sondern qua bloßer Existenztatsache. Jedem Menschen, jedem menschlichen Leben vom Beginn der wachsenden befruchteten Eizelle bis zum letzten Verdämmern des Sterbenden, kommt Würde zu.

Das ist ebenso entschieden wie indifferent gemeint: Der Mensch genießt Würde im Erfolg wie im Scheitern, ob anständig oder unanständig, gut oder böse, immer in seiner Janusköpfigkeit. Dass eine Gemeinschaft dann doch – oberhalb eines Anerkennungs- und Unantastbarkeitsminimums – einen jeden nach seinen Verdiensten und Leistungen beurteilt, das ist damit nicht ausgeschlossen, vielmehr sogar vom Respekt vor dem persönlichen Freiheitsentwurf geboten.

Ohne Freiheit keine Würde

Würde ist nicht dasselbe wie Freiheit.[313] Und doch sind es zwei Seiten einer Medaille. Auf der einen Seite steht der Mensch stark als das sich selbstbewusst entfaltende Subjekt, als Herr seines eigenen Schicksals, auf Selbstbestimmung und auf seine Freiheit pochend. Auf der anderen Seite damit verbunden steht das menschliche Geschöpf vereinzelt, schwach, in seiner ganzen Angewiesenheit, Verletzlichkeit oder auch Hilflosigkeit. Mit dem Begriff der Würde reflektiert auch der Starke seine eigene Verletzlichkeit und seine Angewiesenheit wie Verwandtschaft mit jedem noch so schwachen menschlichen Geschöpf.

Die tragende Idee der Würde (dignitas humana) ist mit der Idee persönlicher Freiheit untrennbar verwoben. Der Mensch ist zur Freiheit berufen, aber er kann nur frei sein, wenn er dieselbe (ursprünglich in der Schöpfungsgeschichte göttlich „verliehene") Ebenbildlichkeit und damit die Freiheit eines jeden anderen achtet. Er kann vor seinem Gewissen seine Würde mit voller Überzeugungskraft nur geltend machen, wenn er als Teil der menschlichen Gattung seine Verbundenheit mit jedem humanen Geschöpf spürt und zeigt.

Das Freisein in der politischen Gemeinschaft

Die Achtung des Menschen steht am Anfang, sie findet einen weiteren Horizont im Respekt vor der natürlichen Schöpfung. Individuelle Selbstbestimmung *für sich allein* – auch als Auslegungsmaxime der Grundrechte – kann nicht bestehen, sie wäre eine reine Egozentrik ohne Sinn ihrer Voraussetzungen. Eine politische Gemeinschaft ohne persönliche Entfaltungsfreiheit und Achtung der Rechtssubjektivität eigenwilliger Bürger wäre nichts als die Tyrannei. Der demokratische Staat ist nur als Verfassungsstaat legitim, in dem die Loyalität der Bürger zu ihrem Staat mit der Loyalität des Staates zu seinen Bürgern und dem Respekt vor ihrer Freiheitsbetätigung wechselseitig verschlungen sind. Es kann der erwachsene selbstbestimmte Mensch seine Würde nicht unangetastet besitzen, wenn er einer politischen Herrschaft unterworfen ist, die er nicht frei und gleich bestimmen kann.

> „Der Anspruch auf freie und gleiche Teilhabe an der öffentlichen Gewalt ist in der Würde des Menschen (Art. 1 Abs. 1 GG) verankert. (…) Die Bürger sind danach keiner politischen Gewalt unterworfen, der sie nicht ausweichen können und die sie nicht prinzipiell personell und sachlich zu gleichem Anteil in Freiheit zu bestimmen vermögen."[314]

In der Diktatur gibt es keine Möglichkeit des aufrechten Ganges, das Subjekt muss sich in den Nischen verstecken, die die Willkürherrschaft lässt.

Respekt vor der Leistung und die Würde der Schwachen

Zu dem reziproken Kern des modernen Rechtsverständnisses gehört auch die soziale Dimension eines jeden persönlichen Erfolges. Der Mensch ist nach diesem Leitbild berufen, sich selbst zu entwerfen, über sich hinauszuwachsen, etwas aus sich zu machen. Gerade die neue Herausforderung der freien Welt macht wieder deutlicher sichtbar: Zur Selbstbehauptung gehört das Abenteuer des Gelingens, die Zuversicht und technische Erfindungsfreude, der Respekt vor dem Erfolg und den Erfolgreichen. Die Früchte ihrer Selbstentfaltung kann eine Person indes nur genießen, wenn sie zugleich in der eigenen Entfaltung auch Möglichkeiten für andere schafft oder ihre erlangten Mittel angemessen teilt, um den Hilfsbedürftigen in der Not und aus ihrer Not heraus zu helfen.

Das Konzept der Würde kennt beide, den Helden und das Opfer. Es zielt auf selbstübersteigenden Erfolg und besitzt zugleich eine große Sensibilität für das Leid und den Misserfolg. Doch der Würde-Humanismus einer sozialen Demokratie schießt nicht über das Ziel hinaus. Aus dem Faktum der Hilfsbedürftigkeit soll kein versteinerter Opferstatus werden und die eigene Markt- und Sozialordnung wird nicht pauschal als Täter struktureller Benachteiligung diskreditiert. Das Konzept der Aufklärung ist optimistisch, vertraut der Urteilskraft und glaubt an den Ausgang zur Mündigkeit. Der Notleidende ist danach niemals nur als Empfänger von Leistungen *das Objekt* sozialtechnischer Verwaltung. Ihm wird, wenn es irgend geht, Hilfe zur Selbsthilfe zuteil, ihm wird zugemutet, sein Los zu ändern, eigene Kraft aufzubringen, aufzustehen und seinen eigenen Weg zu gehen. Diese seit dem Zeitalter des Renaissance-Humanismus vor einem halben Jahrtausend entfaltete normative Logik hat sich als überaus wirkmächtig erwiesen. Sie war bislang stärker als alle ideellen und praktischen Konkurrenten, die vor allem im 20. Jahrhundert mit den menschenverachtenden totalitären Gesellschaftsexperimenten des Kommunismus oder des Faschismus aggressiv antraten und in einem Meer von Blut, Leid und Elend untergingen.

Der Verlust des Anderen als Gefahr für das Eigene

Götter haben Konjunktur, selbst wenn ihr Name nicht fällt. Das Alterswerk von *Jürgen Habermas* folgt mehr den Pfaden des Papstes *Benedikt* als denen der Frankfurter Schule: Die Dialektik von Glauben und Wissen ist offenbar nicht nur eine ephemere Spur im Sand eines verwehten Okzidents.[315] *Peter Sloterdijk* hält sein Ohr dem Himmel entgegen, den er zum Sprechen bringen will.[316] *Hans Joas* fragt danach, wie sich die Geschichte der Religion zur Geschichte der politischen Freiheit verhält.[317]

Den Philosophen geht es nicht um Theologie, obwohl bei näherer Betrachtung die klaren Grenzen verschwimmen können. Der Theologe *Felix Körner* findet, dass eine neue religiöse Vielfalt Europas auch eine neue politische Theologie brauche.[318] So hat man es seit *Carl Schmitt* [319] selten gehört.[320]

Was geht hier vor? Die westliche Identität der Neuzeit ist immer dialektisch um die großen Worte „Glaube und Vernunft" gekreist. Vielleicht ist es sogar ein wechselseitiges funktionales Bedingungsverhältnis: Die Vernunft wankt, wenn der Glaube zumindest als Glaube an das „mögliche Andere", als das Gegengewicht, schwindet. Glaube dagegen wird dunkel, wenn keine Vernunft ihm leuchtet. An der Schwelle des 19. zum 20. Jahrhundert brachte *Nietzsche* die Scheidung beider Bereiche auf den Punkt und seitdem schwankt der Westen bei der Suche nach seiner Identität. Es geht um die Identität einer Gesellschaft, die sich in Modernisierung und Transformation wähnt, aber nicht genau weiß, ob sie sich in Wirklichkeit nicht einfach im Abstieg oder gar im Zerfall ihrer bislang so dominanten Kultur befindet.

Identitätsbilder als Projektion und Maßstab

Identität ist ein Bild, das jemand von sich selber macht und dem er im Sinn eines Leitbildes folgt, um das zu werden, was er sich vorstellt zu sein. Es handelt sich um eine Selbstidentifikation, um etwas anderes zu sein als jenes Andere, von dem man sich abgrenzt, um „etwas" sein zu können.[321]

„Imagination" und „Wirklichkeit" bilden für Psyche und Sozialität eine unterscheidbare, aber untrennbare Einheit. Der Verlust von Identität ist deshalb ein grundlegendes Problem und nicht nur eine Unsicherheit. Die Philosophie in ihrer klassischen Form findet ihr Maß in den antiken Denkern, die nur im Horizont einer Polis und ihres Telos denken wollten, weil hier das Ganze im Sinne einer „umfassenden Gemeinschaft" existent und nicht nur repräsentiert war. Es geht für die Polis nicht nur um die Existenzsicherung und die Verteidigung nach außen, sondern sie ergreift erzieherisch alle Menschen in ihrem geistigen, ethischen, künstlerischen und religiösen Leben, weil es um das gute Leben, um Vollendung geht.[322]

Die in die Defensive geratenen „Spät"demokratien unserer Tage haben die letzte Etappe der Aufklärung durchschritten. Ihnen dämmert allmählich, dass die geistigen Wegweiser des 19. und 20. Jahrhunderts von *Marx*, über *Nietzsche* bis *Derrida* letztlich nur die Dekonstruktion und Zerstörung einer bürgerlichen Gesellschaft entweder diagnostiziert oder betrieben haben. Die bürgerliche Gesellschaft ist allerdings nicht am Ende, sie entwirft sich als zivile Lebensform, die in sich die antike Idee der Polis aufbewahrt, aber sie nicht mit dem neuzeitlichen Staat verwechselt.

Kennzeichen des Westens: Die Kraft zur Unterscheidung

Der Unterschied der neuzeitlichen Demokratien zur antiken Polis ist – ungeachtet einer Rezeption der antiken Ideen durch die Neuzeit – ein gravierender. Das römisch-christliche Europa seit der Spätantike war nicht durch alles umfassende, im Staat fokussierte Gemeinschaftsvorstellungen geprägt, sondern weitaus häufiger durch kategoriale Unterscheidungen gekennzeichnet, durch Dichotomien wie die von Diesseits und Jenseits, von Glaube und Vernunft, von

Frömmigkeit und Sünde, von Papst und Kaiser, von Stadt und Land. Es waren die antipodischen Kräfte, die immer wieder viel zerstörten, aber auch den Nährboden für das Neue schufen und zwischen ihren Fronten die größer werdenden Nischen der Freiheit entstehen lassen konnten.

Die ambivalente Rolle der Religion

Die Entthronung der Religion als Sinnentwurf des Ganzen und ihre Beschränkung auf eine besondere Sphäre des Glaubens war eine wesentliche Voraussetzung westlicher Modernität. Doch wenn Religion entwurzelt oder zerstört wird, tritt sie gleichsam als *transzendente Radikale* durch die Hintertür der säkularen Gesellschaft wieder ein. Die politischen Zerstörer der Religion haben den Raum geschaffen für die verheerenden totalitären Ideologien des 20. Jahrhunderts. Für *Karl Marx* war die Religion „die allgemeine Theorie dieser Welt, ihr enzyklopädisches Kompendium, ihre Logik in populärer Form, ihr spiritualistischer Point-d'honneur“[323]. Gott war in dieser Sicht nicht der Ort und Begriff für das Unerreichbare und das Unerkennbare, also zumindest ein Symbol für die Möglichkeit von Transzendenz, sondern eine Zweitcodierung höchst irdischer Herrschaftsverhältnisse, geschaffen um Gewalt zu sakralisieren, sie zu verzaubern und damit vor Änderung zu immunisieren.

Damit stehen *Marx* wie *Nietzsche* als Aufklärer und Entzauberer demonstrativ vor ihrem Publikum. Das Problem liegt nicht darin, ob sie „recht“ haben. Das Problem liegt in der mit dieser Attitüde erzeugten Verflachung des Denkens. Die Entzauberung der Religion trägt in sich eine Leugnung menschlicher Fehlbarkeit, wenn und soweit eine Geste der Demut, die im Glauben an Unerkennbares liegt, unter Religions- und damit eo ipso unter Betrugsverdacht gestellt wird.

Weltliche Aneignung des religiösen Momentums

Die konstruktive Dichotomie von Glauben und Vernunft wird mit dieser ostentativen Aufklärungsgeste zerstört, die Vernunft bleibt allein – und es besteht der dringende Verdacht, dass ihr das nicht bekommt, womöglich ihr das Wesen nimmt. Die Folgewirkungen sowohl der marxistischen Gesellschaftstheorie wie auch der Philosophie des nihilistisch-zynischen Übermenschen haben im 20. Jahrhundert nicht nur dazu beigetragen, Menschenleben und kulturelle Schätze zu zerstören, sondern sie haben auch das Denken eindimensional werden lassen. Sowohl *Marx* als auch *Nietzsche* sind im Gewand des Propheten aufgetreten,[324] sie haben sich gewissermaßen das religiöse Moment angeeignet, aber damit die spannungsreiche Beziehung von Glaube und Vernunft eingeebnet: Sie verkünden oder bezeugen nicht das Andere, den Widerschein des Absoluten oder des Guten, sondern sie sind identitär, weil sie ihren eigenen Gedanken vergöttlichen. Allerdings wird man zugunsten *Nietzsches* berücksichtigen müssen, dass bei ihm der anmaßend wirkende Ton auch aus der Klarheit in der Beschreibung von Verhältnissen der technischen Zivilisation entstanden sein kann, die er nur auf den Begriff bringt.[325] Denn bei ihm wird nicht – wie bei *Marx* – eine Welt nach seinem Entwurf verbindlich gemacht, sondern die „große Loslösung" diagnostiziert, die der Mensch in seinem prometheischen Übermut nach seiner Entfesselung der Naturkräfte vorantreibt, die er im Ausgang aus selbstverschuldeter Unmündigkeit meint gefunden zu haben und als selbstbestimmte Freiheit feiert:

> „Sie ist eine Krankheit zugleich, die den Menschen zerstören kann, dieser erste Ausbruch von Kraft und Willen zur Selbstbestimmung, Selbst-Wertsetzung, dieser Wille zum f r e i e n Willen; und wieviel Krankheit drückt sich an den wilden Versuchen und Seltsamkeiten aus, mit denen der Befreite, losgelöste sich nunmehr seiner Herrschaft über die Dinge zu beweisen sucht! (…) ‚Kann man nicht alle Werte umdrehen? und ist Gut vielleicht Böse? und Gott nur eine Erfindung und Feinheit des Teufels? Ist alles vielleicht im letzten Grunde falsch? Und wenn wir Betrogene sind, sind wir nicht ebendadurch auch

Betrüger? Und müssen wir nicht auch Betrüger sein?' –solche Gedanken führen und verführen ihn, immer weiter fort, immer weiter ab. Die Einsamkeit umringt und umringelt ihn, immer drohender, würgender, herzzuschnürender, jene furchtbare Göttin und mater saeva cupidinum – aber wer weiß es heute, was Einsamkeit ist?"[326]

Unverstandene Kulturkämpfe um das Menschenbild

Die „Meisterdenker" erfinden eine Welt, die sie vorfinden, sie erschaffen sie nicht. Und doch wirkt die Dialektik des auf diese Weise begriffenen Seins immer nach beiden Seiten: Erkenntnis des objektiv Bestehenden und die Sehnsucht nach dem subjektiv Gewollten. Beide fließen ineinander, nehmen Maß aneinander, sind bei aller Unterscheidungskraft nicht vollständig mit dem Seziermesser zu zerteilen. Wer überrascht ist über die Kulturkämpfe unserer Zeit, hat nicht verstanden, dass es bei Politik, Wirtschaft und Gesellschaft immer auch um das Menschen- und Weltbild geht. Die bürgerliche Mitte hat dieses Feld seit der 1968er Kulturrevolution nach und nach geräumt, die politische Linke hat das Feld besser genutzt, doch auch einen stark aufflammenden Protest gegen ihre dekonstruktiv-identitätspolitische Weltsicht hervorgebracht: Wasser auf die Mühlen eines rechten Populismus, der diese Arena lustvoll für sich nutzt und die vom klassisch liberalen Konservatismus gelassenen Leerstellen und Repräsentationslücken mit seinen einfachen Antworten füllt.

Für das Recht wie für die Politik bleibt das Menschenbild der Urmeter aller davon abgeleiteten Maßbänder, die an den Einzelfall angelegt werden. In der agonalen Konstellation wird die Auslegung der Verfassung und das Verständnis europäischer oder westlicher Werte im Blick auf das Bild der Würde womöglich zu dem Politikum, das es im Kern immer war. Wer der Verfeindlichung der Gesellschaft entgegentreten will, muss den Konsens, der in dieser Ideengeschichte liegt, gegen seine Zerstörer verteidigen. Denn nur auf diesem Fundament lassen sich Brücken bauen.

IV. Die autoritäre Wende des Völkerrechts

> „Putin betrachtet die Welt nicht als Netzwerk souveräner Staaten, sondern als eine Arena konkurrierender Großräume, die von wenigen Mächten dominiert werden.“[327]

Das moderne Völkerrecht als Projekt der Zivilisierung von Machtstaaten

Noch zu Beginn des 20. Jahrhunderts war die Welt eine von Europa geprägte und beherrschte. Die Vereinigten Staaten von Amerika wurden dabei wie ein entfernter Cousin zwar immer mächtiger, doch sie blieben eben doch ein Verwandter und Partner im Geiste. Die Europäer, die vor 1914 die Welt als ihren Handelsplatz, als ihre Beute betrachteten, verteilten Länder und Kontinente, machten sie sich untertan, um davon zu profitieren. Dennoch glaubten Länder wie England oder Frankreich, dabei zugleich eine gerechte Mission zu verfolgen: nämlich eine rückständige, in Dunkelheit und Unwissenheit lebende Menschheit in das Licht der Zivilisation zu führen. Die Illusion endete mit Ausbruch des Ersten Weltkriegs. Mit dem mechanisierten Massentöten, mit dem Abschlachten einer ganzen Männergeneration in Schützengräben und unter Gasattacken entzauberten sich die Europäer und beförderten so selbst den danach immer stärker einsetzenden Prozess der Dekolonisierung der Welt.

Recht des Krieges: „ius in bello“ und „ius ad bellum“

Das Recht im Kriege war seit der ersten Genfer Konvention von 1864 „betreffend die Linderung des Loses der im Felddienst verwundeten Militärpersonen“ als humanitäres Kriegsvölkerrecht ein nicht nur diplomatisches Thema. Die Haager Landkriegsordnung von 1899 und 1907 regelte das *„ius in bello“*, auch wenn in den Schrecken des Ersten

Weltkrieges kaum Hoffnung für eine Wirksamkeit des humanitären Kriegsvölkerrechts aufkeimen konnte.

Eine wichtige Maßnahme gegen die Gefahr eines weiteren selbstzerstörerischen Krieges in Europa waren Schritte in den Völkerbund und in Vereinbarungen zum Gewaltverzicht in den internationalen Beziehungen. Die Einschränkung des staatlich in Anspruch genommenen Rechtes zur Führung eines Kriegs („*ius ad bellum*") galt ebenso als Meilenstein eines wirksamen Völkerrechts wie die Schaffung und der Ausbau von Systemen gegenseitiger kollektiver Sicherheit. In der Zwischenkriegszeit von 1918 bis 1939 geschah das noch ohne die USA. Nach dem Zweiten Weltkrieg wurde die Verbannung des großen Krieges zu einem Projekt unter dem machtvollen Protektorat der Vereinigten Staaten. Die in San Francisco gegründeten Vereinten Nationen sollten den Krieg als legitimes Mittel der Politik verbannen. Trotz des Kalten Krieges, aber dann vor allem nach 1990 schien der Weg in die regelbasierte internationale Ordnung bis hin zu einer Weltrepublik wie eine historische Gesetzmäßigkeit vorgezeichnet. Das Völkerrecht nach 1945, nordatlantisch geprägt, wies den Weg zu einer Zivilisierung der Staaten. Nicht nur, dass der Krieg durch ein System gegenseitiger kollektiver Sicherheit in Schach gehalten werden sollte, auch große Menschheitsprojekte wie der Schutz von Menschenrechten, die chancengerechte wirtschaftliche und technische Entwicklung der ganzen Welt, die Bekämpfung von Hunger und Seuchen und später dann der Klimaschutz konnten so koordiniert werden, möglichst alle Staaten der Welt sollten gemeinsam handeln können.

Vom agonalen Völkerrecht zum „pactum societatis": und zurück?

Die Zivilisierung der Staaten war ein ursprünglich europäisches Projekt gegen Ende des kolonialen Zeitalters, das allerdings erst global wirksam wurde, als die USA seit 1941 mit ihren immensen nationalen Machtmitteln begannen, die Regeln notfalls militärisch abzusichern. Der Vietnamkrieg löste eine widersprüchliche Bewegung innerhalb des Westens aus. Ein Teil der Politik, im französischen Gaullismus noch von rechts, dann seit den späten 1960er Jahren zunehmend von links kritisierten den US-Weltpolizisten immer stärker, während sich die Mitte einfach auf seine Wirksamkeit verließ. Es waren amerikanische GIs, es waren die nuklearen Fähigkeiten, die letztlich die Deckung für den ganzen normativen Anspruch im Gebäude der kommenden Weltrepublik darstellten. Wenn dagegen die Parole vom „Ami go home" Wirklichkeit wird, ist das planetarische Zeitalter des Friedens und der Entwicklung nur noch eine Arabeske im großen Buch der Geschichte. Der von *Norberto Bobbio* und anderen bereits begrüßte internationale Leviathan jenseits der USA und ihrer hegemonialen Macht sollte Frieden und Freiheit nicht repressiv garantieren, sondern im Kern kooperativ sein.[328] Doch ohne Aufsicht durch Erwachsene kann die Kinderschar der vielen Staaten zu keiner dauerhaft verlässlichen Ordnung gelangen. Heute führt *Donald Trump* im Weißen Haus die Aufsicht und das zeigt, dass der Weg in die planetarische regelbasierte Ordnung bis auf Weiteres versperrt ist. Es geht womöglich von der Vertragsgesellschaft der Staaten zurück in die machtpolitisch bestimmte agonistische oder agonale Völkerrechtsordnung.[329]

„Auf den Trümmern des Völkerrechts"

Als Israel 2025 begann, die iranische Luftabwehr und das Atomprogramm zu attackieren, wurde gefragt, ob dieser Angriff ein Verstoß gegen das internationale Gewaltverbot sei.[330] Es wurde sogar von den „Trümmern des Völkerrechts" gesprochen.[331] Die israelische Kriegsführung gegen die Hamas-Herrschaft im Gaza-Gebiet war schon zuvor als möglicher Verstoß gegen das humanitäre Kriegsvölkerrecht diskutiert worden und es wurden Haftbefehle gegen israelische Spitzenpolitiker durch den Internationalen Strafgerichtshof in Den Haag erlassen. Eine völkerrechtliche Diskussion vergleichbaren Ausmaßes und mit ähnlichen Maßnahmen oder auch mit den angeschlagenen resignativen Untertönen war seltsamerweise nicht zu verzeichnen, als es um den iranisch finanzierten und mit massiven Waffenlieferungen unterstützten Einsatz von terroristischen Hilfstruppen (Hisbollah, Hamas, Huthi) und Drohungen zur Auslöschung Israels, die Blockade von Seewegen oder den Bruch des Atomwaffensperrvertrages ging.[332]

Das System des Völkerrechts als System kollektiver Friedenssicherung war schon jenseits des Koreakrieges unter den erstarrten Blockbedingungen des Kalten Krieges kaum wirksam. Jenseits des Zweiten Golfkrieges nach der Kuweitannexion im August 1990 durch Diktator *Saddam Hussein* verblasste die neue Handlungsmacht des UN-Sicherheitsrats erneut, auch weil die USA als „guter Hegemon" der neuen Weltordnung unter Präsident *George W. Bush* mit dem vom UN-Sicherheitsrat nicht autorisierten Dritten Golfkrieg (2003) „übermütig" wurden. Wenn ständige Mitglieder des Sicherheitsrats mit Gewalt gegen einen De facto-Staat wie Taiwan drohen, während ein Land wie Russland souveräne Nachbarländer (und UN-Mitglieder) wie die Ukraine ohne jeden Anlass überfällt, dann hätte man seit 2014 und erst recht seit 2022 bereits Anlass gehabt, von den Trümmern des Völkerrechts zu sprechen.

Die Rückkehr des Großraumdenkens: Neue Weltordnung?

Mit dem relativen wirtschaftlichen Abstieg der EU und ihrem historischen Versäumnis, militärisch handlungsfähig zu werden, sowie mit der Erschütterung politischer Stabilität in den USA schwanden allmählich die machtpolitischen Voraussetzungen dieses idealen Projekts. Der brutale russische Überfall auf die Ukraine hat hier wie eine kalte Dusche für den Idealismus der „Eine-Welt-Konzeption" und einer „Global Governance" gewirkt.

> „In der Tat gibt es eine Mischung aus Idealismus und Realismus. Wir sehen im Völkerrecht ähnliche Muster wie im politischen Denken. Der Idealismus ist in Zentraleuropa noch am stärksten ausgeprägt, während er in Frankreich oder im Vereinigten Königreich schon seit langer Zeit dem Realismus Platz gemacht hat. Die Proklamation der Zeitenwende hat nicht nur in der Politik, sondern auch im Völkerrecht zu einer großen Ernüchterung geführt."[333]

Außenpolitisch schauen viele verzweifelt auf die Vereinten Nationen und fragen sich, wie weit das Recht und das Gewaltverbot überhaupt noch durchsetzbar sind. Niemand kann ein vetoberechtigtes ständiges Mitglied des Sicherheitsrates der UN ausschließen, weil dazu ein Beschluss des Sicherheitsrates erforderlich ist. Wäre die Völkerrechtsgemeinschaft einig und herrschte der Gründergeist dieser Organisation zur Erhaltung des Weltfriedens, so müssten womöglich alle Staaten, die dem Frieden verpflichtet sind, aus der Organisation austreten und eine neue Friedensvereinigung ohne Russland und andere aggressive Mächte neu gründen. Denn die Vereinten Nationen sind gegen die Feinde des Weltfriedens ins Leben gerufen worden und es kann eigentlich nicht sein, dass ein offen imperialistischer Staat, der den Weltfrieden in flagranter Weise bricht, hier an entscheidender Stelle mitwirkt.

Realpolitiker könnten nur den Kopf schütteln über eine solche Idee, die für sie der geopolitischen Wirklichkeit weit entrückt ist. Anderthalb Jahre nach Beginn des Existenzkampfes der Ukraine machten denn auch in der UN-Vollversammlung im September 2023 viele Staaten wie das von *Lula* geführte Brasilien deutlich, dass es doch auch noch andere wichtige Themen gäbe, womöglich wichtiger als das Schicksal der Ukraine. Viele Staaten sind eines Krieges müde, der nicht der ihre sein soll. Im Falle Israels scheint der Kreis der Freunde ohnehin sehr überschaubar. Wer allerdings glaubt, das alles sei nicht neu und man dürfe hier nicht so streng urteilen, verkennt nicht nur den Charakter einer Organisation, die die Bewahrung des Weltfriedens gegen die Praxis der staatlich ausgeübten Gewaltpolitik an die erste Stelle gesetzt hat. Er verkennt auch, dass der 24. Februar 2022 der Testfall für den Willen zur Selbstbehauptung der liberalen Demokratien ist, ein Testfall, der von Staaten wie China genau beobachtet wird.

Wenn *Donald Trump* im August 2025 anlässlich seines Treffens mit *Putin* in Alaska die überfallene Ukraine auffordert, doch irgendeinen Gebietstausch zu akzeptieren und dahinter die „Legalisierung“ des flagranten Bruches des Prinzips der Unverletzlichkeit von Grenzen und des Verbots des Annexionskriegs stehen sollte, ist aus dem Völkerrecht dann wieder eine Großraumordnung geworden, in der die großen und kleinen Hegemone mit Gewalt, Erpressung und Nötigung ihre machtpolitischen Ziele durchsetzen. Dann würden wir Zeitzeugen der Wende zu einer neuen Weltordnung, einer Wende zum autoritären Völkerrecht. Wenn die Demokratien in dieser autoritär herausgeforderten Weltordnung nicht Verlierer sein wollen, müssen sie ihre harmonistischen Illusionen aus der Schönwetterperiode hinter sich lassen und wieder viel akzentuierter agonal denken. Agonal denken heißt indes nicht, in einen brutalen Naturzustand zurückzukehren, sondern für die regelbasierte, auf Freiheit und Frieden gegründeten Ordnung zu kämpfen, überlegt machtpolitisch die Kraft der Demokratien zu bewahren und zu entfalten, im Inneren und nach außen antagonistische Konflikte zu erkennen, auszuhalten und zu bewältigen, um dabei stärker zu werden.[334]

Ausblick

Der gegenwärtige Blick in die Zukunft

Die Zukunft ist offen, sonst wäre sie keine. Wann *Putins* Krieg endet, weiß man nicht. Ob die militärische Überlegenheit Israels den Nahen Osten wenigstens eine Zeitlang befriedet, kann nicht genau gesagt werden. Ob nach *Trump* die USA wieder transatlantischer und integriert westlicher werden, ist ungewiss. Ob die erratisch scheinende Politik *Trumps* den Westen schwächt oder womöglich am Ende sogar stärkt, kann nicht genau gesagt werden. Wo wird die EU in zehn Jahren stehen: machtpolitisch gewachsen oder sichtbares Opfer ihrer Fliehkräfte? Werden die Demokratien sich im Innern weiter verfeindlichen und hinter den Barrikaden des Kulturkampfs ausharren? Oder stehen wir schon am Beginn einer allmählichen Immunisierung gegen politische Identitätseskapaden von links und rechts?

Dieses Buch will nicht die große Zukunftsschau sein, wie es die großen Bestseller alle zehn Jahre neu in Anspruch nehmen. Es sind viele Entwicklungen möglich und immer Überraschungen, auch wenn bestimmte Trends feststehen und auf einer langen Amplitude schwingen. Am Beginn stand die Beschreibung einer kriegerischen Bedrohungslage, international und im Innern der Demokratien: Die agonale Konstellation der scheinbar unaufhaltsamen großen Verfeindlichung. Aber zugleich fand sich die historisch gut abgesicherte Einschätzung, dass der Westen von seinen Gegnern notorisch unterschätzt wird – hinter seiner libertären Anmutung und seiner dem Konsum zugewandten Schauseite. Der theokratisch aggressive Iran hat seine Ernüchterung bereits hinter sich. Das noch aggressivere Russland blutet wirtschaftlich und personell aus. Die USA der Republikaner verlassen nicht den Westen, sie wollen ihn auf ihre Art

„verändern". China wächst weiter, auch seine technologischen und militärischen Fähigkeiten, aber es altert genau wie die westlichen Demokratien und sieht am Beispiel seines Juniorpartners Russland, wohin das unüberlegte Ausspielen der Karte des Krieges führt.

Diktatoren und Autokraten sind unberechenbar. Doch sie verstehen die Sprache der Macht. Das Ziel der Demokratien ist die friedliche und freiheitliche Welt, eine Welt, die ihre natürlichen und gesellschaftlichen Grundlagen ebenso klug wie nachhaltig entwickelt. Diese Welt zu gewinnen, wird nicht ohne Anstrengung, nicht ohne schärferen Wettbewerb, nicht ohne Kampf gelingen. Das gilt gerade für die Europäer und ihre EU. Mit ein paar Schuldenpaketen für die dringend notwendige Abschreckung und mehr Hilfe für die malträtierte Ukraine wird es nicht getan sein. Schulden sind in der besonderen Lage einer agonalen Konstellation womöglich unabweisbar: Es hat keinen Sinn, zum Vasallen der Diktatoren bei guter Bonität zu werden. Dennoch sind Kreditermächtigungen heute gezogene Wechsel auf eine Zukunft, deren Horizont der Möglichkeiten dadurch schmaler ausfällt.

In den tieferen Schichten des Gesellschaftsaufbaus bewegen sich die kulturellen Fundamente. Die gut erkennbar aufgestellten Bataillone gegen das ganze Konzept von selbstexpansiver Humanität, Demokratie und Aufklärung greifen von verschiedenen Seiten an. Eine moderat konservative Rechte wird die Grenze scharfkantig halten müssen zu denen, die im Schulterschluss mit antiwestlichen Autokratien die offenen Gesellschaften rückabwickeln wollen, zurück in ein längst vergangenes Gestern, das so nie bestanden hat. Die moderat progressive Linke wird ihre Grenze zu antiwestlichen radikalen Identitätspolitikern und Kulturkämpfern ebenfalls schärfer ziehen müssen.

Extremismus ist der Versuch, politische Ziele mit Gewalt durchzusetzen. Extremismus ist auch der Versuch, mit Lüge, Fälschungen, Aufrufen zur Gewalt oder im Verein mit Diktaturen die rechtsstaatliche Demokratie zu beseitigen und durch eine andere Herrschaftsform zu ersetzen. Die Demokratien werden dagegen eine eigene zivilisierte agonale Kultur entwickeln und dabei diejenigen deutlicher bekämpfen müssen, die längst aggressiv gegen das Projekt westlicher Aufklärung Front machen.

Liberale, ökologische, soziale oder konservative Richtungen können nicht länger unter die hegemonial gewebte Decke eines vermeintlichen Konsenses schlüpfen. Sie müssen wieder mehr streiten, ihre Differenzen sichtbarer machen, ohne die Gegner zu verunglimpfen, aus dem Kreis der Anständigen auszugrenzen oder gar mit Gewalt zu bedrohen. Die radikalen Ränder, die solche Methoden weiter anwenden oder mit den aggressiven Potentaten offen sympathisieren, können keine Partner sein, doch kleiner gemacht in einer offenen Gesellschaft können sie werden. Die EU, die USA, Länder wie Japan, Australien und auch Indien sollten nicht nur ihre Gemeinsamkeit deutlicher erkennen, sondern auch ihre Stärken entfalten. Das Europa der EU muss sich neu erfinden mit einer antibürokratischen Vision, als ein Ort, der ehrlicher als bisher sagt, wo und wie eine wirtschaftliche, technologische und kulturelle Kraft entsteht, die von China oder den USA auch in Zukunft ernstgenommen wird.

Das Geheimnis des Erfolges liegt in dem Zusammenwirken von Institutionen und Mentalitäten. Institutionen wie Privatautonomie, Vertragsfreiheit, Ehe und Familie, Parteiendemokratie oder Rechtsstaat können sich nur entfalten, wenn ihnen ihr Sinngehalt nicht genommen wird und der jeweiligen Entfaltungslogik genügend Luft zu atmen bleibt. Menschen sollten solche Institutionen wieder besser verstehen, respektieren als unentbehrliche Formen des Zusammenlebens.

Das „Do-ut-des“ jeder politischen Gemeinschaft, die Gegenseitigkeit von Rechten und Pflichten, muss wieder eine bürgerschaftliche Selbstverständlichkeit werden. Das Konzept der Freiheit bietet Chancen, bedeutet aber das Risiko des Scheiterns. Wer dieses Risiko mit einem Wust von gesetzlichen Vorgaben „wegregulieren“ will, verliert am Ende die Freiheit. Diese trivial wirkende Einsicht kann der Beginn des Wiederaufstiegs der Demokratien sein, wenn sie konsequenter ihre Gegner stellt und verschüttete Kraftquellen wieder freilegt.

Anmerkungen

1 Nach der ersten Wahl *Donald Trumps* 2016 häuften sich bereits die pessimistischen oder alarmistischen Voraussagen, siehe etwa von *Steven Levitsky/Daniel Ziblatt*, Wie Demokratien sterben: Und was wir dagegen tun können, 2018; im Hinblick auf Digitalisierung und der Entwicklung artifizieller Intelligenz: *Yvonne Hofstetter*, Das Ende der Demokratie, 2018; im Hinblick auf den aufkommenden Populismus: *Yascha Mounk*, Der Zerfall der Demokratie. Wie der Populismus den Rechtsstaat bedroht, 2019.

2 „Die spezifisch politische Unterscheidung, auf welche sich die politischen Handlungen und Motive zurückführen lassen, ist die Unterscheidung von Freund und Feind." *Carl Schmitt*, Der Begriff des Politischen, 6. Auflage 1996, S. 26. „Feind ist also nicht der Konkurrent oder der Gegner im allgemeinen. (...) Feind ist nur eine wenigstens eventuell d. h. der realen Möglichkeit nach *kämpfende* Gesamtheit von Menschen, die einer ebensolchen Gesamtheit gegenüber steht.", a. a. O. S. 29.

3 Zu der Mechanik einer Verstärkung wechselseitiger Abneigungen und zu einer dagegen gerichteten Strategie der Interdependenz-Unterbrechung: *Rutger Bregman*, Im Grunde gut. Eine neue Geschichte der Menschheit, 2020.

4 *Philipp Bagus*, Die Ära Milei. Argentiniens neuer Weg, 5. Auflage 2025.

5 *Philip Pilkington*, The Collapse of Global Liberalism: And the Emergence of the Post Liberal World Order, 2025.

6 Oft, beinah im Übermaß zitiert wird der am Ende des Kalten Krieges formulierte optimistische Befund von *Francis Fukuyama*, The End of History and the Last Man, 1992, den der Autor selbst schon seit längerem zurückgenommen hat.

7 *Joachim Fischer*, Bürgerliche Gesellschaft. Zur analytischen Kraft der Gesellschaftstheorie, in: Bernd Kauffmann/Joachim Fischer/Heinz Bude (Hg.), Bürgerlichkeit ohne Bürgertum. In welchem Land leben wir?, 2010, S. 203.

8 *Herfried Münkler*, Welt in Aufruhr. Die Ordnung der Mächte im 21. Jahrhundert, 2024.

9 *Stefan Kühl*, Und täglich eine neue Aktennotiz, FAZ v. 24. April 2025, S. 11.

10 Zu Gemeinsamkeiten und Unterschieden: *Alicia García-Herrero/Jianwei Xu*, Will China's economy follow the same path as Japan's?, Bruegel Policy brief v. 27 February 2025, https://www.bruegel.org/policy-brief/will-chinas-economy-follow-same-path-japans.

11 *Karl R. Popper*, Die offene Gesellschaft und ihre Feinde. Band 1 und 2, 2023.
12 *Niklas Luhmann*, Die Gesellschaft der Gesellschaft, 1998, S. 743 ff.
13 So *Jürgen Habermas* (an *Husserl* angelehnt) in seinem Hauptwerk: Theorie des kommunikativen Handelns, Band 2, 1981, S. 229 ff..
14 Nach dem Attentat auf den Schriftsteller und russischen Generalkonsul *August von Kotzebue* sah das reaktionär gestimmte System vor allem der von *Metternich* repräsentierten Habsburger Monarchie in der stark aufkommenden Presse und der darin zu Wort gelangenden Nationalbewegung einen wesentlichen Grund für die nach den Erfahrungen mit der französischen Revolution erneut drohenden Erschütterung der europäischen Staats- und Friedensordnung. Siehe dazu umfänglich: *Eberhard Büssem*, Die Karlsbader Beschlüsse von 1819. Die endgültige Stabilisierung der restaurativen Politik im Deutschen Bund nach dem Wiener Kongress von 1814/15, 1974; *Jürgen Wilke*, 200 Jahre Karlsbader Beschlüsse. Zustandekommen, Inhalte, Folgen, 2019.
15 *Peter Thiel* ist ein deutschstämmiger US-amerikanischer Finanzinvestor, Mitbegründer des Bezahldienstes PayPal, Finanzier von Facebook und Mitbegründer sowie CEO von Palantir.
16 Das gilt vor allem für die prägende Rechtsprechung von den fünfziger Jahren bis in die 1990er Jahre: BVerfGE 7, 198 (230); 25, 256 (269); 33,1 (18); 54,148 (158) und 208 (223); 90,241 (254); 93,266 (312); dazu: *Dieter Grimm*, Die Meinungsfreiheit in der Rechtsprechung des Bundesverfassungsgerichts, NJW 1995, 1697 ff.
17 Zu den damit verfolgten guten Zielen und Rücksichtnahmen auf Schwächere siehe: *Olivia Gerstenberger*, Bundesjugendspiele: Ist die Kritik an der Reform gerechtfertigt?, Dlf v. 19.08.2024, https://www.deutschlandfunk.de/bundesjugendspiele-reform-kritik-fakten-100.html.
18 *Walter Russel Mead*, The Return of Hamiltonian Statecraft, in Foreign Affairs, 01. Sept. 2024, S. 52.
19 *Andreas Rödder*, Der verlorene Frieden. Vom Fall der Mauer zum neuen Ost – West – Konflikt, 2024, S. 127 f.
20 Siehe dazu *Norbert Röttgen*, Demokratie und Krieg, 2024, S. 90 f.
21 The Pioneer v. 8. März 2025, https://www.thepioneer.de/originals/others/articles/die-kriegsplaene-des-kreml?utm_campaign=20250308&utm_content=textlink&utm_medium=newsletter&utm_source=thepioneer-briefing-business-class-edition&utm_term=1137-5419_2&__kjm_params=target&cid=4983711&kid=QOSzJNjzQC3AmN8R&mid=77296&target=app.
22 Hinter dem Kürzel BRICS stehen: Brasilien, Russland, Indien, China und Südafrika.
23 *Norbert Röttgen*, Demokratie und Krieg, 2024, S. 158 ff.
24 *Norbert Röttgen*, Demokratie und Krieg, 2024, S. 156.

25 Siehe oben im Vorwort mit Hinweis auf *Francis Fukuyama*, The End of History and the Last Man, 1. Auflage 1992.
26 *Carl Schmitt*, Völkerrechtliche Großraumordnung: mit Interventionsverbot für raumfremde Mächte. Ein Beitrag zum Reichsbegriff im Völkerrecht, 3. Auflage 1941.
27 *Ernst Jünger*, In Stahlgewittern, Erstdruck 1920, 2. Auflage 2014.
28 Der Begriff wurde 1952 geprägt vom wehrpolitischen Berater der SPD *Friedrich Beermann*.
29 *August Pradetto*, Der Ukrainekrieg als Zeitenwende 2.0 und die Sicherheitsarchitektur Europas, International IV/2023, 14 (16).
30 Stockholm *International Peace Research Institute*, SIPRI Military Expenditure Database, https://www.sipri.org/databases/milex (zuletzt abgerufen am 18.11.2024).
31 So lautete jedenfalls der mediale Befund zu Beginn des Jahres 2024: „Da Russland längst auf Kriegswirtschaft umgestellt hat, darin sind sich viele Beobachter einig, liefert die Rüstungsindustrie für Moskau viel mehr Granaten an die Frontabschnitte, als umgekehrt die ukrainischen Streitkräfte aus der Europäischen Union (EU) und aus den Vereinigten Staaten für ihren Verteidigungskampf erhalten." *Patrick Mayer*, US-General, kritisiert Deutschland: „Albtraumszenario der Ukraine wird gerade Realität", Merkur vom 10.1.2024, https://www.merkur.de/politik/usa-nato-munition-fehlt-ukraine-armee-artillerie-waffen-lieferungen-deutschland-zr-92763981.html (zuletzt abgerufen am 18.11.2024).
32 *Patrick Mayer*, US-General, kritisiert Deutschland: „Albtraumszenario der Ukraine wird gerade Realität", Merkur vom 10.1.2024, https://www.merkur.de/politik/usa-nato-munition-fehlt-ukraine-armee-artillerie-waffen-lieferungen-deutschland-zr-92763981.html (Zuletzt abgerufen am 18.11.2024).
33 *Herbert Wulf*, Kampfansage an den Westen, IPG vom 12.6.23, https://www.ipg-journal.de/regionen/global/artikel/kampfansage-an-den-westen-6766/ (zuletzt .abgerufen am 18.11.2024).
34 Regierungserklärung des Bundeskanzlers vom 27.2.2022, https://www.bundesregierung.de/breg-de/suche/regierungserklaerung-von-bundeskanzler-olaf-scholz-am-27-februar-2022-2008356 (zuletzt abgerufen am 18.11.2024).
35 Das Sondervermögen ist eigenständiges Finanzierungsinstrument des Bundes für die Bundeswehr „zur Stärkung der Bündnis- und Verteidigungsfähigkeit" im Umfang einer Kreditermächtigung in Höhe von einmalig bis zu 100 Milliarden Euro (Art. 87a Abs. 1a GG).
36 Siehe zur damaligen Diskussion: *Florian Neuhann*, Hat Baerbock Russland den Krieg erklärt?, ZDF v. 26.1.2023, https://www.zdf.de/nachrichten/politik/annalena-baerbock-kriegserklaerung-ukraine-krieg-russland-100.html.
37 *Robert Habeck* im Gespräch mit *Philipp May*, „Die Ukraine fühlt sich sicherheitspolitisch alleingelassen", Deutschlandfunk vom 26.5.2021,

https://www.deutschlandfunk.de/habeck-gruene-zu-waffenlieferungen-an-ukraine-die-ukraine-100.html (zuletzt abgerufen am 18.11.2024).

38 *Horst Köhler* begründete seinen Rücktritt vom 31. Mai 2010 in einem kurz danach gegebenen Interview wie folgt: „Die Angriffe auf mich im Zusammenhang mit meinen Äußerungen über sicherheitspolitische Interessen Deutschlands waren ungeheuerlich und durch nichts gerechtfertigt.“, Süddeutsche Zeitung vom 9.6.2011, https://www.sueddeutsche.de/politik/horst-koehler-ueber-seine-ruecktrittsgruende-die-angriffe-auf-mich-waren-ungeheuerlich-1.1106466 (zuletzt abgerufen am 18.11.2024).

39 *Sebastian Fischer/Veit Medick/Severin Weiland*, Köhler geht in Deckung, Der Spiegel vom 27.5.2010, https://www.spiegel.de/politik/deutschland/umstrittene-bundeswehr-aeusserungen-koehler-geht-in-deckung-a-697144.html (zuletzt abgerufen am 18.11.2024).

40 Das sind vor allem in privater Eigentümerstruktur geführte mittelgroße Unternehmen, siehe *Oliver Arentz/Leonard Münstermann*, Wo liegt der Kern des deutschen Mittelstands?, in: Wirtschaftsdienst, 2013 (9), 622 ff..

41 Die Begriffsbildung geht zurück auf *Herman Simon*, Hidden Champions: Lessons from 500 of the World's Best Unknown Companies, 1. Auflage 1996; siehe auch aktuell *ders.*, Hidden Champions – Die neuen Spielregeln im chinesischen Jahrhundert, 1. Auflage 2021.

42 *Marc Saxer*, Abschied vom Hegemon, Cicero 6/25, S. 15 f.

43 *Michael Lippert*, Sicherheit der Energieversorgung in: Stefan Leible/Michael Lippert/Christian Walter, Die Sicherung der Energieversorgung auf globalisierten Märkten, 1. Auflage 2007, S. 1 ff.

44 Das galt für die beiden deutschen Vormächte des 19. Jahrhunderts, für Österreich und für Preußen, die lange Zeit davon profitierten, dass Russland in einem „ideen- wie realpolitischen Weltgegensatz zu England und dem mit diesem im großen und ganzen verbundenen Frankreich“ stand, *Thomas Nipperdey*, Deutsche Geschichte, 1800 – 1866, Bürgerwelt und starker Staat, 4. Auflage 1987, S. 687 f.

45 *Maria Demertzis/Ben McWilliams*, How much will the EU pay Russia for fossil fuels over the next 12 months?, Bruegel Analysis v. 23.3.2023, https://www.bruegel.org/analysis/how-much-will-eu-pay-russia-fossil-fuels-over-next-12-months.

46 *Elina Ribakova/Benjamin Hilgenstock/Guntram B. Wolff*, The oil price cap and embargo on Russia work imperfectly, and defects must be fixed, Bruegel Analysis v. 12.7.2023, https://www.bruegel.org/analysis/oil-price-cap-and-embargo-russia-work-imperfectly-and-defects-must-be-fixed.

47 *Martin Schulze Wessel*, Faschismus? Genozid? Vernichtungskrieg?, FAZ vom 25.7.2022, S. 6.

48 *Sachverständigenrat zur Begutachtung der gesamtwirtschaftlichen Entwicklung*, Jahresgutachten 2024/25, zum Beschäftigungsrückgang im verarbei-

tenden Gewerbe, Bau und Handel und dem Anstieg in den Bereichen öffentlicher Verwaltung, Gesundheit und Soziales, S. 61.

49 Der Stadtrat von Zwickau hat Anfang 2025 beschlossen: „In Liegenschaften der Stadtverwaltung und der kommunalen Unternehmen sowie Fahrzeugen und sonstigen Präsentationsflächen wird auf Werbung für Kriegsdienst und Rüstungsprodukte verzichtet." Damit will man ein Signal setzen Zwickau als „Stadt des Friedens und der Völkerverständigung". Die WELT, vom 28.2.2025, https://www.welt.de/politik/deutschland/article255561916/Sachsen-AfD-BSW-und-CDU-stimmen-in-Zwickau-fuer-Werbeverbot-fuer-die-Bundeswehr.html; siehe auch *Reinhard Müller*, Für das ganze Land, FAZ v. 1.3.2025, S. 8.

50 Zu den kulturhistorischen Wurzeln: *Rüdiger Safranski*, Romantik: Eine deutsche Affäre, 2007.

51 In der Wirkungszuschreibung überzeichnend, aber dennoch illustrativ: *John Evert Härd*, Das Nibelungenepos. Wertung und Wirkung von der Romantik bis zur Gegenwart, 1996.

52 In seiner Rolle als französischer Außenminister gilt er eher als einer der Architekten der Montanunion, ein Vorläufer der Europäischen Wirtschaftsgemeinschaft, die auf den Schuman-Plan zurückgeht.

53 Der Christdemokrat *Alcide De Gasperi* war italienischer Ministerpräsident von 1947 bis 1953 und wesentlich an der Gestaltung der Montanunion beteiligt.

54 Der belgische Politiker war mehrfach Ministerpräsident seines Landes, dann Präsident der Parlamentarischen Versammlung des Europarats (1949 bis 1951) und von 1952 bis 1954 erster Präsident der Gemeinsamen Versammlung der Montanunion, er gilt auch als einer der Architekten der EWG („Spaak-Bericht").

55 Zu den unterschiedlichen Systemperspektiven der Akteure und ihre Rollen: *Armin Nassehi*, Kritik der großen Geste. Anders über gesellschaftliche Transformation nachdenken, 3. Aufl. 2024, S. 29 f.

56 Zum Gelbwesten-Protest: *Claire Demesmay*, Frankreich vor der Europawahl. Die Gelbwesten stellen Macrons Glaubwürdigkeit infrage, DGAP Standpunkt Nr. 01, Januar 2019, https://www.ssoar.info/ssoar/bitstream/handle/document/61123/ssoar-2019-demesmay-Frankreich_vor_der_Europawahl_die.pdf?sequence=3&isAllowed=y&lnkname=ssoar-2019-demesmay-Frankreich_vor_der_Europawahl_die.pdf (zuletzt abgerufen am 18.11.2024).

57 Zur Bedeutung des öffentlichen Meinungsraums als maßgeblicher Mitspieler des politischen Systems: *Udo Di Fabio*, Herrschaft und Gesellschaft, Studienausgabe 2019, S. 113 f.

58 *Friedrich Nietzsche*, 1884, zitiert in: *Hartmut Rosa*, Identität und kulturelle Praxis. Politische Philosophie nach Charles Taylor, 1998, S. 15.

59 *Ernst-Wolfgang Böckenförde*, Recht, Staat, Freiheit. 2006, S. 112 f. (Die Entstehung des Staates als Vorgang der Säkularisation, ursprünglicher Vortrag von 1964).

60 *Udo Di Fabio*, Die Kultur der Freiheit, 2005, S. 34.

61 *Joel B. Pollak/Larry Schweikart*, Trump. Der undenkbare Präsident. 2018, S. 11.
62 *Joel B. Pollak/Larry Schweikart*, Trump. Der undenkbare Präsident. 2018, S. 12.
63 Zu den aktuellen Gefahren und Widerständen: Siehe die Analyse von *Stephen Collinson*, As he lionizes a strongman, Trump flexes power over the law, top colleges and the media, CNN v. 15. April 2025, https://edition.cnn.com/2025/04/15/politics/trump-bukele-immigration-colleges-media?cid=ios_app.
64 Siehe oben A. bei Fn. 2.
65 Zitiert von *Rainer Haubrich, WELT v.* 25.11.2023, https://www.welt.de/debatte/kommentare/article248715790/Grenzkontrollen-Wo-ein-Wille-ist-ist-auch-ein-Weg.html.
66 *Klaus Vogel*, Die Verfassungsentscheidung des Grundgesetzes für eine internationale Zusammenarbeit, 1964; *Udo Di Fabio*, Das Recht offener Staaten, 1998; *Stephan Hobe*, Der offenen Verfassungsstaat zwischen Souveränität und Interdependenz, 1998; *Frank Schorkopf*, Staatsrecht der internationalen Beziehungen, 2017, § 9 Rn. 42 ff..
67 *Francis Cheneval*, Die kosmopolitische Transgressivität der modernen Demokratie, in: *Georg Kohler/Urs Marti* (Hg.), Konturen einer neuen Welt(un)orndung. Beiträge zu einer Theorie der normativen Prinzipien internationaler Politik, 2003, 102 ff. https://www.zora.uzh.ch/id/eprint/52892/1/FC_Transgressivität.pdf.
68 *Georg Jellinek*, Allgemeine Staatslehre, 2. Auflage 1905, S. 381 ff..
69 *Frank Schorkopf*, Die unentschiedene Macht. Verfassungsgeschichte der Europäischen Union, 1948–2007, 2023.
70 BVerfGE 123, 367 (344 f.); siehe auch oben Fn. 63.
71 So die Kennzeichnung des erfolglosen Wahlkampfs von *George W. Bush* gegen *Barack Obama* im Jahr 2008: *Joel B. Pollak/Larry Schweikart*, Trump. Der undenkbare Präsident. 2018, S. 76.
72 Siehe dazu die Polemik gegen die Initiative für einen handlungsfähigen Staat von *Thomas de Maizière*, *Peer Steinbrück* und *Andreas Voßkuhle*: *Florian Meinel*, So sieht der Populismus der Eliten aus, FAZ vom 12. April 2025, S. 12.
73 *Werner J. Patzelt*, „Repräsentationslücken" im politischen System Deutschlands?, ZSE 2015, S. 99 ff..
74 „Verschiedene Legitimationselemente des modernen demokratischen Nationalstaates implizieren die Verpflichtung auf einen kosmopolitischen Progress, d. h. auf einen ständigen Ausbau des interstaatlichen, überstaatlichen und transnationalen Netzwerks politischer Organisation im Hinblick auf eine immer umfassendere, systemisch reproduzierte Realisierung von Menschen- und Grundrechten. Dieser historische Imperativ kann als kosmopolitische Transgressivität der modernen Demokratie bezeichnet werden." *Francis Cheneval*, Die kosmopolitische Transgressivität der modernen Demokratie, in: *Georg Kohler/Urs Marti* (Hg.), Konturen einer neuen Welt(un)orndung. Beiträge zu einer Theo-

rie der normativen Prinzipien internationaler Politik, 2003, S. 102. https://www.zora.uzh.ch/id/eprint/52892/1/FC_Transgressivität.pdf.

75 *Joel B. Pollak/Larry Schweikart*, Trump. Der undenkbare Präsident. 2018, S. 32.

76 Das räumen auch ein: *Joel B. Pollak/Larry Schweikart*, Trump. Der undenkbare Präsident. 2018, S. 33.

77 *Udo Di Fabio*, Ohne öffentlichen Frieden keinen Diskurs, Die Zeit v. 8. Juni 2024. https://www.zeit.de/2024/25/udo-di-fabio-bundesverfassungsgericht-meinungsfreiheit-demokratie.

78 Dafür steht die Heiligsprechung von *Carlo Acutis* durch Papst Leo XIV, DIE ZEIT v. 7.9.2025, https://www.zeit.de/gesellschaft/2025-09/papst-carlo-acutis-heiligsprechung-internetapostel.

79 *Kant* hat mit seiner Schrift zum Ewigen Frieden nicht einer Dominanz des Rechts vor der oder gar gegen die politische(n) Realität das Wort geredet, sondern eher eine (transzendental begründete) Theorie der Politik vorgelegt: *Volker Gerhardt*, Immanuel Kants Entwurf ›Zum Ewigen Frieden‹: Eine Theorie der Politik, 2. Auflage 2023, S. 7.

80 *Maria Bertel*, Auf dem Weg zum Weltstaat? Gesellschaftsvertrag, Staatsbürgerschaft und Legitimation in der geschichteten Rechtsordnung, in: *Lisa Heschl* u. a. (Hg.) L'Etat, c'est quoi? Staatsgewalt im Wandel, 2015, S. 105 (124).

81 *Ernst-Wolfgang Böckenförde*, Staat – Nation – Europa, 1999, S. 58 Fn. 59.

82 *Dieter Grimm*, Die Verfassung und die Politik: Einsprüche in Störfällen, 2001, S. 255 ff..

83 *Francis Cheneval*, Die kosmopolitische Transgressivität der modernen Demokratie, in: *Georg Kohler/Urs Marti* (Hg.), Konturen einer neuen Welt(un)orndung. Beiträge zu einer Theorie der normativen Prinzipien internationaler Politik, 2003, S. 102 (113 f.). https://www.zora.uzh.ch/id/eprint/52892/1/FC_Transgressivität.pdf.

84 So jüngst noch *Florian Meinel*, So sieht der Populismus der Eliten aus, FAZ vom 12. April 2025, S. 12. Auch schon: *Francis Cheneval*, Die kosmopolitische Transgressivität der modernen Demokratie, in: *Georg Kohler/Urs Marti* (Hg.), Konturen einer neuen Welt(un)orndung. Beiträge zu einer Theorie der normativen Prinzipien internationaler Politik, 2003, S. 102 (114). https://www.zora.uzh.ch/id/eprint/52892/1/FC_Transgressivität.pdf.

85 Zum Begriff im Blick auf Fehlentwicklungen

86 *Thomas Brussig*, Mehr Diktatur wagen. Einem Ausnahmezustand muss man mit Ausnahme-Regeln beikommen, Süddeutsche Zeitung vom 9. Februar 2021, S. 9.

87 „Souverän ist, wer über den Ausnahmezustand entscheidet." Damit beginnt Carl Schmitt seine Schrift über die Politische Theologie von 1922.

88 Dahinter verbirgt sich in Wirklichkeit eine durchaus rationale Kategorisierung der Demokratiemessung, die im internationalen Vergleich eine (immerhin) elektorale Demokratie jedenfalls dann annimmt,

wenn zentrale Amtsträger gewählt werden, aber damit ist noch nichts darüber gesagt, wie die sonstigen Rahmenbedingungen in einem fairen Wettbewerb und unter Gewährleistung von Meinungs- und Pressefreiheit und gesicherter Rechtsstellung der Bürger bestehen, die eine echte, eine liberale Demokratie ausmachen. Siehe dazu *Aurel Croissant/ Peter Thiery*, Von defekten und anderen Demokratien, WeltTrends 29 (2000/2001), S. 9 ff. Allerdings gibt es auch die Tendenz, die repräsentative Demokratie als eine Minderform „echter" Demokratie zu verstehen, weil der Volkswille durch eine zu kleine Zahl von Repräsentanten gefiltert und verzerrt werde (identitäre Demokratiekonzepte). Das kann so weit gehen, selbst in der nationalsozialistischen Herrschaft – jetzt im Selbstbild der Nazis – so etwas wie eine den liberalen westlichen Demokratien überlegene Form der illiberalen Führerdemokratie zu sehen: *Thomas Weber*, Nationalsozialistische illiberale Demokratie, in: Ders. (Hg.), Als die Demokratie starb, 2022, Kapitel 4.

89 https://extinctionrebellion.de/wer-wir-sind/unsere-forderungen/bv/.

90 *Garrett Jones*, 10% Less Democracy: Why You Should Trust Elites a Little More and the Masses a Little Less, 2020.

91 *Wolfgang Merkel*, Embedded and Defective Democacies, in: Democratization Vol 11 (2004), S. 33 ff..

92 *David Van Reybrouck*, Gegen Wahlen. Warum Abstimmen nicht demokratisch ist, 2016.

93 *Damon Linker*, Get to Know the Influential Conservative Intellectuals Who Help Explain G.O.P. Extremism, The New York Times, Nov. 4, 2023, https://www.nytimes.com/2023/11/04/opinion/sunday/conservative-intellectuals-republicans.html.

94 Dazu *Udo Di Fabio*, Systemwechsel im Gefüge der Macht, FAZ vom 16.5.2023.

95 Gemeinsam mit *Vivek Ramaswamy* soll *Elon Musk* ab 2025 Sonderbeauftragter des Präsidenten zum Bürokratieabbau werden, weil nach ihrer Diagnose eine überbordende Bürokratie eine „existenzielle Bedrohung" für die US-Demokratie sei. https://www.zdf.de/nachrichten/politik/ausland/musk-usa-behoerde-buerokratie-plaene-100.html.

96 *Di Fabio*, Herrschaft und Gesellschaft, 2019, S. 94 ff..

97 „Strukturwandel der Öffentlichkeit" war das Thema der politikwissenschaftlichen Habilitationsschrift des Sozialphilosophen *Jürgen Habermas*, erschienen 1962.

98 Deutschlandfunk, Das Weltbild der Tech-Milliardäre, 31.7.2025, https://www.deutschlandfunk.de/tech-bro-topia-milliardaere-oligarchen-musk-thiel-yarvin-vance-silicon-valley-100.html.

99 Ende 2024 hat Australien ein Gesetz verabschiedet, das ein Mindestalter von 16 Jahren für die Nutzung sozialer Medien festlegt. Es soll Eltern ermöglichen, ihre Kinder von Social-Media-Plattformen fernzuhalten. Ziel sei es, Kinder wieder zu echteren sozialen Erfahrungen zurückzuführen und vor den negativen Auswirkungen digitaler Netzwerke zu schützen." https://www.merkur.de/welt/tiktok-instagram-verbot-

social-media-soziale-medien-australien-kinder-sperren-zr-93428890.html#google_vignette.

100 Das „Delikt", so meldet der Deutschlandfunk, sei dem Bundeskriminalamt über ein Online-Portal gemeldet worden. https://www.deutschlandfunk.de/schwachkopf-posting-staatsanwaltschaft-erwirkte-umstrittenen-durchsuchungsbeschluss-bereits-vor-anze-100.html. Die nachgeschobene Erklärung, der Betroffene habe gegen (nach seiner Auffassung vorliegende) Beschränkungen der Meinungsfreiheit bereits zuvor mit einem Bild von SA-Boykottwachen vor jüdischen Geschäften gewarnt, das „Hatten wir alles schon mal!" als antisemitisch geprägte Volksverhetzung, scheint wenig schlüssig. Siehe zum Sachverhalt aus der Sicht der Staatsanwaltschaft Bamberg: https://www.juedische-allgemeine.de/politik/schwachkopf-post-ueber-habeck-jetzt-melden-sich-die-ermittler-zu-wort/.

101 „Trump hat zudem innenpolitisch eine aggressive und identitäre Polarisierung in die amerikanische Politik eingeführt, die den Wettbewerber und politischen Gegner zum Feind erklärt, für politische Verständigung und politischen Kompromiss keinen Raum mehr sieht und auch die Integrität demokratischer und rechtsstaatlicher Verfahren aktiv verletzt." *Norbert Röttgen*, Demokratie und Krieg, 2024, S. 224.

102 *Rainer Forst*, Die noumenale Republik. Kritischer Konstruktivismus nach Kant, 2021; siehe auch *ders.*, Normativität und Macht, 2015, S. 58 ff.

103 *Rainer Forst*, Normativität und Macht, 2015, S. 60.

104 *Udo Di Fabio*, Herrschaft und Gesellschaft, Studienausgabe 2019, S. 97 ff.

105 *Michel Foucault*, Archäologie des Wissens, 20. Auflage 2022 (1981); *Jaques Derrida*, De la grammatologie, deutsch: Grammatologie, 15. Auflage 2021; *Pierre Bourdieu*, Die verborgenen Mechanismen der Macht, 2005 (1992).

106 Dahinter steht eine Art sozialphilosophisch gewendete Psychoanalyse, die in aufklärerischer Absicht das Unbewusste auch in gesellschaftlichen Strukturen bewusst machen will, siehe etwa *Jaques Derrida*, Vergessen wir nicht – die Psychoanalyse! 1998.

107 *Pierre Bourdieu*, Die männliche Herrschaft, 2005; *Judith Butler*, Das Unbehagen der Geschlechter, 23. Auflage 2023 (engl. Originalausgabe unter dem Titel: „Gender Trouble: Feminism and the Subversion of Identity", 1990).

108 *Alisha M.B Heinemann/ Paul Mecheril*, Institutioneller Rassismus als Analyseperspektive. Zwei Argumente in: Weiterdenken – Heinrich-Böll-Stiftung Sachsen, Kulturbüro Sachsen e. V. und Antidiskriminierungsbüro Sachsen (Hrsg.), Ideologien der Ungleichwertigkeit. Dresden, 2016, S. 45 ff. Im Blick auf die Schweiz: *Jaqueline Kalbermatter*, Zur Durchsetzung der Masseneinwanderungsinitiative zur Verschleierung von Rassismus, Universität Fribourg, Newsletter, Studien, Soziologie, Sozialpolitik und Sozialarbeit Nr. 15 (2014), S. 31 ff.

109 *Udo Di Fabio*, Normativitätsdiskurse im Vergleich der Verfassungswissenschaften, in: *Krüper/Payandeh/Sauer* (Hg.), Konrad Hesses normative Kraft der Verfassung, 2019, S. 105 (110 f.). Das knüpft (womöglich manchmal von den Akteuren unbemerkt) an antisemitische Narrative an.
110 So ein Bericht der politisch links stehenden israelischen Zeitung Haaretz aus dem Jahr 2020 (Übersetzung vom Verf.): https://www.haaretz.com/israel-news/2020-04-05/ty-article/netanyahu-deep-state-israel-no-democracy-here-lieberman/0000017f-e06e-d804-ad7f-f1fecd800000.
111 *Herbert Croly*, The Promise of American Life, 1965.
112 Schon 1992 wurde im Blick auf amerikanische Universitäten gefragt: „Wieviel Fragmentierung in kulturelle und ethnisch-politische Lobbies verträgt ein Staat, bevor er unregierbar wird oder auseinanderbricht?" *Berndt Ostendorf*, Der Preis des Multikulturalismus. Entwicklungen in den USA, Merkur 1992, S. 552. Aus deutscher Sicht: *Miriam Lau*, Selbsthass in der postnationalen Nation, Merkur 2004, S. 665 ff..
113 *Christoph Kucklick*, Die granulare Gesellschaft: Wie das Digitale unsere Wirklichkeit auflöst, 2016.
114 *Thomas Oppermann*, Das Reichsbanner Schwarz-Rot-Gold: Was können wir aus dem Scheitern der Weimarer Demokratie für heute lernen?, in: Recht und Politik, Bd. 55 (2019), 297 ff..
115 Zum Versuch, den Konservatismus als zugkräftiges Projekt der Christdemokratie wiederzubeleben, siehe: *Andreas Rödder*, Konservativ 21.0. Eine Agenda für Deutschland, 2019.
116 Siehe insoweit rechtfertigend und erklärend: *Philipp Bagus*, Die Ära Milei. Argentiniens neuer Weg, 5. Auflage 2025.
117 FAS Nr. 47 v. 24.11.2024, S. 2.
118 *Falk Illing*, Die Eurokrise. Analyse der europäischen Strukturkrise, 2. Auflage 2017, S. 17.
119 Für die Covid-Pandemie als Beispiel siehe *Udo Di Fabio*, Coronabilanz, 2022, S. 114.
120 *Thomas Vesting*, Soziale Geltungsansprüche in fragmentierten Öffentlichkeiten: Zur neueren Diskussion über das Verhältnis von Ehrenschutz und Meinungsfreiheit, AöR 1997, S. 337 ff.; *Armin Steinbach*, Meinungsfreiheit im postfaktischen Umfeld, JZ 2017, S. 653 ff..
121 BVerfGE 99, 185 (197).
122 BVerfGE 99, 185 (197).
123 „Deutsche Unternehmen der Kohleindustrie haben wenig Interesse an einer ernsthaften Klimapolitik. So hat der ehemalige RWE-Vorstand Fritz Vahrenholt eines der Standard-Bücher („Die kalte Sonne") der Klimaleugner*innen-Szene verfasst. Darüber hinaus verbreitet er seine Aussagen als Gastautor auf dem rechten Blog ‚Achse des Guten'." FARN, Klimaleugnung: Was es ist, wer es macht und was wir tun können; https://www.nf-farn.de/klimaleugnung-was-es-ist-

wer-es-macht#:~:text=Dennoch%20gibt%20es%20Menschen%2C%20 die,den%20Sinn%20von%20klimapolitischen%20Maßnahmen.

124 *Fritz Vahrenholt/Sebastian Lüning*, Die kalte Sonne: Warum die Klimakatastrophe nicht stattfindet, 2012.

125 *Vahrenholt* nutzt die mit dem Ukraine-Krieg aufgebrochene Gasmangellage und die Erhöhung der Energiepreise für den Versuch ein Narrativ gegen die große Klimakrise zu etablieren mit „der großen Energiekrise", *Fritz Vahrenholt*, Die große Energiekrise, 2023.

126 *Achim Brunnengräber/Heike Walk*, Demokratische Herausforderungen durch Klimaskeptiker, in: Forschungsjournal Soziale Bewegungen, Band 31 (2018) Heft 1-2.

127 *Achim Brunnengräber/Heike Walk*, Demokratische Herausforderungen durch Klimaskeptiker, in: Forschungsjournal Soziale Bewegungen, 31 (2018), S. 393 ff..

128 Vgl.: FAZ v. 3.5.2025, S. 20; https://zeitung.faz.net/faz/wirtschaft/2025-05-03/6193c054556d3087301bafeb962d1bc5/?GEPC=s5.

129 *Niklas Luhmann*, Gesellschaftliche Komplexität und öffentliche Meinung, in: ders., Soziologische Aufklärung 5, 1990, S. 170 (180).

130 Zu erfolgreichen Versuchen, mit thematischer und kultureller Deutungshoheit sehr reale politische Macht auszuüben, und so das staatliche Ämtersystem zu dirigieren: *Udo Di Fabio*, Herrschaft und Gesellschaft, 2018, S. 97 ff..

131 *Udo Di Fabio*, Die Kultur der Freiheit. 2005, S. 34.

132 Zu den verblassenden Leitbildern der Mitte: *Udo Di Fabio*, Die Kultur der Freiheit. 2005, S. 58.

133 *Joachim Fest*, Die schwierige Freiheit. Über die offene Flanke der offenen Gesellschaft, 1993, S. 31

134 *Jean-Francois Lyotard*, Die Phänomenologie, 1993, S. 58 f. (1954).

135 *Ludwig Wittgenstein*, Logische Untersuchungen, 1953.

136 *Niklas Luhmann*, Die Wissenschaft der Gesellschaft, 1990, S. 42 unter Berufung auf *Michael Polanyi*, Implizites Wissen, 1985; siehe auch *Christine Klappacher*, Implizites Wissen und Intuition: Warum wir mehr wissen, als wir zu sagen wissen; die Rolle des impliziten Wissens im Erkenntnisprozess, 2006.

137 Siehe bereits *Christina Holtz-Bacha*, Das fragmentierte Medienpublikum. Folgen für das politische System, in: Aus Politik und Zeitgeschichte B 42 (1997), S. 13 ff.

138 *Niklas Luhmann*, Die Wissenschaft der Gesellschaft, 1990, S. 548.

139 Als sittenwidrig gilt ein Handeln, das gegen das „Anstandsgefühl aller billig und gerecht Denkenden" verstößt, siehe etwa im Strafrecht: BGHSt 4, 24, 32; 4, 88, 91; 49, 34.

140 *Hans Joas*, Die Sakralität der Person. Eine neue Genealogie der Menschenrechte, 2011. S. 81 ff., unter Bezugnahme auf *Emile Durkheim*, Der Individualismus und die Intellektuellen, in: *Hans Bertram* (Hg.), Gesellschaftlicher Zwang und moralische Autonomie, 1986, S. 54 ff..

141 So die Kritik des Poststrukturalismus, siehe dazu: *Karl–Heinz Ladeur*, Die Textualität des Rechts. Zur poststrukturalistischen Kritik des Rechts, 2016, S. 50 ff..

142 *Daniel Loick*, Juridismus. Konturen einer kritischen Theorie des Rechts, 2017, S. 276.

143 *Udo Di Fabio*, Die Kultur der Freiheit, 2005, S. 94 f.

144 Sehr klar in seinem Spätwerk: *Jürgen Habermas*, Auch eine Geschichte der Philosophie, Bd. 1, 2019, S. 266 ff.

145 Oben D. 2.

146 „Gegenrechte revozieren die Willkürfreiheit.", so *Daniel Loick*, „Moment anstatt Grund", in: *Andreas Fischer-Lescano/Hannah Franzki/Johan Horst* (Hrsg.), Gegenrechte. Recht jenseits des Subjekts, 2018, S. 325 (330).

147 Die Diskussion ist alt und geht bis ins 19. Jahrhundert – womöglich schon bis *Rousseau* – zurück. Sie spielte auch beim Verständnis des Rechts auf freie Entfaltung der Persönlichkeit eine Rolle, siehe dazu *Klaus Stern*, Das Staatsrecht der Bundesrepublik Deutschland, Bd. IV/1, Die einzelnen Grundrechte, 2006, S. 876 f.

148 *Daniel Loick*, „Moment anstatt Grund", in: *Andreas Fischer-Lescano/Hannah Franzki/Johan Horst* (Hrsg.), Gegenrechte. Recht jenseits des Subjekts, 2018, S. 325 (331 f.); unter Berufung auf *Donna Haraway*, Situated Knowledge. The Science Question in Feminism and the Privilege of Partial Perspectives, Feminist Studies 14 (1988), S. 575 ff..

149 *Udo Di Fabio*, Metamorphosen der Zurechnung, JZ 2020, S. 1073 ff..

150 *Konstantina Papathanasiou*, Eigenverantwortung, Neuronensteuerung oder Habitus? Der homo autonomus et inspiratus als strafrechtliches Menschenbild, in: *Andreas Funke/Klaus Ulrich Schmolke* (Hrsg.), Menschenbilder im Recht, 2019, S. 151 (165 ff.).

151 *Saskia Stucki*, Grundrechte für Tiere: Eine Kritik des geltenden Tierschutzrechts und rechtstheoretische Grundlegung von Tierrechten im Rahmen einer Neupositionierung des Tieres als Rechtssubjekt, 2016.

152 *Andreas Fischer-Lescano*, Natur als Rechtsperson. Konstellationen der Stellvertretung im Recht, ZUR 2018, 205 ff.; *Jens Kersten*, Die Rechte der Natur und die Verfassungsfrage des Anthropozän, in: *Jens Soentgen/Ulrich M. Gassner/Julia von Hayek/Alexandra Manzei* (Hrsg.), Umwelt und Gesundheit, 2020, S. 87 (105 ff.), der indes etwas vorsichtiger von der Möglichkeit einfachgesetzlicher „Anerkennung" von Rechten spricht.

153 *Bruno Latour*, Das Parlament der Dinge. Für eine politische Ökologie, 4. Aufl. 2018.

154 Etwas sozialtechnisch verengt wird für automatisierte Systeme oder künstliche Intelligenz angenommen, dass sie als Adressat von Strafnormen in Betracht kämen, wenn ihre Aktionen als Resultat von Handlungen verstanden werden können, die mit Normbefehlen erreichbar, also steuerbar wären: *Gerhard Seher*, Intelligente Agenten als „Personen" im Strafrecht, in: *Sabine Gless/Kurt Seelmann* (Hrsg.), Intelligente

Agenten und das Recht – Verantwortungszuschreibung in Antike und Moderne, 2017, S. 45 ff.; siehe aus philosophischer Perspektive: *Klaus Mainzer*, Leben als Maschine? Von der Systembiologie zu Robotik und Künstlichen Intelligenz, 2010.

155 Wem Menschenwürde zukomme, sei keine Frage der Universalvernunft, sondern sei „letztlich eine Frage der sozialen Anerkennung": *Malte-Christian Gruber*, Mensch oder Maschine: Zur Humanität des Rechts nach dem Ende des Menschen, in: *Andreas Funke/Klaus Ulrich Schmolke* (Hrsg.), Menschenbilder im Recht, 2019, S. 43 (48).

156 *Bruno Latour*, Kampf um Gaia. Acht Vorträge über das neue Klimaregime, 2017, S. 133 ff..

157 *Udo Di Fabio*, Metamorphosen der Zurechnung, JZ 2020, S. 1073 (1078).

158 Das kommt auch nach den modeinspirierten Sondierungen der „anthropozänischen Situation" bei klassisch geschulten Philosophen zum Ausdruck, wenn sie nach der Forderung nach einer erdumspannenden Verfassungsdebatte, in der der Staat keinen rechten Ort mehr finden kann, dann aber doch zu den Tagen des hellenischen Epos zurückzukehren, wo der Mensch sich als Sterblicher auf einer gemeinsamen Erde versteht: *Peter Sloterdijk*, Das Anthropozän, ein Prozess – Zustand am Rande der Erd-Geschichte?, in: *Jürgen Rennen/Bernd Scherer* (Hrsg.), Das Anthropozän. Zum Stand der Dinge, 2015, S. 25 (42 f.).

159 *Richard Münch*, Polarisierte Gesellschaft, Die postmodernen Kämpfe um Identität und Teilhabe, 2023.

160 *Daniel Loick*, Juridismus. Konturen einer kritischen Theorie des Rechts, 2017, S. 256.

161 *Annika Kieck*, Der Schutz individueller Identität als verfassungsrechtliche Aufgabe. Am Beispiel des geschlechtlichen Personenstandes, 2019, S. 222.

162 In der Gesellschaftswissenschaft wird das ausgeflaggt als „sprach-, diskurs- und ideologiekritische Studie: *Paul-Hermann Gruner*, Die suggestive Konfiguration von „Weiblichkeit". Frauenzeitschriften, Doing Gender und die Kontinuität tradierter Rollenstereotype, 2018.

163 *Claus Leggewie*, Kulturelle Hegemonie – Gramsci und die Folgen, in: Leviathan, Bd. 15 (1987), S. 285 ff..

164 *Ulrich Hamenstädt/Jonas Wenker*, Marxismus weiterdenken mit Antonio Gramsci. in: Dies., Karl Marx und der Marxismus, 2023, S. 35 ff..

165 *Franziska Heinze*, Postkoloniale Theorie, Gender Glossar 2015, https://core.ac.uk/download/pdf/226120874.pdf.

166 *Erol Yildiz*, Zur Normalisierung kultureller Hegemonie in den Medien, in: *Gudrun Hentges/Bettina Lösch* (Hg.), Die Vermessung der sozialen Welt. Neoliberalismus – Extreme Rechte – Migration im Fokus der Debatte, 2011, S. 271 (272).

167 *Sandra Harding*, Gender, Development, and Post-Enlightenment Philosophies of Science, Hypatia 13 (1998), S. 146 ff..

168 *Franziska Heinze*, Postkoloniale Theorie, Gender Glossar 2015, https://core.ac.uk/download/pdf/226120874.pdf.

169 *Claus Leggewie*, Kulturelle Hegemonie – Gramsci und die Folgen, in: Leviathan Band 15 (1987), S. 285.

170 *Erol Yildiz*, Zur Normalisierung kultureller Hegemonie in den Medien, in: *Gudrun Hentges/Bettina Lösch* (Hg.), Die Vermessung der sozialen Welt. Neoliberalismus – Extreme Rechte – Migration im Fokus der Debatte, 2011, S. 271 ff..

171 Auf die Frage, ob der „Aufruf zum Völkermord an den Juden" an ihren Universitäten gegen Richtlinien zu Mobbing und Belästigung verstoße, wurde von der zwischenzeitlich vom Amt zurückgetretenen Harvard-Präsidentin *Claudine Gay* geantwortet: „Das kann sein, abhängig vom Kontext". Der Aufforderung, mit „Ja" oder „Nein" zu antworten wurde nicht entsprochen. Gay wiederholte, das hänge vom Kontext ab. Siehe dazu: Nach Anhörung zu Antisemitismus. UPenn-Präsidentin Magill tritt zurück, https://www.tagesschau.de/ausland/amerika/usa-ruecktritt-magill-100.html.

172 Allerdings gilt die rechtsradikale AfD in Deutschland hier als gespalten. Der Parteivorsitzende *Tino Chrupalla* schlägt ähnlich relativierende Töne an wie im Umgang mit dem aggressiven Russland, nämlich schon vor dem israelischen Gegenschlag nach Diplomatie zu rufen, wenn es um die Verurteilung einer einseitigen brutalen Aggression geht, dazu *Justus Bender*, Die AfD und ihr Israel-Problem, FAZ v. 19. Oktober 2023, S. 12. Der für seine Russlandfreundlichkeit bekannte Ehrenvorsitzende *Alexander Gauland* sagte im Gegensatz dazu zum Hamas-Angriff vom 7. Oktober 2023: „Der Angriff galt nicht nur dem jüdischen Staat, er galt auch uns. Israel, das ist der Westen in einer Umgebung, die den Westen ablehnt und bekämpft. Wenn wir uns an die Seite Israels stellen, verteidigen wir auch unsere Art zu leben (…)." Quelle: https://www.zdf.de/nachrichten/politik/ausland/afd-chrupalla-israel-hamas-100.html.

173 *Eric Voegelin*, The Origins of Scientism. Social research, 15 (1948), S. 462 ff.; siehe auch *Friedrich August Hayek*, The Counter-Revolution of Science, 1955.

174 *Madeleine Genzsch*, Harmonie durch Kontrolle? Chinas Sozialkreditsystem, China im Blickpunkt des 21. Jahrhunderts, 2019, S. 129 ff.; siehe auch *Stefan Scheuer*, Der Masterplan. Chinas Weg zur Hightech– Weltherrschaft, 2018, S. 147 ff..

175 *Marie-Christine Krajewski*, Wahrheit und Demokratie in postfaktischen Zeiten, in: ZfP 2017, S. 454 ff.; kritisch zur Kritik und mit der Vermutung, das Wort „postfaktisch" verdanke sich einer Begriffsstratgie zur Kennzeichnung eines „Modus nicht massenmedial dominierter Konstruktion von Wirklichkeit": *Michael Schetsche*, Wider die Rede vom 'Postfaktischen'. Soziologischer Zwischenruf zur medialen Konstruktion von Wirklichkeit, https://www.researchgate.net/profile/Michael_Schetsche/publication/311544999_Wider_die_Rede_vom_

Postfaktischen/links/584bdc8208aed95c24fc0140/Wider-die-Rede-vom-Postfaktischen.pdf.
176 *Udo Di Fabio*, Die Kultur der Freiheit, 2005.
177 *Achim Aurnhammer/Manfred Pfister* (Hg.) Heroen und Heroisierungen in der Renaissance. Wolfenbütteler Abhandlungen zur Renaissanceforschung, 2013.
178 *Alasdair MacIntyre*, Der Verlust der Tugend. Zur moralischen Krise der Gegenwart, 2006, S. 177.
179 *Christian Wevelsiep*, Die postheroische Gesellschaft und ihre Freunde. Zum Argument der begrenzten Interventionsbereitschaft moderner Gesellschaften, in: Zeitschrift für Außen- und Sicherheitspolitik (ZFAS) 2011, S. 241 ff..
180 Der Satz stammt aus Kennedys Antrittsrede seiner Präsidentschaft am 20. Januar 1961: „And so, my fellow Americans: ask not what your country can do for you — ask what you can do for your country."
181 Dazu *Chantal Mouffe*, Agonistik. Die Welt politisch denken, 3. Auflage 2021, S. 22 f. Siehe auch die Schlussfolgerungen im Ausblick.
182 Zunächst wurde der Begriff kritisch gebraucht, so *Karl Loewenstein*, Verfassungslehre, 3. Auflage 1975 (Erstauflage 1957), S. 93 f; später deskriptiv: *Peter Haungs*, Kanzlerdemokratie in der Bundesrepublik Deutschland: von Adenauer bis Kohl, Zeitschrift für Politik, Bd. 33 (1986), 44 ff.
183 *Wolfgang Jäger*, Von der Kanzlerdemokratie zur Koordinationsdemokratie, Zeitschrift für Politik, Bd. 35 (1988), 15 ff..
184 *Tanja Itgenshorst*, Denker und Gemeinschaft. Polis und politisches Denken im archaischen Griechenland, 4. Auflage 2014, S. 11 ff..
185 *Steffen Mau/Thomas Lux/Linus Westheuser*, Triggerpunkte. Konsens und Konflikt in der Gegenwartsgesellschaft, 2024.
186 Illustrativ am kommunalen Beispiel: *Manfred Kittel*, Marsch durch die Institutionen? Politik und Kultur in Frankfurt nach 1968, 2011, der anhand der Geschichte der lokalen Parteien, städtischen Bühnen und des Historischen Museums der sechziger und siebziger Jahre den Kernbestand der Kultursphäre den Prozess nachzeichnet, obwohl die nicht institutionell gebundene Alltagskultur langfristig (und mit der Hochkultur interdependent) ungleich wirkmächtiger ist.
187 Chantal Mouffe (Hg.), Hegemony and ideology in Gramsci, 1979.
188 *Thomas Biebricher*, Geistig-moralische Wende. Die Erschöpfung des deutschen Konservatismus, 2018, S. 297.
189 Hinter dem anspruchsvollen Begriff verbirgt sich ein Such- und Findeverfahren, das sowohl in der Psychologie wie in der Pädagogik, ganz allgemein in den Geisteswissenschaften über einiges Ansehen verfügt, *Gerhard Kleining*, Qualitativ-heuristische Sozialforschung, 1994.
190 *Christian Waldhoff*, Das Gesetz zwischen Recht und Politik, in: Zeitschrift für Politik 66 (2019), 98 ff..
191 Dabei wird typischerweise der Gestaltungsspielraum des Gesetzgebers betont, nachdem eine verfassungsrechtliche Handlungspflicht fest-

gestellt wurde: Siehe insofern etwa die Leitsätze 1 und 2 in: BVerfGE 125, 175.

192 *Hans Christoph Atzpodien*, Kann Europa mittelfristig rüstungswirtschaftlich auf eigenen Beinen stehen? In: SIRIUS – Zeitschrift für Strategische Analysen Vol. 8, no. 3, 2024, 305 (309), https://www.degruyter.com/document/doi/10.1515/sirius-2024-3006/html.

193 *Hans Christoph Atzpodien*, Kann Europa mittelfristig rüstungswirtschaftlich auf eigenen Beinen stehen? In: SIRIUS – Zeitschrift für Strategische Analysen Vol. 8, no. 3, 2024, 305 (309), https://www.degruyter.com/document/doi/10.1515/sirius-2024-3006/html.

194 *Niklas Luhmann*, Die Knappheit der Zeit und die Vordringlichkeit des Befristeten, 2013.

195 *Vincent von Wroblewsky*, ad Jean-Paul Sartre: Zur Freiheit verurteilt, 2022.

196 Einflussreich in der Soziologie: *Pierre Bourdieu*, La distinction. Critique sociale du jugement. 1979, in deutscher Übersetzung: Die feinen Unterschiede, 1982; *Pierre Bourdieu/Loïc Wacquant*, Réponses pour une anthropologie réflexive. 1992, in deutscher Übersetzung: Reflexive Anthropologie, 1996.

197 Der Spiegel v. 17.10.2024: „Trump fabuliert weiter über angeblich verspeiste Haustiere", https://www.spiegel.de/wirtschaft/donald-trump-fabuliert-weiter-ueber-angeblich-verspeiste-haustiere-a-11a262b2-ef69-42d8-b3f6-476092a4b0fd.

198 *Thomas Schölderle*, Utopia und Utopie. Thomas Morus, die Geschichte der Utopie und die Kontroverse um ihren Begriff, 2011.

199 Die Erlösungshoffnung ist ein bedeutsamer Teil der großen Schriftreligionen: *Gustav Hölscher*, Die Ursprünge der jüdischen Eschatologie, 1925; *Jürgen Moltmann*, Das Kommen Gottes: christliche Eschatologie, 2005; *Moritz Wolff*, Muhammedanische Eschatologie, (1879) 2004.

200 Siehe dazu das Essay von *Michael Shermer*, Why Malthus Is Still Wrong. Why Malthus makes for bad science policy, Scientific American Magazine Vol. 314 No. 5 (2016), 72. https://www.scientificamerican.com/article/why-malthus-is-still-wrong/.

201 *Dolf Sternberger*, Das Vaterland (1959) und Verfassungspatriotismus (1979) in: *ders.*, Verfassungspatriotismus, Schriften, Bd. X, 1990, S. 11 f. und 13 ff..

202 *Dolf Sternberger*, Komponenten der geistigen Gestalt Europas (1980), in: *ders.*, Verfassungspatriotismus, Schriften, Bd. X, 1990, S. 39 (50).

203 Das betrifft vor allem die mechanische Reproduzierbarkeit von Gegenständen mit der Industrialisierung des 19. Jahrhunderts, siehe dazu *Siegfried Gideon*, Die Herrschaft der Mechanisierung, 1987, S. 71 ff.

204 *Daron Acemoglu/Simon Johnson*, Macht und Fortschritt, 2023, S. 224.

205 „Niemand zweifelt in den USA heute mehr ernstlich, dass durch das Fortschreiten der Automation in der Industrie Menschen ihren Arbeitsplatz verlieren, – eine große Anzahl von Menschen." *Waldemar Schweisheimer*, Unternehmer und Gewerkschaften bekämpfen Automations-

Arbeitslosigkeit in den USA, in: Mensch und Arbeit, Vol. 17, No. 1 (1965), 23. Als Lösung wurde die Verkürzung der Wochenarbeitszeit angeregt, verbunden mit der Hoffnung, dass in der Freizeit neue Konsumbedürfnisse entstehen würden, die dann mit neuer industrieller Produktion befriedigt werden müssen, was wiederum Arbeitsplätze schaffe. Auch diese Prognose war im Ansatz keineswegs falsch, lässt aber die Frage zu, ob dann nicht wiederum mehr gearbeitet werden müsse.

206 *Emil Angehrn*, Vernunft und Kontingenz. Zur Standortbestimmung der Philosophie, in: studia philosophica, 51/1991, 221 (224).

207 *Emil Angehrn*, Vernunft und Kontingenz. Zur Standortbestimmung der Philosophie, in: studia philosophica, 51/1991, 221 ff.

208 *Dirk Kurbjuweit*, Alternativlos, Merkel, die Deutschen und das Ende der Politik, 2014. Die Bundeskanzlerin Angela Merkel versuchte sich mit der Aura der wissenschaftlich beratenen, wertegebundenen Vernunftrepräsentation zu umgeben und deshalb ihre Maßnahmen (zum ersten Mal bei der Griechenlandrettung 2010) als nach allen politischen Vernunftmaßstäben alternativlos darzustellen. Die Argumentationsfigur taucht aber an ganz verschiedenen, manchmal überraschenden Stellen auf wie bei der Forderung nach einer „postletalen", also ohne die Tötung von Tieren auskommenden Landwirtschaft: *Stefan Mann*, Warum die postletale Transformation alternativlos ist, in: Ders., Postletale Landwirtschaft. Zur anstehenden Reform unseres Agrarsystems, 2022, S. 11 ff..

209 Zahlen auf der Basis von UNCTAD, https://www.bpb.de/kurz-knapp/zahlen-und-fakten/globalisierung/52655/welt-bruttoinlandsprodukt/#:~:text=21%2C4%20 Prozent.-,Fakten,40%2C4%20 Prozent).

210 Ranking Global Firepower Index 2023, https://de.statista.com/statistik/daten/studie/1334221/umfrage/ranking-der-militaermaechte-nach-global-firepower/.

211 *Udo Di Fabio*, Herrschaft und Gesellschaft, 2019, S. 94 und 97 ff..

212 Der größte Anteil klimaschädlicher Gase „entfällt auf Kohlendioxid mit etwa 66,4%, gefolgt von Methan mit 16,3%, Lachgas mit 6,5%, und den halogenierten Treibhausgasen insgesamt mit 10,8%". *Umweltbundesamt*, Atmosphärische Treibhausgas-Konzentrationen, 20.3.2023, https://www.umweltbundesamt.de/daten/klima/atmosphaerische-treibhausgas-konzentrationen#kohlendioxid-.

213 „Die globalen anthropogenen Netto-THG-Emissionen lagen im Jahr 2019 bei 59 ± 6,6 GtCO2-eq7,8 und damit etwa 12% (6,5 GtCO2-eq) höher als 2010 und 54% (21 GtCO2-eq) höher als 1990. IPCC, Climate Change 2022 Mitigation of Climate Change, Working Group III Contribution to the Sixth Assessment Report of the Intergovernmental Panel on Climate Change, Summary for Policymakers, 2022, B.1.1.; https://www.ipcc.ch/report/ar6/wg3/downloads/report/IPCC_AR6_WGIII_SummaryForPolicymakers.pdf .

214 „Ausschließlich auf der Grundlage zentraler Schätzungen entsprechen die kumulativen Netto-CO2-Emissionen zwischen 2010 und 2019 etwa vier Fünfteln des Umfangs des verbleibenden Kohlenstoffbudgets ab 2020 bei einer Wahrscheinlichkeit von 50%, die globale Erwärmung auf 1,5 °C zu begrenzen, und etwa einem Drittel des verbleibenden Kohlenstoffbudgets bei einer Wahrscheinlichkeit von 67%, die globale Erwärmung auf 2 °C zu begrenzen." IPCC, Climate Change 2022 Mitigation of Climate Change, Working Group III Contribution to the Sixth Assessment Report of the Intergovernmental Panel on Climate Change, Summary for Policymakers, 2022,B.1.3.; https://www.ipcc.ch/report/ar6/wg3/downloads/report/IPCC_AR6_WGIII_SummaryForPolicymakers.pdf.

215 Das gilt gegenwärtig aufgrund der schieren Bevölkerungszahl vor allem für Indien. Im Pro-Kopf-Verbrauch sind unter den großen Ländern die USA noch vorne liegend, während Deutschland 2022 etwa gleichauf mit China lag und Indien deutlich dahinter zurückbleibt. Gerade für Indien besteht somit eine erhebliche Aufholdynamik in Richtung steigender CO_2- und Methangasemissionen. Siehe https://de.statista.com/statistik/daten/studie/167877/umfrage/co-emissionen-nach-laendern-je-einwohner/.

216 https://www.dw.com/de/china-will-bis-zum-jahr-2060-klimaneutralität-erreichen/a-55021451.

217 Zum klimapolitischen Gerechtigkeitsdiskurs: *Thomas Faist/Kerstin Schmidt*, Die sozio-ökologische Frage: Klimawandel und die (Re-) Produktion sozialer Ungleichheiten, in: Thomas Faist (Hg.), Soziologie der Migration: Eine systematische Einführung, 2020, S. 425 ff.

218 *Philipp Krohn/Gustav Theile*, Kein Klimaschutz ohne China, FAZ Nr. 272 v. 21.11.2024, S. 17.

219 *Innocent Batsani-Ncube*, Chinas Expansion im südlichen Afrika: Demokratien in Gefahr, Friedrich-Naumann-Stiftung für die Freiheit, 2023.

220 *Karl Steininger/Thomas Schinko/Harald Rieder/Helga Kromp-Kolb/Stefan Kienberger/Gottfried Kirchengast/Claudia Michl/Ingeborg Schwarzl/Sonja Lambert*, 1,5 °C: Wieviel Treibhausgase dürfen wir noch emittieren? Hintergrundpapier, 2022, S. 19; https://pure.iiasa.ac.at/id/eprint/18412/1/THG-Budget_Hintergrundpapier_CCCA.pdf.

221 Art. 1 Abs. 2 der Verordnung (EU) 2021/1119 des Europäischen Parlaments und des Rates vom 30. Juni 2021 zur Schaffung des Rahmens für die Verwirklichung der Klimaneutralität und zur Änderung der Verordnungen (EG) Nr. 401/2009 und (EU) 2018/1999 („Europäisches Klimagesetz"): „Diese Verordnung gibt das verbindliche Ziel vor, für die Verwirklichung des in Artikel 2 Absatz 1 Buchstabe a des Übereinkommens von Paris festgelegten langfristigen Temperaturziels bis zum Jahr 2050 in der Union Klimaneutralität zu erreichen, und schafft einen Rahmen für Fortschritte bei der Verwirklichung des in Artikel 7 des Übereinkommens von Paris festgelegten globalen Ziels für die Anpassung. Außerdem wird in der vorliegenden Verordnung

eine verbindliche Unionsvorgabe für die Senkung der Nettotreibhausgasemissionen innerhalb der Union für 2030 festgelegt."

222 § 3 Abs. 1 und Abs. 2 KSchG formuliert die nationalen Klimaschutzziele auf folgende Weise: „Die Treibhausgasemissionen werden im Vergleich zum Jahr 1990 schrittweise wie folgt gemindert: 1. bis zum Jahr 2030 um mindestens 65 Prozent, 2. bis zum Jahr 2040 um mindestens 88 Prozent. Bis zum Jahr 2045 werden die Treibhausgasemissionen so weit gemindert, dass Netto-Treibhausgasneutralität erreicht wird. Nach dem Jahr 2050 sollen negative Treibhausgasemissionen erreicht werden."

223 Expertenrat für Klimafragen, Zweijahresgutachten 2024, S. 16; https://expertenrat-klima.de/content/uploads/2025/03/ERK2025_Zweijahresgutachten-2024.pdf. Siehe auch: *Thomas Zehetner*, Europa im Schwitzkasten: In den Stürmen von Klimakrise und Weltpolitik, 2024.

224 *Hans-Werner Sinn*, Ein Plädoyer gegen Alleingänge in der Klimapolitik, FAZ v. 24.08.2023.

225 Im Mai 2024 hatte der deutsche Verteidigungsminister *Boris Pistorius* gegen Finanzminister *Christian Lindner* so argumentiert: https://www.tagesschau.de/inland/pistorius-verteidigungsetat-schuldenbremse-100.html.

226 Art. 109 Abs. 3 Satz 4 GG: „Von den zu berücksichtigenden Einnahmen aus Krediten ist der Betrag abzuziehen, um den die Verteidigungsausgaben, die Ausgaben des Bundes für den Zivil- und Bevölkerungsschutz sowie für die Nachrichtendienste, für den Schutz der informationstechnischen Systeme und für die Hilfe für völkerrechtswidrig angegriffene Staaten 1 vom Hundert im Verhältnis zum nominalen Bruttoinlandsprodukt übersteigen."

227 „Das Prognos Institut, *Nextra Consulting* und das *Institut für nachhaltige Kapitalanlagen* haben im Jahr 2021 im Auftrag der KfW-Bankengruppe eine Studie erstellt, die einen Investitionsbedarf zur Klimaneutralität für Deutschland von 5 Billionen Euro bis zum Jahr 2045 prognostiziert. Davon entfallen 3,8 Billionen Euro auf Investitionen, die bereits geplant sind. Dazu kommen noch Investitionen in Höhe von 1,1 Billionen Euro zur Erreichung der Klimaneutralität. Die 3,8 Billionen Euro teilen sich auf, in Investitionen von 2,1 Billionen Euro in den Verkehr, 840 Milliarden Euro in Energie, 620 Milliarden Euro in die Industrie und 237 Milliarden Euro in Gewerbe, Handel und Dienstleistungen. Hinzu kommen die Mehrinvestitionen in Höhe von 153 Mrd. Euro im Bereich Verkehr, 397 Mrd. Euro für den Energiesektor, 462 Mrd. Euro in der Industrie und 113 Mrd. Euro in Gewerbe, Handel und Dienstleistungen (Nextra Consulting et al., 2021)." https://www.fin-connect-nrw.de/studien/wie-hoch-sind-die-investitionsbedarfe-in-die-klimaneutrale-und-digitale-transformation-in-nrw#:~:text=Das%20Prognos%20Institut%2C%20Nextra%20Consulting,bis%20zum%20Jahr%202045%20prognostiziert.

228 Siehe *Hans-Werner Sinn*, Fn. 224.

229 *Niklas Luhmann*, Beobachtungen der Moderne, 1992, S. 158.
230 Die 27 EU-Mitgliedstaaten haben sich verpflichtet, die EU bis 2050 zum ersten klimaneutralen Kontinent zu machen. Sie vereinbarten hierzu, die Emissionen bis 2030 um mindestens 55 % gegenüber dem Stand von 1990 zu senken. Siehe die Mitteilung der Kommission an das Europäische Parlament, den Rat, den Europäischen Wirtschafts- und Sozialausschuss und den Ausschuss der Regionen, COM/2021/550 final.
231 Siehe insoweit § 3 Abs. 2 Bundesklimaschutzgesetz (2021), wonach bis zum Jahr 2045 die Treibhausgasemissionen so weit gemindert werden sollen, dass Netto-Treibhausgasneutralität erreicht ist. Nach dem Jahr 2050 sollen sogar negative Treibhausgasemissionen erreicht sein. § 4 legt ein durch Rechtsverordnung nachjustierbares System zur Festlegung noch verfügbarer Restmengen fest.
232 Siehe unten F. 1.
233 Draghi-Report, The future of European Competitiveness, Part-B, 2024, S. 17.
234 *Arne Tarara*, Klimakosten und -nutzen von KI müssen transparent werden, v. 15.8.2024; https://background.tagesspiegel.de/finance/briefing/klimakosten-und-nutzen-von-ki-muessen-transparent-werden.
235 *Lynn H. Kaack/Priya L. Donti/Emma Strubell/David Rolnick*, Künstliche Intelligenz und Klimawandel, Heinrich-Böll-Stiftung, 2021, S. 8, während man den Strombedarf offenbar deutlich unterschätzt („Die CO_2-Emissionen beim Entwickeln der größten Modelle dieser Art sind mit den Emissionen eines Personenkraftwagens über dessen Gesamtnutzungsdauer vergleichbar“, a. a. O. S. 12).
236 ZEIT online 15.10.2024, https://www.zeit.de/digital/2024-10/google-kuenstliche-intelligenz-rechenzentrum-atomkraft-kairos.
237 https://www.br.de/nachrichten/wirtschaft/oel-und-gas-aus-russland-wie-belastbar-sind-die-zahlen,SzfroYO.
238 *Karl Polanyi*, *The Great Transformation* (1944), 1978, S. 243.
239 Hintergrundpapier Klimabilanz Elektromobilität des BMUV unter Verwendung der Ergebnisse des Instituts für Umwelt- und Klimaforschung Heidelberg, https://www.bmuv.de/themen/verkehr/elektromobilitaet/klima-und-energie. Die Zahlen werden günstiger, wenn es Fortschritte in der Batterietechnik gäbe oder wenn der Strommix sich veränderte, aber auch dann müssten technisch mögliche Fortschritte bei Verbrennungsmotoren gegenläufig mitberücksichtigt werden.
240 Nach dem Wahlsieg *Donald Trumps* erreichte der Börsenwert von Tesla 1 Billionen US-Dollar. https://fortune-com.translate.goog/2024/11/11/elon-musk-donald-trump-election-tesla-auto-industry-carmakers-market-value/?_x_tr_sl=en&_x_tr_tl=de&_x_tr_hl=de&_x_tr_pto=rq&_x_tr_hist=true.
241 *Philipp Krohn/Gustav Theile*, Kein Klimaschutz ohne China, FAZ Nr. 272 v. 21.11.2024, S. 17.

242 Immerhin ordnet ein kritischer Bericht des Hessischen Rundfunks wenigstens parteipolitisch die Verantwortung zu: „Die Elektrostraßen wurden erst vom seinerzeit sozialdemokratisch geführten Bundesumweltministerium finanziert, dann vom neuen grünen Bundesministerium für Wirtschaft und Klimaschutz. Insgesamt haben Versuche mit Oberleitungslastern den Staat bisher 191 Millionen Euro gekostet. Das Bundesverkehrsministerium steht den Versuchen skeptisch gegenüber und lehnte jedwede finanzielle Beteiligung ab." Von 2018 bis 2021 war der vielgescholtene *Andras Scheuer* (CSU) Bundesverkehrsminister.

243 *Wolfgang Gomoll/Sebastian Viehmann*, Focus vom 14.8.2023, https://www.focus.de/auto/news/dafuer-hatte-man-2000-diesel-lkw-kaufen-koennen-190-millionen-versenkt-elektro-lkw-mit-oberleitung-sind-ein-teurer-flop_id_201432050.html.

244 Ingo Nathusisus, Zweifelhafte Versuche mit Oberleitungen vom 7.8.2023, https://www.tagesschau.de/wirtschaft/technologie/lkw-klimaneutral-lastwagen-100.html.

245 Den Vorwurf der Naivität erhebt immerhin der Europäische Rechnungshof, der eine gute Reputation für seine Analysen genießt: https://industriemagazin.at/artikel/eu-rechnungshof-europa-handelt-gegenueber-china-viel-zu-naiv/.

246 „Die Primärförderung von Lithium stellt ein Oligopol dar. Das Angebot wird aktuell von zwei Ländern bestimmt. So stellten Australien und Chile knapp 75 % der globalen Bergwerksförderung im Jahr 2020. Je nach Szenario könnten weitere Länder erhebliche Marktanteile bis 2030 hinzugewinnen", erläutert Schmidt weiter. In Europa wird Lithium im Moment nicht primär gewonnen, jedoch stehen nach aktuellem Stand potentielle Zellfertigungskapazitäten von bis zu 1.300 GWh auf dem Papier." Pressebericht der DERA vom 4. Juni 2022, https://www.deutsche-rohstoffagentur.de/DE/Gemeinsames/Oeffentlichkeitsarbeit/Pressemitteilungen/BGR/DERA/dera-bgr-2022-06-24_pm_dera-stellt-ergebnisse-der-rohstoffrisikobewertung-lithium-vor.html?nn=5096114.

247 https://www.eca.europa.eu/de/news/NEWS-SR-2023-15.

248 Sonderbericht 18/23 des Europäischen Rechnungshofs, Rn. 54; https://www.eca.europa.eu/de/publications/SR-2023-18.

249 *Alexander Wulfers*, Und was machen die andern? FAS v. 18. Juni 2023, S. 20.

250 *Hans-Jochen Luhmann*, Ist eine CO_2-Abgabe auf EU-Importe richtig?, Hans-Böckler-Stiftung, Magazin Mitbestimmung 4/2021, https://www.boeckler.de/de/magazin-mitbestimmung-2744-ist-eine-co2-abgabe-auf-eu-importe-richtig-34644.htm.

251 *Holger Lösch*, Ist eine CO_2-Abgabe auf EU-Importe richtig?, Hans-Böckler-Stiftung, Magazin Mitbestimmung 4/2021, https://www.boeckler.de/de/magazin-mitbestimmung-2744-ist-eine-co2-abgabe-auf-eu-importe-richtig-34644.htm.

252 *Holger Lösch*, Ist eine CO_2-Abgabe auf EU-Importe richtig?, Hans-Böckler-Stiftung, Magazin Mitbestimmung 4/2021, https://www.boeckler.de/de/magazin-mitbestimmung-2744-ist-eine-co2-abgabe-auf-eu-importe-richtig-34644.htm.

253 Wirtschafts- und Klimaminister *Robert Habeck* im Mai 2023: „Wir können aber nicht warten, bis die Langfristmaßnahmen greifen. Wir müssen die Brücke, die wir mit den Energiepreisbremsen gebaut haben, verlängern. Deshalb ist ein Brückenstrompreis notwendig. Er sichert die Wettbewerbsfähigkeit der energieintensiven Unternehmen in den 20er-Jahren, Arbeitsplätze und Standorte. Konkret sichern wir so gute Arbeitsplätze, komplexe Wertschöpfungsketten und hoch innovative Unternehmen, die sich gerade transformieren.“, https://www.bmwk.de/Redaktion/DE/Pressemitteilungen/2023/05/20230505-habeck-legt-arbeitspapier-zum-industriestrompreis-vor.html

254 *Martin Nettesheim*, Selbstbehauptung der EU durch Schutz des impliziten sozialen Kontrakts, in: Di Fabio (Hg.) Die Selbstbehauptung Europas. Zwischen Verfassungsidentität und Strategischer Autonomie, 2022, S. 23 (51).

255 *Martin Nettesheim*, Selbstbehauptung der EU durch Schutz des impliziten sozialen Kontrakts, in: Di Fabio (Hg.) Die Selbstbehauptung Europas. Zwischen Verfassungsidentität und Strategischer Autonomie, 2022, S. 23 (39).

256 *Martin Nettesheim*, Selbstbehauptung der EU durch Schutz des impliziten sozialen Kontrakts, in: Di Fabio (Hg.) Die Selbstbehauptung Europas. Zwischen Verfassungsidentität und Strategischer Autonomie, 2022, S. 23 (40).

257 *Marc Saxer*, Abschied vom Hegemon, Cicero 6/25 vom 5.5.2025, S. 15 (22).

258 *Clemens Fuest*, Wirtschaftspolitik jenseits der Coronakrise: Das Aufkommen des Neodirigismus, in: Clemens Fuest/Udo Di Fabio/Gabriel Felbermayr, Freies Unternehmertum und staatliche Lenkung. Jahresheft des Wissenschaftlichen Beirats der Stiftung Familienunternehmen, 2022, S. 2; https://www.econstor.eu/bitstream/10419/253384/1/1800084390.pd.

259 *Clemens Fuest*, Wirtschaftspolitik jenseits der Coronakrise: Das Aufkommen des Neodirigismus, in: Clemens Fuest/Udo Di Fabio/Gabriel Felbermayr, Freies Unternehmertum und staatliche Lenkung. Jahresheft des Wissenschaftlichen Beirats der Stiftung Familienunternehmen, 2022, S. 3; https://www.econstor.eu/bitstream/10419/253384/1/1800084390.pdf.

260 Dazu *Udo Di Fabio*, Implementative Steuerung als politische Lenkung der Unternehmerfreiheit.Eine verfassungsrechtliche Analyse am Beispiel aktueller ESG-Regulierungen, 2025.

261 Siehe oben F.

262 *Norbert Röttgen*, Demokratie und Krieg, 2024, S. 170.

263 Oben D. 2.

264 Draghi Report, Die Zukunft der europäischen Wettbewerbsfähigkeit Teil A| Eine Wettbewerbsstrategie für Europa, September 2024, S. 40.

265 Handelsblatt vom 28.8.2024, https://www.handelsblatt.com/politik/konjunktur/jobs-ifo-warnt-vor-drohendem-stellenabbau-in-handel-und-industrie/100063892.html.

266 Davor warnt vor allem der Draghi Report, Die Zukunft der europäischen Wettbewerbsfähigkeit, 2024.

267 *Udo Di Fabio*, Dirigismus und Verfassung – Wie viel staatliche Lenkung verträgt die unternehmerische Freiheit?, in: Clemens Fuest/Udo Di Fabio/Gabriel Felbermayr, Freies Unternehmertum und staatliche Lenkung. Jahresheft des Wissenschaftlichen Beirats der Stiftung Familienunternehmen, 2022, S. 27 (34 f.), https://www.econstor.eu/bitstream/10419/253384/1/1800084390.pdf.

268 „We must regularly monitor our industrial supply chains, anticipate possible future disruptions, and ensure the resilience of our entire supply chain including design, production, packaging, equipment and suppliers such as producers of wafers. We must also support the development of European fabrication plants – "mega fabs" – able to produce in high volume the most advanced (towards 2nm and below) and energy-efficient semiconductors" „Wir müssen unsere industriellen Versorgungsketten regelmäßig überwachen, mögliche künftige Störungen vorhersehen und die Widerstandsfähigkeit unserer gesamten Versorgungskette sicherstellen, einschließlich Entwicklung, Produktion, Verpackung, Ausrüstung und Zulieferer wie Waferhersteller. Wir müssen auch die Entwicklung europäischer Fertigungsanlagen – „Mega-Fabs" – unterstützen, die in der Lage sind, die fortschrittlichsten (in Richtung 2nm und darunter) und energieeffizientesten Halbleiter in großen Mengen zu produzieren.", abrufbar unter: https://ec.europa.eu/commission/commissioners/2019-2024/breton/blog/how-european-chips-act-will-put-europe-back-tech-race_en (Zuletzt abgerufen am 7.2.2022).

269 *Hendrik Kafsack/Stephan Finsterbusch*, Die große Chip-Wette, FAS Nr. 5 vom 6.2.2022, S. 17.

270 *Hendrik Kafsack/Stephan Finsterbusch*, Die große Chip-Wette, FAS Nr. 5 vom 6.2.2022, S. 17.

271 FAZ Nr. 271 v. 20.11.2024, S. 15.

272 Nach dem deutschen Außensteuergesetz fällt eine Wegzugsteuer (als Bestandteil der Einkommenssteuer) an, wenn eine natürliche Person ins Ausland umzieht, die Anteile an einer Kapitalgesellschaft (AG, GmbH) hält. Hemmend für den „auswanderungswilligen" Unternehmer wirkt dabei insbesondere die Berücksichtigung der stillen Reserven, die zum Zeitpunkt des Wegzugs wie eine Veräußerung der Anteile an Kapitalgesellschaften behandelt werden und damit etwas besteuern, was nicht als Veräußerungsgewinn realisiert worden ist. Siehe auch das ATAD-Umsetzungsgesetz (ATADUmsG).

273 *Hasso Hofmann*, JZ 1988, S. 265 (278); *Bernhard Schlink*, VVDStRL 48 (1990), S. 235 (259 f.).
274 *Udo Di Fabio*, Können sich Maschinen auf Kunstfreiheit berufen?, SZ vom 23.7.2024, S. 10.
275 *Yuval Noah Harari*, Homo Deus – eine Geschichte von Morgen, 2017, S. 413 ff., 441 ff.
276 *Norbert, Wiener*, Mensch und Menschmaschine, 1952.
277 *Louis Emrich*, Fabriken ohne Menschen – Unsere Zukunft im Zeichen der Automation, 1957, S. 51 ff.; *Aleksander/Burnett*, Die Roboter kommen – Wird der Mensch neu erfunden, 1984.
278 Spiegel 16/1978; dazu Joachim *Radkau*, Geschichte der Zukunft – Prognosen, Visionen, Irrungen in Deutschland von 1945 bis heute, 2017, S. 126; S. 104, 122 ff.
279 Vgl. BMAS (Hrsg.), Weißbuch Arbeiten 4.0, 2016, S. 42 ff.; *Melanie Arntz/TerryGregory/Ulrich Zierahn*, ifo-Schnelldienst 7/2017, S. 6 ff.; *Katharina Dengler/Britta Matthes*, Folgen der Digitalisierung für die Arbeitswelt. Substituierbarkeitspotenziale von Berufen in Deutschland, IAB-Forschungsbericht Nr. 11, 2015; Oliver *Stettes*, ifo-Schnelldienst 7/2017, S. 3 ff.; *Kurt Vogler-Ludwig*, Wirtschaftsdienst 2017, S. 861 ff.; *Kurt Vogler-Ludwig/Nicola Düll/Ben Kriechel*, Arbeitsmarkt 2030 – Wirtschaft und Arbeitsmarkt im digitalen Zeitalter, Prognose 2016 im Auftrag des BMAS, 2016, S. 52 f., 147.
280 *Niklas Luhmann*, Die Wissenschaft der Gesellschaft, 1990, S. 619.
281 Abschlussbericht der Ethik-Kommission Automatisiertes und Vernetztes Fahren vom Juni 2017. Die Ethikkommission wurde eingesetzt durch den Bundesminister für Verkehr und digitale Infrastruktur https://www.bmv.de/SharedDocs/DE/Publikationen/DG/bericht-der-ethik-kommission.pdf?__blob=publicationFile.
282 *Udo Di Fabio*, Können sich Maschinen auf Kunstfreiheit berufen?, SZ vom 22.7.2024.
283 So begründet die Bertelsmann-Stiftung eine notwendige Reform des Bürgergeldes (Grundsicherung für Erwerbsfähige): „Seit der Einführung des Bürgergelds ist die Zahl erfolgreicher Integrationen in den Arbeitsmarkt um rund sechs Prozent gesunken. Allein wenn es gelänge, die 230.000 Bürgergeldbezieher ohne Vermittlungshemmnisse zum Mindestlohn in Vollzeit-Beschäftigung zu bringen, könnten jährlich ca. 3,5 Milliarden Euro an Transferzahlungen eingespart und zusätzlich 1,3 Milliarden Euro in der Sozialversicherung sowie 350 Millionen Euro an Einkommensteuer eingenommen werden." Bertelsmann-Stiftung v. 17.3.2925, Bürgergeld: mehr Fordern, besser Fördern, Verwaltung reformieren; https://www.bertelsmann-stiftung.de/de/themen/aktuelle-meldungen/2025/maerz/buergergeld-mehr-fordern-besser-foerdern-verwaltung-reformieren.
284 Partei „Die Linke": „Milliardär*innen abschaffen – Gemeinwohl vor Eigennutz, Parteibeschluss Beschluss 2024/055 (April 2024). https://www.die-linke.de/partei/parteidemokratie/parteivorstand/parteivor-

stand-2022-2024/detail-beschluesse-pv/milliardaerinnen-abschaffen-gemeinwohl-vor-eigennutz/, Forderungen nach einer die großen Vermögen „abschmelzenden" Vermögenssteuer finden sich (im Steuersatz weniger radikal) auch bei Grünen und Sozialdemokraten.

285 Es sei denn, in den USA würde sich der gewiss nicht ganz einflusslose *Bernhard Sanders* durchsetzen: „I don't think that billionaires should exist, so *Sanders* im Gespräch mit der New York Times v. 24. September 2019.

286 *Max Weber*, Die protestantische Ethik und der Geist des Kapitalismus, 3. Auflage 2010. Zur Bedeutung der 1904/1905 erschienenen Schrift heute: *Werner Plumpe*, Das kalte Herz. Kapitalismus: Die Geschichte einer andauernden Revolution, 2. Auflage 2021.

287 Grundsätzlich können für die gesamte Familie Sozialleistungen (Bürgergeld und ähnliche Grundsicherungen) in Anspruch genommen werden, die staatlichen Beschränkungsmöglichkeiten sind gegenüber EU-Ausländern wenig wirksam ausgestaltet: siehe §7 Abs. 1 SGB II (Ausschluss für die ersten drei Monate) und §23 Abs. 3 SGB XII.

288 *Stefan Evers*, Cicero 8/2025 vom 25.7.2025, S. 28.

289 *Franz Ruland*, Demografie und Sozialstaat NZS 2018, S. 793 (799 f.).

290 *Udo Di Fabio*, Handlungsfähigkeit – ein Begriff des Verfassungsrechts?, Bitburger Gespräche Jahrbuch 2022, 2023, S. 15 ff.

291 *Jérôme Kommer*, Verfassung, Rechtsprechung und Informationstechnologie, 2025, S. 143 ff.

292 DIE ZEIT, Nr. 33 vom 7. August 2025, S. 9.

293 *Marcus Höreth*, Die Selbstermächtigung des Agenten. Der Europäische Gerichtshof im Vergleich zum U.S. Supreme Court, 2008.

294 Erhellend dazu das Streitgespräch zwischen dem ehemaligen Verfassungsrichter *Peter M. Huber* und *Alexander Thiele*, DIE ZEIT, Nr. 33 vom 7. August 2025, S. 9.

295 Das ist natürlich eine Vergröberung. Viele diskutieren mit Rechtsargumenten und sind damit Teil des Rechts als System. Aber nur Gerichte entscheiden den Rechtsstreit verbindlich, sie stehen deshalb sozusagen im Zentrum des Rechtssystems, siehe *Niklas Luhmann*, Das Recht der Gesellschaft, 1993, S. 297 ff.

296 Art. 20 Abs. 3 GG.

297 Zum Musterbeispiel des preußischen Verfassungskonflikts: *Thomas Nipperdey*, Deutsche Geschichte 1800-1866. Bürgerwelt und starker Staat, 2012, S. 735 f.; monografisch: *Karl-Heinz Börner*, Die Krise der preußischen Monarchie von 1858-1862,1976.

298 Dagegen argumentiert: *Jeff Madrick*, The Case for Big Government, 2010.

299 Zu entsprechenden Gefährdungen durch eine sozialtechnisch überregulierte Gesetzgebung: „Das allgemeine Gesetz ist Garant der Freiheit. In seiner Allgemeinheit hält das Gesetz aus sich heraus freiheitliche Distanz zu den Individuen, öffnet jedem einen Raum freiheitlicher, auch eigenwilliger Gestaltung und Unterscheidung. (…) Der Staat

lähmt gegenwärtig die Freiheitsentfaltung durch komplizierte und überdetaillierte Gesetze. In kaum einem Bereich kann der Bürger allein durch den Blick in das Gesetz das Recht erfassen." *Gregor Kirchhof*, Die Allgemeinheit des Gesetzes, 2009, S. 623.

300 *Karl-Heinz Ladeur*, Der Staat gegen die Gesellschaft, 2006, S. 391.

301 In Deutschland steht besonders das Lieferkettensorgfaltspflichtengesetz (LkSG) in der Kritik, das inzwischen europäisch verfestigt und zuerst verschärft, dann wieder abgeschwächt worden ist: siehe kritisch zum Thema indirekter politischer Steuerung: *Udo Di Fabio*, Implementative Steuerung als politische Lenkung der Unternehmerfreiheit. Eine verfassungsrechtliche Analyse am Beispiel aktueller ESG-Regulierungen, 2025.

302 Delegierte Verordnung (EU) 2021/1958 der Kommission vom 23. Juni 2021 zur Ergänzung der Verordnung (EU) 2019/2144 des Europäischen Parlaments und des Rates durch Festlegung detaillierter Vorschriften für die spezifischen Prüfverfahren und technischen Anforderungen für die Typgenehmigung von Kraftfahrzeugen hinsichtlich ihrer intelligenten Geschwindigkeitsassistenten und für die Typgenehmigung von intelligenten Geschwindigkeitsassistenten als selbstständige technische Einheiten sowie zur Änderung von Anhang II der genannten Verordnung.

303 Angaben des Sachverständigenrates zur Begutachtung der gesamtwirtschaftlichen Entwicklung, Frühjahrsbericht 2025, siehe auch die Auswertung bei The Pioneer v. 22.5.2025, https://www.thepioneer.de/graphics/deutschland-buerokratiemonster?utm_term=1908-14861_3&utm_campaign=20250522&utm_content=graphic&utm_medium=newsletter&utm_source=thepioneer-briefing-business-class-edition&mid=81775&cid=5351382&kid=QOSzJNjzQC3AmN8R&__kjm_params=target&target=app.

304 *Florian Meinel*, So sieht der Populismus der Eliten aus, FAZ Nr. 87 vom 12. April 2025, S. 12.

305 The Pioneer Briefing v. 15.9.2023.

306 EGMR, Urteil vom 9. Juni 2022, CASE OF SAVICKIS AND OTHERS v. LATVIA (Application no. 49270/11) Rn. 198. Dort heißt es weiter: „Insbesondere erkennt das Gericht an, dass das Ziel in diesem Zusammenhang darin bestand, eine rückwirkende Billigung der Folgen der Einwanderungspolitik zu vermeiden, die in der Zeit der rechtswidrigen Besetzung und Annexion des Landes praktiziert wurde. In diesem spezifischen historischen Kontext stand ein solches Ziel, wie es der lettische Gesetzgeber bei der Einführung des Rentensystems verfolgte, im Einklang mit den Bemühungen, das Leben der Nation nach der Wiederherstellung der Unabhängigkeit wieder aufzubauen, und das Gericht akzeptiert dieses Ziel als legitim."

307 *Philip Manow*, Unter Beobachtung. Die Bestimmung der liberalen Demokratie und ihrer Freunde, 2024, S. 16.

308 *Giovanni Pico della Mirandola*, Über die Würde des Menschen. Übersetzt von Norbert Baumgarten, herausgegeben und eingeleitet von August Buck, 1990, S. 7.
309 Dieses Programm wurde im Renaissance-Humanismus am klarsten durch *Pico della Mirandolas* „Oratio" formuliert (Über die Würde des Menschen. Übersetzt von Norbert Baumgarten, herausgegeben und eingeleitet von August Buck, 1990, S. 11: „ , dass wir das sind, was wir sein wollen, Ein heiliger Ehrgeiz dringe in unsere Seele, dass wir, nicht zufrieden mit dem Mittelmäßigen, nach dem Höchsten verlangen und uns mit ganzer Kraft bemühen es zu erreichen – denn wir können es wenn wir wollen." Diese Rede über die Würde des Menschen wurde umfänglich rezipiert, gilt als einer der am meisten zitierten Texte der Zeit überhaupt, *Michael Vincent Dougherty*, Introduction in: ders. (Hg.), Pico della Mirandola 2008, S. 1 (3). Später in der Aufklärung wurde daraus idealphilosophisch *Immanuel Kants* „sapere aude!".
310 Zur Sakralisierung der Würde des Einzelnen als Grundlage der Menschenrechte: *Hans Joas*, Die Sakralität der Person. Eine neue Genealogie der Menschenrechte, 2012.
311 *Hans Michael Heinig*, Menschenwürde und Sozialstaat, in: Petra Bahr/ders. (Hg.), Menschenwürde in der säkularen Verfassungsordnung, 2006, S. 251 (280) unter Verweis auf: *Gerhard Gamm*, Der unbestimmte Mensch. Die gebrochene Mitte des Selbst als irreduzible Lücke im Sein, 2004, S. 40 ff.
312 *Udo Di Fabio*, in: Uwe Kischel/Hanno Kube (Hg.), Handbuch des Staatsrechts, Neuausgabe (HStR) Bd. 1, 2023, § 1 Bewährung des Staates, Rn. 36.
313 *Stephan Schaede*, Würde – eine ideengeschichtliche Annäherung aus theologischer Perspektive, in: Petra Bahr/ders. (Hg.), Menschenwürde in der säkularen Verfassungsordnung, 2006, S. 7 (14 f.).
314 BVerfGE 123, 267 (341).
315 *Jürgen Habermas*, Auch eine Geschichte der Philosophie, 2 Bände, 2019.
316 *Peter Sloterdijk*, Den Himmel zum Sprechen bringen. Über Theopoesie, 2020.
317 *Hans Joas*, Im Bannkreis der Freiheit. Religionstheorie nach Hegel und Nietzsche, 2020, S. 9.
318 *Felix Körner*, Politische Religion, Theologie der Weltgestaltung. Christentum und Islam, 2020, S. 13 f.
319 *Carl Schmitt*, Politische Theologie. Vier Kapitel zur Lehre von der Souveränität, 10. Aufl. 2015.
320 Siehe aber *Johann Baptist* Metz, Zum Begriff der neuen Politischen Theologie 1967–1997, 1997, an den Felix Körner anschließt.
321 *Niklas Luhmann*, Identität – was oder wie?, in: ders., Soziologische Aufklärung V, 1990, S. 14 (26).
322 *Ernst-Wolfgang Böckenförde*, Geschichte der Rechts- und Staatsphilosophie. Antike und Mittelalter, 2. Auflage, 2006, S. 124.

323 *Karl Marx*, Zur Kritik der Hegelschen Rechtsphilosophie, Einleitung, in: ders./Friedrich Engels, Ausgewählte Werke, 1970, Band I, S. 9. Müsste dann nicht auch die Negativfassung dieser Aussage erwogen werden, wonach jede allgemeine Theorie der Welt, so szientistisch sie sich auch kleiden mag, ins Religiöse driften würde, weil sie ganz funktionell der metaphysischen/physischen Dialektik zu gehorchen hätte?

324 Zur Ankündigung des Nihilismus bei Nietzsche schreibt *Hans Hübner*, Nietzsche und das Neue Testament, 2000, S. 240: „Das Wort hat prophetische Wucht".

325 *Hans Hübner*, Nietzsche und das Neue Testament, 2000, S. 238.

326 *Friedrich Nietzsche*, Vorrede (3.) zu: Menschliches, Allzumenschliches. Ein Buch für freie Geister. Erster Band.

327 *Johannes Regenbrecht*, in The Pionieer v. 8.3.2025, https://www.thepioneer.de/originals/others/articles/die-kriegsplaene-des-kreml?utm_campaign=20250308&utm_content=textlink&utm_medium=newsletter&utm_source=thepioneer-briefing-business-class-edition&utm_term=1137-5419_2&__kjm_params=target&cid=4983711&kid=QOSzJNjzQC3AmN8R&mid=77296&target=app.

328 *Norberto Bobbio*, The future of democracy, in: *Telos* 1984, 61 (1984): 3 ff..

329 Die Möglichkeit dieser Richtungsänderung ist in der Beschreibung der Bewegungstendenz bereits enthalten, siehe *Chantal Mouffe*, Agonistik. Die Welt politisch denken, 3. Auflage 2021, S. 53.

330 *Kai Ambos*, Interview mit DER SPIEGEL vom 14.6.2025,abrufbar unter: https://www.spiegel.de/ausland/israel-und-iran-dieser-angriff-war-klar-voelkerrechtswidrig-sagt-rechtsprofessor-kai-ambos-a-31b7047b-1be4-413b-af0d-152688941c61.

331 *Mark Siemons*, FAS Nr. 26 vom 29. Juni 2025, S. 33.

332 Die nach der Tötung des Hamas-Auslandschefs *Ismail Hanija* in Teheran (der maßgeblich verantwortlich war für den Überfall auf Israel vom 7. Oktober 2023) von Iran auf Israel abgefeuerten 200 Raketen haben in ebenfalls bemerkenswerter Weise keine Diskussion ausgelöst, ob das ein völkerrechtlich erlaubter „Gegenschlag" war.

333 *Mathias Herdegen*, Die Politische Meinung, Ausgabe 581 vom 28.7.2023, https://www.kas.de/de/web/die-politische-meinung/artikel/detail/-/content/grosse-ernuechterung.

334 Man kann das auch als Repolitisierung verstehen: *Chantal Mouffe*, Agonistik. Die Welt politisch denken, 3. Auflage 2021, S. 94 (im Hinblick auf das europäische Integrationsprojekt).